Lothar Staeck (Hrsg.)

Die Fundgrube
zur Sexualerziehung

W0172841

Die Autoren und Autorinnen

Lothar Staeck ist Universitätsprofessor an der Technischen Universität Berlin und leitet dort den Studiengang Biologiedidaktik. Er ist Autor und Herausgeber von zahlreichen Publikationen zur Fachdidaktik Biologie, Gesundheits- und Umweltbildung sowie von Biologie-Lehrbüchern. *(L.S.)*

Annegret Böhmer, Diplompsychologin, psychologische Psychotherapeutin und Supervisorin. Sie hat eine Professur für Religionspädagogik an der Evangelischen Fachhochschule Berlin inne und hat u.a. zum Thema „Schulische Prävention von sexuellem Missbrauch" publiziert. *(A.B.)*

Joachim Braun ist Diplompädagoge, Psychotherapeut für Kinder und Jugendliche und arbeitet als Sexualpädagoge bei Pro Familia Berlin. Er ist Mitarbeiter des Instituts für Sozialpädagogik in Dortmund. Joachim Braun hat zahlreiche Sachbücher zur Sexualpädagogik, Problemen männlicher Jugendlicher und zur sexuellen Orientierung veröffentlicht. *(J.B.)*

Klaus W. Hoffmann widmete sich nach kaufmännischer Ausbildung und Betriebswirtschaftsstudium ganz der Musik. Er arbeitet heute als Autor und Komponist und hat zahlreiche Lieder, Bilderbücher, Bücher für Leseanfänger usw. veröffentlicht. Seine bekanntesten Lieder wurden als Zeichentrickfilm für „Die Sendung mit der Maus" produziert. Für „Das Bärenorchester" und „Spielmobil" erhielt er den „Deutschen Schallplattenpreis der Fachkritik". *(K.H.)*

Heinz Kaufmann unterrichtet an einer Haupt- und Realschule in Berlin. Er ist Gestaltpädagoge, arbeitet auch in der Suchtprophylaxe und hat entsprechende Titel veröffentlicht. Das sexualpädagogische Modellprojekt LoveTalks der Bundeszentrale für gesundheitliche Aufklärung und des Österreichischen Instituts für Familienforschung wird von ihm moderiert. *(H.K.)*

Daniel Kunz ist Dozent für Kommunikation und Methodik an der Hochschule für Soziale Arbeit in Luzern/Schweiz. Er arbeitete lange Jahre bei Pro Familia Berlin als Sexualpädagoge. Zur interkulturellen Sexualpädagogik hat er in den letzten Jahren zahlreiche Beiträge veröffentlicht hat, ebenso hat er zwei Jugendbücher geschrieben. *(D.K.)*

Beate Martin ist Diplompädagogin und Gesprächstherapeutin. Sie arbeitet bei Pro Familia Münster als Sexualpädagogin in der schulischen und außerschulischen Jugendarbeit und in der Ausbildung von Multiplikatoren. Sie hat verschiedene Titel zur sexuellen Orientierung sowie Ratgeber für Jugendliche zu Liebe und Sexualität veröffentlicht. *(B.M.)*

Eva Somrei, Grundschullehrerin, ist Fachleiterin für Sachunterricht am Studienseminar für die Primarstufe in Solingen und in der Lehrerfortbildung tätig. Sie arbeitet am Projekt „Gesundheitsförderung und Gesundheitserziehung in der Schule" der Ärztekammer Nordrhein mit. *(E.S.)*

Ursula Sottong, Ärztin, leitet beim Malteser Hilfsdienst die Abteilung Gesundheitsförderung und Prävention und ist ausgebildete Trainerin für Erziehungsprogramme für Eltern. Sie ist Autorin von Materialien und Publikationen zur Sexualerziehung, Frauengesundheit und Prävention. *(U.S.)*

Lothar Staeck (Hrsg.)

Die Fundgrube zur Sexualerziehung

Cornelsen
SCRIPTOR

Text- und Bildnachweis:
Aktive Musik Verlagsgesellschaft mbH, Dortmund: 97, 98, 99, 180; Sielert (Hrsg.), Sexualpädagogische Materialien, 1993, Beltz-Verlag, Weinheim und Basel: 55–60; Klaus W. Hoffmann, Herdecke: 95; Antje Kahl, Berlin: 35, 38, 78–90, 152; Angelika Kammer, Berlin: 155, 156; Heidemarie Kremer, Herdecke: 123–125; Jörg Mair, Hersching: 211; Marie Marcks, Heidelberg: 89, 146; Rowohlt-Verlag, Reinbek bei Hamburg: 137; Spectra Verlag, Dorsten: 63; Lothar Staeck, Berlin: 139

 http://www.cornelsen.de

Gedruckt auf chlorfrei gebleichtem Papier
ohne Dioxinbelastung der Gewässer.

Die Deutsche Bibliothek - CIP-Einheitsaufnahme

Staeck, Lothar:
Die Fundgrube für Sexualerziehung :
in der Sekundarstufe I / Hrsg.: Lothar Staeck. –
Berlin : Cornelsen Scriptor, 2002
ISBN 3-589-21559-3

Dieses Werk berücksichtigt die Regeln der reformierten Rechtschreibung und Zeichensetzung.

5.	4.	3.	2.	1.	Die letzten Ziffern bezeichnen
06	05	04	03	2002	Zahl und Jahr der Auflage.

Redaktion. Gabriele Teubner Nicolai, Berlin
Herstellung und Satz: FROMM MediaDesign, Selters/Ts.
Layout: Julia Walch, Bad Soden
Umschlaggestaltung: Bauer + Möhring, Berlin unter Verwendung einer Zeichnung von Klaus Puth, Mühlheim
Druck und Bindearbeiten: Clausen & Bosse, Leck
Printed in Germany
ISBN 3-589-21559-3
Bestellnummer 215593

Inhalt

**5   Klaus W. Hoffmann, Heinz Kaufmann, Beate Martin,
      Ursula Sottong, Lothar Staeck:**

1 Einführung in eine handlungsbezogene Sexualerziehung

Der folgende Leserbrief eines 14-jährigen Schülers offenbart, dass im Rahmen der schulischen Sexualerziehung das biologische Fachwissen und damit die kognitive Persönlichkeitsdimension überbetont wird, während emotionale Aspekte zu kurz kommen:

„Die rein faktische Sexualerziehung im Rahmen des Biologieunterrichts ist nicht ausreichend. Die geschlechtliche Beziehung zweier Menschen wird dort nämlich rein sachlich und mit Fremdwörtern geschildert, so dass der Schüler den nur biologisch und ohne jedes Gefühl geschilderten Vorgang mit dem der Tiere verwechseln könnte. Es kann ja wohl auch kaum im Interesse unserer Regierung liegen, die Jugendlichen zu Tieren zu erziehen, die nur aus reinem Fortpflanzungstrieb miteinander schlafen, oder etwa zu verklemmten, verschüchterten Menschen, die unter einem Haufen medizinischer Fachausdrücke ihre Gefühle begraben haben."

J. Sch., 14 Jahre (Aus: DIE ZEIT)

Bisher lernten Schüler vor allem, wie die Geschlechtsorgane aufgebaut sind und wie sie funktionieren, wie der Mensch sich fortpflanzt, wie der Embryo und der Fötus heranwachsen und wie die Geburt abläuft. Das folgende Gedicht macht diese traditionelle Sichtweise noch einmal deutlich:

Sexualerziehung

Der Lehrer kündigt das Stundenthema an.
Bau und Funktion der Geschlechtsorgane sind dran.
Er projiziert eine Folie.
Er zeigt ein Modell.
Die Schüler benennen, beschriften,
schreiben auf.
Sie kommen dran, aber nicht drauf.
Da wird geordnet, aber nicht problematisiert.
Langeweile und Desinteresse machen sich breit.
Als es endlich klingelt, macht sich ein Seufzer der Erlösung breit.
Die Stunde ist vorbei.
Aus und vorbei.

Was im Unterricht jedoch nur selten thematisiert wird, sind ganz praktische Fragen, z. B., wie sich Jugendliche beim ersten Rendezvous verhalten sollten/könnten, wie man sich mit den eigenen Gefühlen auseinander setzt und mit denen des Partners umgeht. Diese Defizite liegen vor allem daran, dass sich die Lehrpläne seit der Einführung der obligatorischen Sexualerziehung im Jahre 1968 durch eine Überinformation an Sexualaufklärung auszeichnen: Geschlechtsorgane, Zeugung, Schwangerschaft und Geburt, Menstruation und Pollution, Empfängnisverhütung sind die am häufigsten genannten Themen. Dabei ist Sexualität viel umfassender!

Was ist Sexualität?

Wenn man Lehrern und Schülern die Frage stellt, was sie persönlich unter Sexualität verstehen, dann zeigen die Ergebnisse, dass sich eine genitale, eine emotionale und eine soziale Ebene unterscheiden lassen. In den Antworten der Lehrer wird vor allem die emotionale Ebene betont (z. B. Zärtlichkeit und Partnerschaft), in den Antworten der Schüler wird entwicklungsbedingt sehr stark die genitale Ebene akzentuiert (z. B. Geschlechtsorgane, Stellungen beim Geschlechtsverkehr). Sexualität ist ein menschliches Grundbedürfnis, das sich in dem Wunsch nach körperlicher Lust, Wohlbefinden und Zärtlichkeit äußert. Ein Ziel dieses Bedürfnisses ist die Erregung und die Befriedigung des eigenen Körpers. Dies gilt auch für Kinder und Jugendliche. Zwar ist kindliche Sexualität nicht mit der Erwachsener gleichzusetzen. Trotzdem mangelt es bis heute nicht an Versuchen, die sexuellen Bedürfnisse des Kindes bis zum Eintritt in die Pubertät zu leugnen oder wenigstens herunterzuspielen oder sogar völlig zu tabuisieren (Gleiches gilt übrigens auch für alte Menschen).

Eine solche repressive Sexualerziehung zielt darauf ab, Sexualität in erster Linie nur im Zusammenhang mit der Fortpflanzung zu sehen und sexuelle Betätigung Jugendlicher jeglicher Art durch Verbote einzuschränken, wobei Selbstkontrolle als Schlüsselbegriff gilt. Homosexualität wird ebenso wenig zur Kenntnis genommen wie das Aufbrechen traditioneller Geschlechtsrollen. Tatsächlich ist die Sexualität jedoch auf keinen bestimmten Lebensabschnitt begrenzt, sondern eine dem Menschen innewohnende Lebensenergie, die uns von der Geburt bis zum Tode begleitet und versorgt. Allerdings ist sie in den einzelnen Lebensabschnitten von unterschiedlicher Ausprägung und wird selbstverständlich auch individuell sehr verschieden erlebt. Dies wird von der sich emanzipatorisch und ganzheitlich verstehenden Sexualerziehung betont und die positive Wirkung der Sexualität auf Menschen jedweden Alters herausgestellt. Lust und Freude als Folge sexueller Betätigung werden ebenso thematisiert wie daraus entstehende Problemsituationen. Das Reden über Sexualität schließt emotionale und handlungsbezogene Komponenten ausdrücklich mit ein, alle sexuellen Ausprägungen werden als gleichberechtigt anerkannt und die noch bestehenden Rollenstereotypen sollen überwunden werden.

Schulrechtliche Bestimmungen

Neben den zugelassenen Schulbüchern können Lehrer in ihrem Unterricht auch andere Materialien (z. B. interessante Broschüren wie „Let's talk about sex!") oder auch Hefte, z. B. die Zeitschrift „Bravo", verwenden, die nicht genehmigungspflichtig sind, sondern selbstverantwortlich eingesetzt werden können. Allerdings sollte man beachten, dass Eltern grundsätzlich einen vom Grundgesetz legitimierten Anspruch darauf haben, über Ziele, Inhalte und Methoden der schulischen Sexualerziehung informiert zu werden. Nur so können die Eltern ihre eigenen Erziehungsmaßnahmen in die schulische Sexualerziehung integrieren. In den Schulgesetzen der Bundesländer wird stets darauf verwiesen, dass die Schüler mit sexuellen Inhalten nur „entsprechend ihrem Alter und ihrem Reifegrad" vertraut gemacht werden sollen. Diese Bestimmungen sind bewusst offen gehalten, können doch die Unterrichtenden aus ihrer eigenen Kompetenz heraus entscheiden, wann welche Inhalte mit welchen Methoden und Medien behandelt werden sollen. In fast allen Bundesländern besteht mittlerweile *Schulpflicht* zur Sexualerziehung. Diese impliziert

- die Mitwirkung der Eltern;
- die Rücksichtnahme auf weltanschauliche bzw. religiöse Überzeugungen;
- keine einseitige Beeinflussung der Schüler, indem das so genannte Pluralismusgebot z. B. bezüglich bestimmter Werthaltungen oder sexueller Verhaltensweisen beachtet wird;
- alle Schüler müssen an sexualerzieherischen Unterrichtssequenzen teilnehmen.

Die Lehrer genügen ihrer vom Gesetzgeber auferlegten Informationspflicht gegenüber den Eltern, wenn sie auf Elternversammlungen oder in Form von Elternbriefen auf das geplante sexualerzieherische Unterrichtsvorhaben hinweisen, die Zielsetzungen erläutern und den groben Rahmen der geplanten Schwerpunkte und methodischen Vorgehensweise beschreiben. Eine Vorstellung aller zum Einsatz kommenden Unterrichtsmaterialien, Arbeitsblätter oder Medien ist ebenso unnötig wie eine Abstimmung über die vorgesehenen Unterrichtsinhalte.

Ziele einer emanzipatorischen Sexualerziehung

Die folgenden grundlegenden Ziele einer emanzipatorischen und ganzheitlichen Sexualerziehung sollen zum einen den Unterrichtenden helfen, über alle Fachgrenzen hinweg ihren Unterricht an den Bedürfnissen ihrer Schüler auszurichten und zum anderen als Argumentationshilfen gegenüber den Eltern dienen.

Es geht um folgende drei Kernbereiche:

1. Entwicklung von Emotionalität: Fühlen, Genießen, empfinden können, zärtlich sein.
2. Entwicklung von Sozialität: Sich austauschen und kommunizieren können, Beziehungen eingehen, aufbauen, leben, aber auch lösen können.
3. Entwicklung von Fachwissen: Fragen stellen und Antworten geben können, Informationen erwerben und anwenden können.

Konkret bedeutet dies:

- Abbau von Ängsten und Schuldgefühlen durch Sachinformation
- Einbindung der Sexualität in menschliches Sozialverhalten
- Erziehung zu Liebesfähigkeit und Zärtlichkeit
- Erwerb grundlegender Kenntnisse der körperlichen, psychischen und sozialen Entwicklung
- Entwicklung eines positiven Verhältnisses zur eigenen Entwicklung
- Sich selbst und den eigenen Körper akzeptieren wie er ist und damit in der Lage sein, den „Normalitätsbegriff" zu hinterfragen
- Stärkung des Selbstwertgefühls
- Erziehung zu verantwortlichem sexuellen Verhalten
- Erkennen der Verantwortung gegenüber sich selbst, dem Partner, der Familie und der Gesellschaft
- Förderung der Kommunikationsfähigkeit über Sexualität
- Entwicklung einer sprachlich angemessenen und sanktionsfreien Ausdrucksfähigkeit
- Erziehung zur sexuellen Mündigkeit durch Bewusstmachung irrationaler Tabuisierungen, Vorurteile und Zwänge

Didaktische Grundsätze

Sexualerziehung ist fächerübergreifend und wird vor allem in den Fächern Deutsch, Religion, Kunst, Sozialkunde und Sport thematisiert, wenngleich dem Biologieunterricht noch immer die Hauptlast und Kompetenz zukommt. Das didaktische Konzept, dem sich das Autorenteam und der Herausgeber verpflichtet fühlen, orientiert sich am ganzheitlichen und alle Sinne einschließenden Lernen. Das bedeutet, die angebotenen Unterrichtsvorschläge berücksichtigen gleichermaßen alle drei Persönlichkeitsdimensionen, nämlich die affektive, handlungsbezogene und kognitive, und sprechen darüber hinaus die wichtigsten Sinneskanäle des Menschen an, nämlich den visuellen, den auditiven und den haptischen, weil nur so das Behalten des Gelernten gewährleistet ist.

Darüber hinaus machen die Unterrichtsvorschläge prozessorientiertes Arbeiten möglich. Die Rahmenbedingungen sollten so beschaffen sein, dass die Schüler sich wohl fühlen, ein vertrauensvolles Verhältnis zwischen den Schülern untereinander und zum Lehrer besteht, das sowohl offene Fragen zulässt als auch genau so offene Kommentare und Nachfragen gestattet. Allerdings sollte der Lehrer darauf hinweisen, dass jeder Schüler das Recht auf eine Intimsphäre hat, das heißt, auf Fragen und Nachfragen die Antwort schuldig bleiben darf. Weiterhin empfiehlt sich, die frontale Sitzanordnung aufzuheben und die Schüler in kleineren Arbeitsgruppen arbeiten zu lassen oder sie in einem Stuhlkreis Platz nehmen zu lassen.

Schließlich versteht es sich von selbst, dass für die Dauer sexualerzieherischer Unterrichtsprozesse weder eine Leistungsbewertung noch eine Leistungsbeurteilung erfolgen sollte.

Trotz aller Vorzüge eines koedukativen Unterrichtes sollte der Lehrer zumindest in Erwägung ziehen, ob nicht bei bestimmten unterrichtlichen Schwerpunkten (wie z. B. Menstruationshygiene, Hygiene der äußeren Geschlechtsorgane, Selbstbefriedigung) eine Besprechung in geschlechtshomogenen Gruppen die Aussprache erleichtert. Die Ergebnisse solcher getrenntgeschlechtlicher Unterrichtsabschnitte sollten jedoch in jedem Fall der Gesamtklasse präsentiert werden.

Die vorliegende Sammlung von Unterrichtsideen versucht also, den offenen Dialog zwischen allen Beteiligten anzustoßen bzw. zu fördern. Vor diesem Hintergrund überschreitet diese Ideensammlung bewusst die bislang in Arbeitsheften vorherrschende körperlich-genitale Ebene, indem sie darüber hinaus gezielt Gefühle und Gedanken der Schüler zur hetero-, homo-

und bisexuellen Liebe, Zärtlichkeit und Partnerschaft sowie zur allumfassenden Sexualität thematisiert. Die Beispiele eignen sich für die unterschiedlichsten Unterrichtssituationen insbesondere der Klassenstufen 5–10 über die traditionellen Fachgrenzen hinweg: Im „normalen" Biologieunterricht ebenso wie in Deutsch, Sozialkunde, Religion oder anderen Unterrichtsfächern sowie auch auf Wandertagen, Ausflügen, Klassen- und Schulparties sowie Klassenreisen.

Die Unterrichtsvorschläge sind meist in der gesamten Sekundarstufe I einsetzbar, wobei jedoch überprüft werden sollte, ob Inhalte und Methoden dem Leistungs- bzw. Entwicklungsstand der jeweiligen Klasse angepasst werden müssen. Um dem Leser dennoch eine Orientierung zu geben, ist zu jedem Vorschlag angeführt, ab welcher Klasse er (z. B. ab 5) in erster Linie geeignet ist.

Schließlich sei noch angemerkt: Wenn im Text aus stilistischen Gründen und zur besseren Lesbarkeit vom „Lehrer" oder „Schüler" die Rede ist, dann sind stets auch „Lehrerinnen" und „Schülerinnen" gemeint, es sei denn, es wird ausdrücklich auf geschlechtsdifferente bzw. geschlechtshomogene Besonderheiten hingewiesen.

Lothar Staeck

2 Unterrichtliche Einstiege zur Sexualerziehung

Dem unterrichtlichen Einstieg kommt innerhalb der didaktisch-methodischen Überlegungen eine ganz besondere Bedeutung zu:

■ Zum einen ist jeder Schüler zu Beginn einer neuen Unterrichtsstunde, die in der Regel einhergeht mit einem neuen Unterrichtsfach und einem anderen Lehrer, erst einmal wach, motiviert und meist aufmerksam.

■ Zum anderen ist auch der Beginn einer neuen Unterrichtseinheit oder eines Projekttages didaktisch höchst reizvoll. Auch für diese unterrichtlichen Situationen gilt, dass es sich in den ersten Minuten entscheidet, ob und wie die gesamte Unterrichtseinheit oder das geplante Projekt angenommen wird!

Die Schüler fragen sich in dieser Befindlichkeit:

■ Was bringt die neue Unterrichtsstunde/Unterrichtseinheit?

■ Bietet der Lehrer ein interessantes Thema an?

■ Können wir unsere eigenen Interessen und Bedürfnisse einbringen?

■ Knüpfen die neuen Themen an unseren konkreten Lebenssituationen an?

■ Ist vielleicht sogar eine konkrete und aktive Auseinandersetzung jedes Einzelnen mit dem Unterrichtsgegenstand in einer offenen Unterrichtsatmosphäre möglich?

■ Findet Gruppenarbeit statt, die einen gedanklichen Austausch mit anderen ermöglicht?

Deshalb sollen im folgenden Kapitel zunächst eine Reihe interessanter Einstiege in die Sexualerziehung vorgestellt werden, die geeignet sind,

■ vertrauensbildend zu wirken,

■ an den persönlichen Interessen der Schüler anzuknüpfen,

■ Freude und Spaß an der Thematik zu vermitteln und nicht zuletzt

■ eine gelöste Unterrichtsatmosphäre zu fördern.

Damit wäre ein entscheidender Grundstein für eine erfolgreiche Sexualerziehung gelegt. Einige der vorgestellten unterrichtlichen Einstiege erstrecken sich lediglich auf einen kürzeren Unterrichtsabschnitt, um bei den Schülern einen Motivationsschub für die nachfolgenden Unterrichtsphasen zu bewirken.

Einladung zum Elternabend

Die schulrechtlichen Bestimmungen der Bundesländer fordern die Mitwirkung der Eltern, wenn Unterrichtssequenzen im Rahmen der Sexualerziehung geplant sind. Die Lehrer erfüllen diese – zu Recht bestehende – Anforderung, indem sie beispielsweise auf einem Elternabend die angedachten Sachverhalte vorstellen. Auf eine detaillierte Vorstellung aller geplanten Teilthemen sollte indes ebenso verzichtet werden wie auf eine Präsentation der zum Einsatz kommenden Unterrichtsmedien, da es in einem solchen – sicherlich gut gemeinten – Fall in der Regel zu langen und kontroversen Diskussionen mit einzelnen Eltern über die Angemessenheit bzw. Unangemessenheit der vorgesehenen Sachverhalte und Medien kommen wird. Das angestrebte „Ziehen an einem Strang" hinsichtlich der schulischen und elterlichen Sexualerziehung sowie der vom Gesetzgeber geforderte „Konsens" mit den Eltern dürfte dann kaum zu erreichen sein.

Datum: Uhrzeit: Ort und Raum:

Sehr geehrte Eltern,

in der nächsten Zeit werden wir in der Klasse 5 b über das Thema Sexualität sprechen. Wichtig erscheint mir in diesem Zusammenhang eine ganzheitliche Herangehensweise, das heißt, neben der Informationsvermittlung steht gleichermaßen das Ansprechen von Gefühlen sowie ganz praktische Fragen. Die Kinder sollen den eigenen körperlichen und geistig-seelischen Reifungsvorgang nicht unvorbereitet erleben, sie können im Unterricht eigene Probleme einbringen und Fragen stellen, die auch – altersangemessen – beantwortet werden.

Bei diesem persönlichen Thema kommt es mir ganz besonders auf eine gute Zusammenarbeit mit Ihnen an. Deshalb möchte ich sie sehr herzlich zu einem Elternabend einladen, auf dem ich einen Überblick über die zu behandelnden Sachverhalte geben werde. So können Sie gegebenenfalls die angesprochenen Themen im Familienkreis vertiefen.

Ich würde mich freuen, wenn Sie an dieser Veranstaltung teilnehmen und zu ihrem Gelingen beitragen.

Mit freundlichen Grüßen

✗ Warming up-Übung: Wer bin ich?

Jahrgangsstufe: ab 6

Intentionen: Interessen und Bedürfnisse der Schüler herausfinden, Förderung des offenen Austausches und der Kommunikationsfähigkeit

Material: Auf einem Tisch liegen Ansichtskarten sowie Reklamebilder und Fotos aus Zeitungen und Illustrierten, die Landschaften, Tiere und Pflanzen zeigen, aber auch Männer, Frauen, Heranwachsende in den unterschiedlichsten – möglicherweise auch sexuell gefärbten – Zusammenhängen.

Bevor man sexuelle Fragen im Unterricht behandelt, ist es notwendig, eine entspannte und unverkrampfte, eine angenehme, kommunikationsoffene, ab und zu auch vergnügte Unterrichtsatmosphäre zu schaffen, die keinen Platz für Peinlichkeiten lässt.

Die Schüler wählen nun ein Bild aus, zu dem sie ein persönliches Gefühl, eine Erinnerung, einen Gedanken formulieren können. Danach stellen die Schüler der Reihe nach ihre Bilder vor und begründen, warum sie sie ausgewählt haben.

In der Auswertung kann diskutiert werden, wie sich die einzelnen Teilnehmer bei ihrer Präsentation gefühlt, was sie empfunden haben.

Alternative: Jeder wählt noch ein zweites Bild, das negative Gefühle weckt. Auch dieses wird anschließend vorgestellt.

X Was weißt du schon? – Fragebogen zur Sexualität

Jahrgangsstufe: ab 5

Mädchen ◯   Junge ◯

1. Was verstehst du unter dem Begriff „sexuell"?

   _____

   _____

2. Welche Teile gehören zu den Geschlechtsorganen des Mannes?
   a) Innere: _____
   b) Äußere: _____

3. Welche Teile gehören zu den Geschlechtsorganen der Frau?
   a) Innere: _____
   b) Äußere: _____

4. Unter welchen Namen sind dir die Geschlechtsorgane bekannt?
   a) des Mannes: _____
   b) der Frau: _____

5. Ab welchem Alter verschreiben Ärzte die Pille?

   _____

6. Welche Bücher oder Zeitschriften sind dir bekannt, die über die menschliche Sexualität informieren?

   _____

   _____

7. Woran merkt ein Mädchen, dass es geschlechtsreif ist?

   _____

8. Woran merkt ein Junge, dass er geschlechtsreif ist?

   _____

9. Warum haben manche Menschen Schuldgefühle, wenn sie onanieren?

   _____

10. Bei welchem Verhütungsmittel kannst du die Anwendung beschreiben?

    _____

11. Über welche Fragen der Sexualität möchtest du gern informiert werden?

    _____

Was möchtest du wissen?
Wie möchtest du arbeiten? – Fragebogen

Jahrgangsstufe: ab 5

Intentionen: Ermittlung von Fragen, Interessen und Informationsständen innerhalb der Klasse sowie bevorzugter Arbeitsformen als Grundlage für die Unterrichtsplanung.

Als Grundlage für die Unterrichtsvorbereitung wird ein Fragebogen ausgegeben, auf welchem die Schüler (ggf. anonym) Auskunft geben können über individuelle Interessenlagen, Fragen und gewünschte Arbeitsformen.

Bei der Gestaltung des Fragebogens sollte zunächst das Thema genannt werden (also z. B. „Jungen und Mädchen", „Liebe", „Sexualität", „Zusammenleben", „Entwicklung menschlichen Lebens", ...) und ergänzend ggf. Teilaspekte oder Fragen zum Thema zur weiteren Anregung. Darunter werden zwei Spalten mit folgenden Überschriften eröffnet: Meine Fragen und Ideen zum Thema ...; So möchte ich dazu arbeiten ... In der zweiten Spalte können Vorschläge zur Auswahl gestellt werden (z. B. ein Buch lesen, einen Film sehen, Klassengespräch, Einzelgespräch mit dem Lehrer, in Gruppen getrennt nach Jungen und Mädchen, Einzelarbeit, Partnerarbeit, ...). Durch die Anlage in Spalten können leichter Themenwünsche mit Arbeitsformen verbunden werden.

Vorschlag zur Anlage des Fragebogens

Liebe und Sexualität

soll unser nächstes Unterrichtsthema sein
(Thema wird vom Lehrer eingetragen)

Dazu könnten wir zum Beispiel so vorgehen:

Wir sehen uns zuerst einen Film an.

(wird vom Lehrer eingetragen)

Sicher habt ihr zu dem Thema viele Fragen oder Arbeitsideen.
Hier könnt ihr sie aufschreiben. Überlegt auch, wie ihr arbeiten möchtet.
Verbindet dazu eure Fragen oder Ideen mit den passenden Zeichen. Manchmal passen mehrere Zeichen. Ihr könnt auch noch eigene Ideen dazu schreiben:

Meine Fragen und Ideen zum Thema	So möchte ich dazu arbeiten	
	ein Buch lesen	
	einen Film sehen	
	Kreisgespräch	
	Einzelgespräch mit der Lehrerin	
	Einzelarbeit	
	Partnerarbeit	
	in Gruppen getrennt nach Mädchen und Jungen	
	???	

Black-Box-Fragekasten

Jahrgangsstufe: ab 5

Im Klassen- bzw. Fachraum steht ein geschlossener Kasten mit einem Schlitz, durch den – auch anonym – auf einem Zettel notierte Fragen geworfen werden können, die einen Bezug zur Sexualität haben (pro Zettel eine Frage). Jede Woche/jeden Monat/in der letzten Stunde vor den Ferien wird eine Frage gezogen, vorgelesen und gemeinsam beantwortet. Auch die Umkehrmethode ist empfehlenswert: Die Schüler sollen selbst eine Antwort geben. Wenn niemand eine Antwort weiß, werden hierzu Arbeitsaufträge verteilt.

Das Interessenspektrum lässt sich in vier Themenkomplexe aufgliedern:
- Fragen nach körperlichen Funktionen, z. B. Wozu haben Frauen Brüste?
- Fragen nach psychischen Funktionen, z. B. Warum muss man manchmal weinen, wenn man jemand liebt?

- Fragen nach gesellschaftlichen bzw. personalen Hintergründen, z. B. Warum heiraten viele Menschen und lassen sich dann aber nach einiger Zeit wieder scheiden?
- Fragen nach ethischen bzw. weltanschaulichen oder religiösen Hintergründen. z. B. Warum dürfen Mädchen nicht dieselben Sachen machen wie die Jungen?
- Allgemeine Verständnisfragen, z. B. Was ist ein Zungenkuss?

Auswahl von Fragen aus 5. und 6. Klassen:
Ist der Bauch dicker bei Zwillingen? Was ist besser: Binde oder Tampon? Was ist ein Orgasmus? Warum produziert der Busen Milch? Was löst den Fluss der Spermien aus? Was ist die Flüssigkeit nach der Regel? Wie haben Urmenschen es gemacht, wenn sie gar nicht wussten, wie es gemacht wird? Ab wann darf man in ein Bordell gehen? Wieso ist es einem peinlich, so offen über Sexualkunde zu reden? Was ist Liebe auf französisch? Sind Pornos pervers? Wie macht man Onanie? Warum gibt es so viele Sexstellungen? Wie wird man schwul? Ist Selbstbefriedigung schlimm? Was sieht man als schweinisch an? Bis wie viel Jahre kann man eine Frau befruchten?

Fragen- und Ideenkiste

Jahrgangsstufe: ab 5
Intention: Eine angstfreie Atmosphäre schaffen, echte Fragen anregen und ermöglichen.

Schüler haben in der Regel vielfältige Fragen zum Thema Sexualität. Häufig bestehen Hemmungen, diese (vor der ganzen Klasse) zu stellen.

Wenn für längere Zeit z. B. ein entsprechend eingeführter und gestalteter Karton im Klassenraum aufgestellt wird, der als „Briefkasten" für Fragen und Ideen zum Thema dient, wird ihnen die Möglichkeit eröffnet, ihre Gedanken, Vorstellungen und Fragen reifen zu lassen und anonym zu formulieren.

Zum Umgang mit den Fragen bieten sich verschiedene Möglichkeiten an:

- Die Fragen und Ideen können von der Lehrperson gesichtet und zum Ausgangspunkt für Unterrichtsplanungen genutzt werden.
- Sie können zu unterrichtlich festgelegten Zeiten nacheinander aus der Kiste gezogen und gemeinsam diskutiert bzw. wo möglich beantwortet werden.

Das Verfahren kann auch kurzfristig eingesetzt werden: Zum Beispiel erhalten die Schüler dann zu Beginn einer neuen Thematik für einige Minuten die Gelegenheit, ihre spontanen Fragen (anonym) aufzuschreiben, die dann in der Kiste gesammelt und anschließend gemeinsam sortiert werden, um auf dieser Basis den weiteren Unterricht gemeinsam zu planen, Arbeitsschwerpunkte zu setzen, usw.

Sex-Briefkasten

Jahrgangsstufe: ab 5
Material: Ein schön gestalteter geschlossener Karton mit Schlitz
In der Klasse wird ein Briefkasten aufgestellt mit der Überschrift *„Was du schon immer über Sex wissen wolltest"*. Die Schüler und Schülerinnen haben die Möglichkeit ihre Fragen anonym zu stellen, indem sie diese in den Briefkasten einwerfen. Diese werden dann von der Lehrperson vorgelesen und gemeinsam beantwortet. Der Briefkasten kann eine Woche vor der Einheit, währenddessen oder im Verlauf mehrerer Einheiten eingesetzt werden. Beim Einsatz während einer Einheit muss eine gewisse Zeit für Kleingruppen- oder Einzelarbeit eingeplant werden, damit die Fragen aufgeschrieben werden können. Diese Einstiegsmethode eignet sich für den Beginn einer Einheit, aber auch als Einstieg für eine fortlaufende Reihe zur Sexualerziehung. Sie orientiert sich an den Wünschen und Bedürfnissen der Klasse.
  Alternative: Die Fragen werden von der Lehrperson vorher eingesammelt und abgeschrieben. Dann können die Fragen in die Mitte gelegt, von den Schülern selbst vorgelesen und andere befragt oder gleich selbst beantwortet werden. Wichtig bei dieser Variante ist es, nicht die Originalzettel zu verwenden, um die Anonymität des Einzelnen zu wahren.

Freies Assoziieren

Jahrgangsstufe: ab 5
Diese nur einige Minuten beanspruchende Methode beruht auf der lernpsychologischen Erkenntnis, dass der wichtigste Faktor für das Lernen das bereits vorhandene Wissen, die Erfahrungen und Erinnerungen des Lernenden ist: So werden die Schüler gebeten, zu einem genannten Begriff alle Assoziationen (Gedanken, Gefühle, Eindrücke, Erlebnisse, Erinnerungen,

Meinungen, Erfahrungen) aufzuschreiben, die ihnen einfallen. Der Unterrichtende erhält auf diese Weise wertvolle Informationen über Vorkenntnisse, Vorerfahrungen, Einstellungen, aber auch über mögliche Wünsche seiner Schüler zu einem geplanten Thema. Gleichzeitig wird eine affektive und kognitive Brücke zu neuen Lerninhalten geschlagen. Mit dieser Methode wird erst einmal die Neugierde geweckt, ist es doch ungewöhnlich, dass ausdrücklich aufgefordert wird, *nicht* nachzudenken, sondern spontane Einfälle zu notieren, denn logisches bzw. analytisches Nachdenken würde das freie Assoziieren beeinflussen, ja verfälschen (vgl. DE BONO 1971; 1974).

Arbeitsauftrag:

1. Schreibe den Begriff „Sexualität" auf die Mitte eines quer liegenden DIN-A4-Blattes.

2. Notiere nun alles, was dir spontan dazu einfällt!

Andere Wortbeispiele: Sexualität, Liebe, Freundschaft, Glück, AIDS, Homosexualität

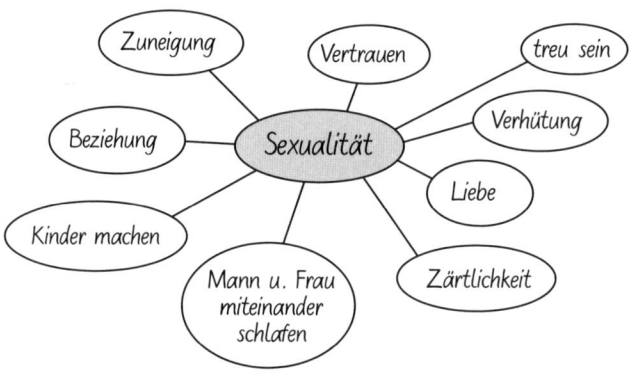

Beispiel einer freien Wortassoziation aus dem 6. Schuljahr

Alternative: Ausgangspunkt für das freie Assoziieren ist kein Wort, sondern eine Abbildung (z. B. zwei sich küssende Jugendliche): Was fällt dir spontan zu diesem Bild ein?

Anfertigen eines Clusters

Jahrgangsstufe: ab 5
Diese Form des Brainstormings weicht etwas ab vom freien Assoziieren: Von einem Kennwort ausgehend – z. B. Sexualität – werden assoziativ neue Begriffe gebildet, die wiederum Ausgangspunkt für weitere spontane Assoziationen sind. So ergibt sich ein Cluster (= Worthaufen) von zusammenhängenden Assoziationen.

Arbeitsauftrag:

1. Schreibe das Wort „Sexualität" auf die Mitte eines quer liegenden DIN-A4-Blattes und kreise das Wort ein.
2. Schreibe nun spontan bis zu acht Begriffe auf, die dir zur Sexualität einfallen. Ordne diese Begriffe um den Kreis herum an.
3. Nimm dir nun die erste Assoziation vor. Ausgehend von diesem Begriff sollst du assoziativ einen Ideenstrang entwickeln. Schreibe deine Einfälle wie auf einem Strahl, der vom Kreis ausgeht, auf und verbinde diese Wörter mit einer kurzen Linie.
4. Verfahre mit den anderen Assoziationen ebenso, so dass – ausgehend vom Zentrum – eine Reihe von strahlenförmigen Ideensträngen ausgehen.

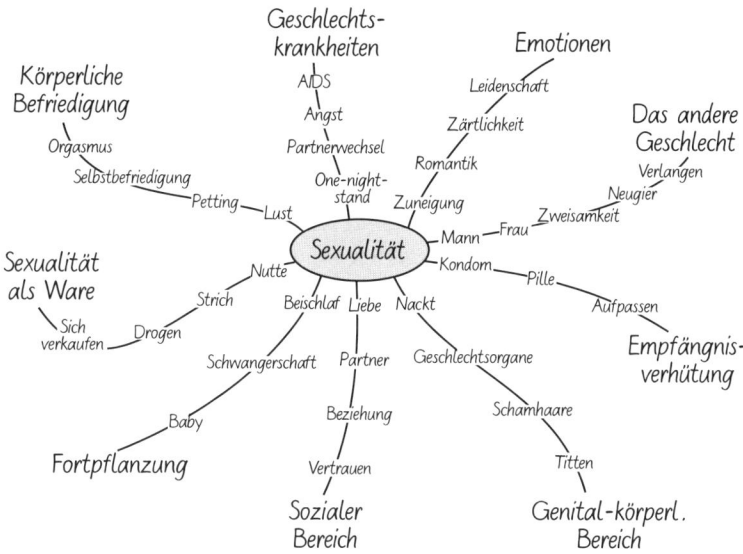

Beispiel eines Gesamt-Clusters aus einer 6. Klasse

In der weiteren unterrichtlichen Bearbeitung des Gesamt-Clusters können gemeinsam Überschriften für die interessantesten Ideenstränge gefunden werden (siehe Beispiel), die möglicherweise als Themen für eine nachfolgende Unterrichtssequenz herangezogen werden können.

„Sexualität" – Brainstorming und Widerstand

Jahrgangsstufe: ab 6

Ausgangssituation: An die Tafel wird kommentarlos der Begriff *„Sexualität"* geschrieben.

Phase 1: „Wenn ihr den Begriff „Sexualität" hört, was fällt euch da alles ein?" Sammlung der assoziierten Begriffe an der Tafel. Hinweis auf die Brainstormingregel: „Alles, was uns einfällt, darf genannt werden". In dieser Phase kann es passieren, dass die Toleranzgrenze der Lehrperson ausgetestet wird.

Phase 2: Wenn nötig, werden unbekannte Wörter geklärt. In einer ersten Sichtung der Begriffe fällt meist auf, dass überwiegend Wörter aus den Bereichen Geschlechtsorgane und Geschlechtsverkehr an der Tafel stehen. Deshalb sollte hier geklärt werden, dass Sexualität nicht immer etwas mit Genitalien/Geschlechtsverkehr zu tun haben muss.

Phase 3: Gemeinsame Sortierung der genannten Begriffe mit farbiger Kreide nach Kriterien wie „Abwertende Umgangssprache" (rot), „Sachliche, unbewertende Sprache" (weiß), evtl. „Medizinalsprache" (gestrichelt", „Freundlich gemeinte Umgangssprache" (grün).

Phase 4: „Stell dir vor, Jungen und Mädchen, die du sonst ganz in Ordnung findest, benutzen beim Thema Sexualität immer wieder abwertende Begriffe – und das stört dich. Es ergibt sich ein ruhiger Moment, wo ihr miteinander ins Gespräch kommt. Wie könntest du deine Haltung klarmachen?"

Phase 5: Stegreif-Rollenspiel der o. g. Situation (evtl. Situations- oder Charakterkärtchen vorbereiten). Auf ein Handzeichen hin besteht eine Ablöse-Möglichkeit der argumentierenden Person, aber nicht der abwertenden Person.

Alternative zur Phase 1: Statt Wortsammlung an der Tafel ist auch die Gruppenbearbeitung eines Arbeitsbogens mit vertikal angeordneten Buchstaben des Alphabets möglich. Die Angst, bestimmte Wörter vor der Klasse benennen zu müssen, ist dann geringer.

Was ist eigentlich Sexualität?

Jahrgangsstufe: ab 5
Material: Bodenzeitung oder Flipchartpapier, dicke Filzstifte
In der Mitte des Raumes liegt ein großes Blatt, auf dem in der Mitte mit dickem Filzstift „Sexualität ist…" geschrieben steht.

Phase 1: Die Teilnehmenden erhalten jeweils einen dicken Filzstift mit der Aufgabe eine „stumme Diskussion" zu dem Thema „Sexualität ist…" zu führen. Sie sollen alles (*Gefühle, Begriffe, Wörter, Assoziationen*) aufschreiben, was ihnen zu diesem Thema einfällt. Wichtig dabei ist, dass zunächst nicht gesprochen werden darf, allerdings kann man um die Wandzeitung herumgehen und sich von dem Geschriebenen der anderen inspirieren lassen und neue Begriffe hinzufügen.

Phase 2: Nach etwa 15 Minuten werden alle gebeten sich alle Bezeichnungen noch einmal anzusehen, um dann zwei Begriffe auszuwählen. Sie werden aufgefordert sich für jeweils eine Bezeichnung zu entscheiden, die sie positiv und negativ mit Sexualität in Verbindung bringen.

Phase 3: Alle setzen sich in den Stuhlkreis zurück und schreiben die von ihnen gewählten Begriffe auf Karteikarten auf (z. B. *positiv – gelb*; *negativ – blau*).

Phase 4: Die beschriebenen Karten werden nun nacheinander vorgestellt und erläutert und im Anschluss daran an die Tafel den Kategorien *positiv* oder *negativ* zugeordnet.

Die Schüler erhalten einen Gesprächsanlass und haben zudem die Möglichkeit eigene Normen und Werte zu reflektieren und die Einstellung der anderen kennen zu lernen. Diese Methode eignet sich nicht für Gruppen, die Schreibschwierigkeiten haben.

Alternative: Die Bodenzeitung wird zunächst in geschlechtshomogenen Gruppen erstellt und verglichen, um mögliche geschlechtsspezifische Unterschiede zu verdeutlichen.

Mind-Mapping

Jahrgangsstufe: ab 5
Intentionen: Den Schülern werden Kenntnisse, Zusammenhänge und subjektive Bedeutungsebenen bewusst und Meinungs- und Ideenvielfalt erfahrbar. Sie können auf Fragestellungen stoßen und/oder Arbeitsinteressen entwickeln.

Die Schüler sammeln ihre Gedanken und Assoziationen zu einem vorgegebenen, komplexen Thema. Meist wird das Thema in die Mitte geschrieben und die entstehenden Ideen werden in Wort und Bild außenherum angeordnet. So entsteht um ein Wort herum eine Art Landkarte des Gedachten, Gefühlten, des Erinnerten oder Geplanten und Erwünschten. Die Beteiligten werden auf das Thema eingestimmt und rufen eigene Vorstellungen wach. Die Assoziationen bieten Diskussionsanlässe, aus ihnen lassen sich Unterthemen zur vertiefenden Bearbeitung ableiten ...

Beispiele für Themenvorgaben: Mädchen und Jungen, Freundschaft, Liebe, Gefühle, Babys, Entwicklung menschlichen Lebens, Bedürfnisse von Kindern/Jugendlichen, Streit, Familie, Haushalt, Geschlechtsorgane, Wachsen und erwachsen werden, ...

Alternativen: Es ist sinnvoll, diese Methode zur Veranschaulichung erst einmal gemeinsam durchzuführen. Mind-Maps (Ideenlandkarten) können später auch in Gruppen bzw. individuell erstellt werden (und dann in Kleingruppen verglichen werden). Die Erstellung gemeinsam mit einem Partner fördert sogleich die sachbezogene Auseinandersetzung.

Es ist auch möglich, die Assoziationen jeweils auf einzelne Karten notieren zu lassen. So lassen sie sich leichter (nach thematischen Schwerpunkten) sortieren. Ggf. die Anzahl an Karten begrenzen, um eine überschaubare und damit bearbeitbare Anzahl zu erhalten.

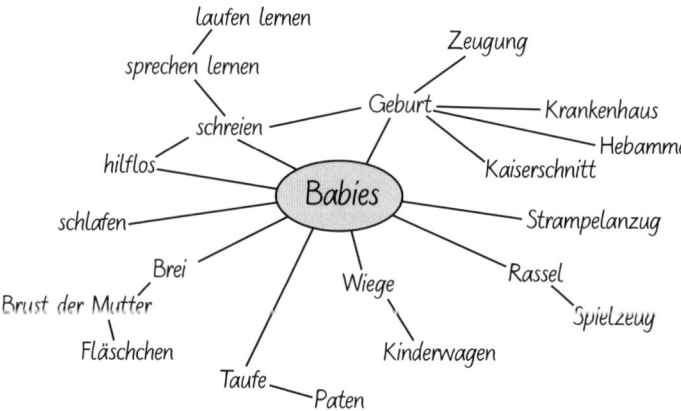

Anfangsbeispiel für eine Mind-Map

Schreibe spontan auf ...

Jahrgangsstufe: ab 5
Ausgangspunkt für ein nachfolgendes Unterrichtsgespräch kann folgender
Arbeitsauftrag sein:

1. Was ist für dich „Liebe"?
  Beispiele:
  - „Es gibt einen innerlichen Boum im Gehirn und dann kriegt man eine
    Gänsehaut. Es ist, als würde man in die Luft gehen." (Valentin, 8 Jahre)
  - „Wenn alles passt, wenn alles übereinstimmt." (Thomas, 15 Jahre)
  - „Liebe ist, wenn sich zwei einfach so gern haben, dass sie über die Feh-
    ler hinwegsehen." (Michaela, 15 Jahre)

2. Was ist für dich „Verliebt sein"?
  Beispiele:
  - „Kribbeln im Bauch; ich möchte am liebsten die ganze Zeit mit ihr ver-
    bringen." (Michael, 15 Jahre)
  - „Du denkst einfach nur an ihn und am Abend träumst du von ihm." (Ste-
    fanie, 17 Jahre)
  - „Man fühlt sich einfach gut. Man denkt an nichts anderes, nur an die
    Freundin." (Antonio, 19 Jahre)

3. Was ist für dich „Sehnsucht"?

4. Was bedeutet für dich „Zärtlichkeit"?

5. Zu wem möchtest du zärtlich sein? Zu wem nicht?

6. Von wem kannst du Zärtlichkeit annehmen? Von wem nicht? Warum
nicht?

Satzanfänge

Jahrgangsstufe: ab 5
Intentionen: Bewusstwerdung eigener und fremder Vor- und Einstel-
                  lungen, Entfaltung einer Thematik.
Ein oder mehrere Satzanfänge zum Thema werden vorgegeben.
Die Schüler werden gebeten, die Sätze zu vervollständigen.

Beispiele für Satzanfänge:
- Einen guten Freund/eine gute Freundin erkenne ich daran, dass ...
- Babys brauchen ...
- Mädchen/Jungen brauchen ...

- Streit kann ich beenden, indem ich ...
- Streit ist ...
- Gefühle sind ...
- Menschen zeigen Gefühle, wenn sie ...
- Liebe ist ...
- Liebe kann ich daran erkennen, dass ...
- Mädchen/Jungen sind immer/wollen immer ...
- Mädchen und Jungen unterscheiden sich z. B., weil ...
- Zu einer Familie gehören ...
- Zur Haushaltsführung gehört ...
- Wenn ich erwachsen werde, verändert sich ...
- An der Person X/der Situation X gefällt mir/gefällt mir nicht ...
- Wenn ich dieses Bild sehe/das höre, denke ich ...
  (Satzanfänge in Verbindung z. B. mit Texten oder visuellen/akustischen Impulsen)

Alternative: Je nach Leistungsvermögen und unterrichtlichem Zusammenhang geschieht dies mündlich oder schriftlich, alleine oder in Partnerarbeit. Meinungs- und Ideenvielfalt werden besonders eindrücklich erfahrbar, wenn die Fortsetzungen jeweils einzeln auf Karten geschrieben werden und unter die entsprechenden Satzanfänge geheftet werden. Im Vergleich zum Mind-Mapping wird hier bereits eine gezieltere Auseinandersetzung angeregt.

Sex-Quiz

Jahrgangsstufe: ab 9

1. Brauchen Jungen häufiger Sex als Mädchen?

   ☐ Ja, denn es liegt in ihrer Natur

   ☐ Das sagt der Volksmund, um den Frauen Schuldgefühle zu machen

✗ ☐ Nein, der Wunsch nach Sex ist bei beiden Geschlechtern gleich ausgeprägt, er wird jedoch bei Mädchen durch Erziehung und/oder Religion häufiger unterdrückt als bei Jungen

2. Beeinflusst die Größe des Penis die sexuelle Empfindung der Frau?

   ☐ Ja, weil die Reibungsfläche größer wird

✗ ☐ Nein, weil sich die Geschlechtsorgane einander anpassen

3. Bis zu welchem Alter kann ein Mann ein steifes Glied und Samenergüsse haben?

☐ Jeder Mann hat etwa 5 000 Schuss

✘ ☐ Bis zu seinem Tod

☐ Bis etwa zum 60. Lebensjahr

4. Was versteht man unter den „gefährlichen Tagen"?

☐ Freitag, den 13.

✘ ☐ Die fruchtbaren Tage der Frau

☐ Wenn Vollmond ist

5. Bis zu welchem Alter können Frauen einen Orgasmus haben?

☐ Bis zu den so genannten Wechseljahren

☐ Nach dem dritten Kind ist Schluss

✘ ☐ Bis ins hohe Alter

6. Was machst bzw. machtest du gegen die Angst beim „ersten Mal"?

✘ ☐ Mit meinem/meiner Freund/Freundin darüber reden

☐ Gar nichts

☐ Zu einer Beratungsstelle gehen

7. Wie oft sollte man Geschlechtsverkehr haben?

✘ ☐ So oft, wie ihr euch darüber einig seid

☐ Nur im Urlaub

☐ Ich weiß nicht

Richtig oder Falsch?

	Richtig	Falsch
Einmal im Zyklus wird eine Eizelle vom Eierstock freigegeben	✘ ☐	☐
Eine Eizelle ist mindestens 24 Stunden bis maximal 48 Stunden befruchtungsfähig	☐	✘ ☐
Samenzellen sind 72 Stunden lang befruchtungsfähig	✘ ☐	☐
Beim Jungen beginnen die Hoden erst mit Beginn der Pubertät Samenzellen zu bilden	✘ ☐	☐
Die Samenzellen treffen in der Gebärmutter auf die Eizelle	☐	✘ ☐
Täglich werden bis zu 10 Millionen Samenzellen neu gebildet	☐	✘ ☐
In einem Samenerguss befinden sich 300 bis 600 Millionen Samenzellen	✘ ☐	☐
Eine reife Samenzelle ist genau so groß wie eine Eizelle	☐	✘ ☐

	Richtig	Falsch

- Die Eizelle ist die größte Zelle des menschlichen Körpers ✗ ☐   ☐

- Normalerweise sterben Samenzellen im sauren Scheidenmilieu ab. Wodurch können sie dennoch überleben und auf den Eisprung warten? (*Durch den Zervixschleim*)

- Wenn der Eisprung einer Frau heute um 8:00 Uhr stattfindet, wie lange kann sie anschließend noch schwanger werden? (*Höchstens 18 Stunden, also bis 2.00 Uhr nachts*)

Das Sex-Quiz für Mädchen und Jungen

Jahrgangsstufe: ab 7

Jungen und Mädchen erhalten zu Beginn der Stunde das zu ihrem Geschlecht zugehörige Sex-Quiz. Die Fragen sollen zunächst in Einzelarbeit beantwortet werden. Meistens entstehen dennoch Gespräche, mitunter auch Diskussionen mit den Nachbarn. Im Anschluss daran können Fragen besprochen und beantwortet werden und einzelne interessante Themen herausgegriffen und intensiver bearbeitet werden, wie z. B. das Thema Verhütung. So fördert z. B. die Frage: „Was ist ein Femidom?" die Neugier der Schülerinnen. Das kann man nutzen, um beispielsweise mit der Präsentation des Verhütungsmittelkoffers fortzufahren.

Mit Hilfe des Sex-Quiz' gelingt nicht nur Schülern, sondern auch Lehrern ein spielerischer Einstieg in das Thema „Partnerschaft und Sexualität". Das Quiz macht Spaß und animiert eigene Fragen zu stellen und miteinander ins Gespräch zu kommen. Es schützt die Einzelnen davor, zugeben zu müssen, dass sie etwas nicht wissen oder eine Frage nicht beantworten können.

Alternative: Das Quiz wird in Kleingruppen beantwortet und diese überlegen sich eine neue Frage mit dazugehörigen Antworten und stellen sie im Klassenverband vor. Dieses Vorgehen fördert besonders die Kommunikation untereinander. Die Kleingruppe bietet den Einzelnen Schutz, aber auch den Ruhigeren die Möglichkeit sich zu äußern.

Sex-Quiz für Mädchen

1. Ab welchem Alter sollten Mädchen mit einem Jungen Sex haben?
A spätestens bis zum 16. Geburtstag ☐
B nachdem sie ihre Periode bekommen haben ☐
C wenn sie Lust dazu und den „Richtigen" gefunden haben ✗ ☐
D frühestens ab 16 Jahre, spätestens bis zum 20. Geburtstag ☐

2. Beim Geschlechtsverkehr ist das Kondom gerissen. Was kannst du tun, um eine nicht geplante Schwangerschaft zu vermeiden?
A den Vorfall so schnell wie möglich vergessen ☐
B eine Scheidenspülung machen ☐
C mit den Eltern oder der Freundin sprechen, weil ein Gespräch immer hilft ☐
D sich rechtzeitig an einen Arzt/Ärztin oder Notdienst wenden und gegebenenfalls die „Pille danach" einnehmen (spätestens bis zu 72 Stunden danach) ✗ ☐

3. Was ist eigentlich ein Orgasmus?
A ein Mythos, weil nur wenige Mädchen ihn beim Sex erleben ☐
B der Höhepunkt der sexuellen Lust mit dem nachfolgenden Gefühl der Entspannung ✗ ☐
C das Fremdwort für Geschlechtsverkehr ☐
D das gemeinsame Ziel beim Geschlechtsverkehr ☐

4. Woran kann ein Mädchen merken, dass es schwanger ist?
A wenn es dicker wird ☐
B wenn die Periode ausbleibt ✗ ☐
C wenn es nur noch schlechte Laune hat ☐
D wenn es sich körperlich schlapp fühlt und sich übergeben muss ☐

5. Was denkst du, wie viel Prozent der deutschen Bevölkerung sind nach Schätzungen homosexuell?

A   ca. 5 von 100 Personen   ✘ ☐
B   In Kleinstädten gibt es keine homosexuellen Menschen   ☐
C   In Großstädten 20% der Bevölkerung   ☐
D   Jeder Fünfte bevorzugt die gleichgeschlechtliche Liebe   ☐

6. Was ist die Klitoris?

A   eine griechische Liebesgöttin   ☐
B   ein Körperteil, dass durch „Jugend forscht" bekannt ge-   ☐
    worden ist
C   die Öffnung des Harnausgangs bei Mädchen und Frauen   ☐
D   das für Mädchen und Frauen wichtigste Organ zur Lust-   ✘ ☐
    empfindung

7. Zur Befruchtung sind Samenzelle und Eizelle nötig.
    Wie groß sind die beiden im Vergleich?

A   Samen und Ei sind etwa gleich groß   ☐
B   die Samenzelle ist männlich und deshalb deutlich   ☐
    größer
C   In die Eizelle passen ca. 200 000 Samenzellen   ✘ ☐
D   das Ei ist halb so groß wie ein Hühnerei, die Samenzelle so   ☐
    groß wie eine Kaulquappe

8. Mit wie viel Jahren müssen Mädchen zum Frauenarzt
    bzw. zur Frauenärztin gehen?

A   sobald sie ihre Periode bekommen haben   ☐
B   zwischen dem 14. bis 16. Lebensjahr   ☐
C   wenn sie es möchten, Beschwerden haben oder ein Ver-   ✘ ☐
    hütungsmittel benötigen
D   wenn die Mutter es sagt, denn sie weiß am besten, was für   ☐
    ihre Tochter richtig ist

9. Was ist ein Femidom?

A   ein Bauwerk in Paris   ☐
B   eine Frauenzeitschrift   ☐
C   ein Riesenkondom für Männer, für die das normale Kon-   ☐
    dom nicht ausreichend ist

D   ein Kondom für Frauen, welches nicht nur vor Schwan-   ✗ ☐
     gerschaft, sondern auch vor sexuell übertragbaren
     Krankheiten schützt

10. Warum haben Mädchen ein Jungfernhäutchen?
A   damit sie nicht zu früh mit dem Geschlechtsverkehr be-   ☐
     ginnen
B   ist nicht eindeutig zu sagen, ein biologischer Grund könn-   ✗ ☐
     te sein, die inneren Geschlechtsorgane bis zur Aufnahme
     sexueller Aktivitäten vor Bakterien und Pilzen zu schützen
C   damit Mädchen mehr Angst (z. B. vor Schmerzen) beim   ☐
     ersten Mal haben
D   damit Mädchen nicht sexsüchtig werden   ☐

11. Was können Mädchen tun, wenn sie merken, dass sie sich
    in ihre Freundin verliebt haben bzw. vermuten, dass sie
    lesbisch sind?
A   jemanden suchen, mit dem sie darüber sprechen können,   ✗ ☐
     eine vertraute Person, eine Beratungsstelle oder eine
     Selbsthilfegruppe
B   einen Arzt/Ärztin aufsuchen, um sich behandeln zu lassen   ☐
C   sich schnell einen Freund suchen, damit die anderen es   ☐
     nicht merken
D   sich zurückziehen, weil sie mit den anderen aus der Clique   ☐
     nichts mehr anfangen können

12. Was ist ein Mutterkuchen?
A   eine deutsche Spezialität   ☐
B   ein anderes Wort für die Gebärmutter   ☐
C   ein Geschenk zum Muttertag   ☐
D   ein Organ, das sich während der Schwangerschaft in der   ✗ ☐
     Gebärmutter bildet und zur Atmung und Ernährung des
     Kindes dient

Sex-Quiz
für Jungen

1. Woran erkennt man ein Qualitätskondom, dass zur Ver-
    hütung geeignet ist?
A   an der Farbe, weil farbige Kondome nicht sicher genug   ☐
    sind
B   am Prüfsiegel und dem noch nicht abgelaufenen Verfalls-   ✗ ☐
    datum
C   am Preis, denn nur was besonders teuer ist, ist auch gut ☐
D   wenn es in einer Apotheke gekauft worden ist   ☐

2. Was ist die Eichel?
A   eine Frucht, die die Potenz steigert   ☐
B   ein Organ des Mannes, welches nach dem gleichnamigen   ☐
    Wissenschaftler benannt ist
C   ein Lockvogel, um Mädchen anzubaggern   ☐
D   das etwas verdickte vordere Ende des männlichen Glieds,   ✗ ☐
    auch Glans genannt

3. Was bezeichnet man mit einer Vorhautverengung?
A   wenn die Spermien beim Samenerguss nicht schnell ge-   ☐
    nug aus dem Penis herauskommen
B   wenn sich ein Kondom nicht über den Penis ziehen lässt   ☐
C   wenn sich die Vorhaut nur unvollständig von der Eichel   ✗ ☐
    zurückziehen lässt
D   wenn ein Junge beschnitten ist   ☐

4. Was ist Impotenz?
A   ein geheimes Fernsehprogramm für Jugendliche ab   ☐
    18 Jahren
B   ein zeitlich begrenztes oder dauerndes Unvermögen des   ✗ ☐
    Mannes, den Geschlechtsverkehr auszuüben, weil der Pe-
    nis nicht steif wird

C   ein anderes Wort für den Höhepunkt des Mannes   ☐
D   eine die Sexualität anregende Wasserpflanze   ☐

5. Was ist ein Schlappschwanz?
A   ein Junge, der nie einen hoch kriegt   ☐
B   ein besonders empfindlicher Junge   ☐
C   ein Schimpfwort für Jungen, um sie zu ärgern, zu provo-   ✘ ☐
    zieren oder zu verletzen
D   ein Ausdruck für Reitpferde   ☐

6. Was ist ein Freier?
A   der Kunde einer Prostituierten   ✘ ☐
B   ein Mann, der nicht arbeiten muss, weil er genug Geld hat   ☐
C   eine Vogelart   ☐
D   ein Mann, der nie heiraten möchte   ☐

7. Was denkst du? Wie viele Spermien werden durchschnitt-
    lich bei einem Samenerguss (2 bis 6 ml Samenflüssigkeit)
    nach außen befördert?
A   unterschiedlich, die Tagesform ist entscheidend   ☐
B   1 Million   ☐
C   ca. 1000   ☐
D   300 bis 600 Millionen   ✘ ☐

8. Was ist eine Samenbank?
A   ein Depot für Männer, die Sperma käuflich erwerben   ☐
    möchten
B   ein Sexspielzeug   ☐
C   ein Depot, wo das Sperma von Samenspendern für künst-   ✘ ☐
    liche Befruchtungen aufbewahrt wird
D   ein neu erfundenes Gartengerät   ☐

9. Woran erkennt man einen guten Liebhaber?
A   kann man äußerlich nicht erkennen, zumal sich die sexu-   ✘ ☐
    ellen Bedürfnisse immer wieder verändern
B   an der Unterhosengröße „Sechs"   ☐
C   sportliche Typen sind grundsätzlich gute Liebhaber   ☐
D   am kurz geschorenen Haarschnitt   ☐

10. Was kann ein Junge tun, wenn er merkt, dass er sich in seinen Freund verliebt hat bzw. vermutet, dass er schwul ist?

A einen Arzt/Ärztin aufsuchen, um sich möglichst schnell behandeln zu lassen ☐

B jemanden suchen, mit dem er darüber sprechen kann; eine bekannte Person, eine Beratungsstelle oder Selbsthilfegruppe ✗ ☐

C mit irgendeinem Mädchen gehen, damit es die anderen nicht merken ☐

D sich von den Freunden zurückziehen, weil man mit den anderen nicht darüber reden kann ☐

11. Was ist Safersex?

A Sexualität, die nur mit Verhütungsmitteln durchgeführt wird ☐

B eine sexuelle Spielart, die vorzugsweise in Banken und Sparkassen betrieben wird ☐

C der Verzicht auf Sexualpraktiken, bei denen das Risiko einer Ansteckung mit dem HIV-Virus besteht ✗ ☐

D Sexualpraktiken, die nur von schwulen Männern betrieben werden ☐

12. Was ist die Missionarsstellung?

A Bezeichnung für eine Stellung beim Geschlechtsverkehr, bei der die Frau „unten" und der Mann „oben" liegt ✗ ☐

B sexuelle Praktiken, die nur von Katholiken betrieben werden ☐

C Sex bei Paaren, die unterschiedlichen Kulturkreisen angehören ☐

D veralteter Begriff für Geschlechtsverkehr ☐

Darüber spricht man nicht

Jahrgangsstufe: ab 7

Material: Anfragen Jugendlicher an Jugendzeitschriften, z. B. „Bravo" oder „Mädchen" zu dem Themenbereich „Partnerschaft und Sexualität" in Kopie.

Diese Übung eignet sich für solche Klassen als Einstieg, die mehr Intimsphäre brauchen oder in denen viele Schülerinnen sind, die sich selten äußern. Sie haben dann zunächst die Möglichkeit, in Kleingruppen zu diskutieren und in diesem Teil der Klasse „warm zu werden". Dann fällt es auch leichter, sich anschließend im Plenum zu äußern.

Beispiele aus der Bravo:

Warum darf nur ich keinen Freund haben?
Ich weiß nicht, mit wem ich darüber reden soll. Ich darf von meiner Mutter aus keinen Freund haben. Meine Eltern sind türkisch. Und meine Schwester meint, ich soll darüber nicht mal nachdenken. Soll ich denn heimlich einen Freund haben? Alle Mädchen um mich herum sind schon vergeben. Mit meiner Mutter kann ich nicht reden – denn das bringt sowieso nichts.
(Sevim, 12 Jahre)

Mein Orgasmus kommt viel zu schnell
Es ist zum Verrücktwerden! Jetzt habe ich schon siebenmal mit meiner Freundin geschlafen – aber es ist immer dasselbe: Kaum bin ich in ihr drin – da komme ich schon! Ich schätze, es dauert nur zehn Sekunden! Wenn ich meinen Penis eingeführt habe, bewege ich ihn kurz hin und her, dann kommt ein starkes Reizgefühl – und mein Samenerguss. Was kann ich tun? Es gibt doch angeblich Medikamente dagegen?
(Patrick, 17 Jahre)

Phase 1: Jede Gruppe erhält einen Brief eines Jugendlichen. Über diese Anfrage sollen sie diskutieren und im Anschluss daran einen ernsthaften Antwortbrief formulieren. Bei Gruppen mit Schreibhemmungen sollte man darauf aufmerksam machen, dass es hierbei nicht auf die Rechtschreibung ankommt.

Phase 2: Die Kleingruppen stellen ihren Brief und ihre Antwort im Plenum vor. Es besteht die Möglichkeit darüber zu diskutieren und Fragen zu stellen.

Variante: Die Antwort der Jugendzeitschrift vorlesen und diese kritisch besprechen oder mit der eigenen Antwort vergleichen.

Brief an das Dr. Sommer-Team von „Bravo"

Jahrgangsstufe: ab 5

Bei konkreten Fragen der Schüler kann der Lehrer gemeinsam mit den Schülern einen Brief an das Dr. Sommer-Team der Zeitschrift „Bravo" entwerfen und absenden (post@bravo.de).

Die Antwort kann dann mit der Klasse diskutiert werden.

Gespräche anstoßen

Jahrgangsstufe: ab 5

Intentionen: Die Schüler finden ihre persönliche Meinung zu einem Thema und präzisieren eigene Vorstellungen. Sie üben, diese anderen mitzuteilen und argumentativ zu vertreten.

Ein Thema wird benannt und für alle sichtbar an der Tafel notiert. Alle Beteiligten erhalten jeweils die gleichen 4 Karten mit unterschiedlichen Aussagen zu diesem Thema.

Zunächst sollen diese in Einzelarbeit gelesen und nach persönlichem Ermessen folgendermaßen geordnet werden:

Die wichtigste Aussage wird nach oben gelegt, darunter kommen die zwei nächstwichtigsten und die am wenigsten wichtige Aussage kommt ganz nach unten.

Danach werden die Ergebnisse in Partnerarbeit (in der Kleingruppe) verglichen.

Dabei sollen die Schüler versuchen, die anderen jeweils von der eigenen Legung zu überzeugen, indem sie ihre Setzungen begründen.

Mögliche Impulse für ein abschließendes gemeinsames Gespräch:

- Welche Aussage führte zu heftigen Auseinandersetzungen?
- Gab es Aussagen, über deren Platz ihr euch nicht einigen konntet?
- Konntest du von einer anderen Reihenfolge überzeugt werden? Wie ist das gelungen?

Bei der Arbeit kann sich auch herausstellen, dass manche/alle Aussagen gleichwertig erscheinen. Der Lehrer kann die Aussagen vorgeben, sie können aber auch von Schülern entwickelt werden bzw. aus vorangegangenem Unterricht hervorgegangen sein.

Themenvorgabe und Aussagen zur Auswahl:
Freundschaft – Ein guter Freund / eine gute Freundin sollte ...
- immer zu mir halten
- mir immer helfen
- mich oft zum Lachen bringen
- alles mit mir teilen
- dieselben Dinge mögen wie ich
- meine Familie mögen
- so alt sein wie ich
- mir Geschenke machen
- alle Probleme mit mir besprechen
- mich niemals anlügen
- mir immer zuhören
- keine Geheimnisse vor mir haben
- sich immer nur mit mir treffen

Gefühle – Es ist wichtig, dass man ...
- seine Gefühle möglichst nicht offen zeigt
- guten Freunden immer mitteilt, was man fühlt
- seine Gefühle wahrnimmt
- seine Gefühle beherrschen lernt
- nicht nur nach Gefühl entscheidet
- seinen Gefühlen freien Lauf lässt
- viele verschiedene Gefühle kennt
- versucht, die Gefühle eines anderen zu verstehen
- gute und schlechte Gefühle auseinander halten kann
- eigene Gefühle ausdrücken kann

Bedürfnisse von Kindern/Jugendlichen – Sie brauchen ...

- Nahrung	- Fernsehen
- Freunde	- ein Bett
- Kleidung	- Unterricht
- Liebe	- Zuwendung
- Erwachsene	- Bücher
- Spiele	- eigenes Zimmer

Familie – Es ist wichtig, dass ...
- sie aus vielen Personen besteht

- alle im Haushalt mithelfen
- Haushaltsarbeiten gerecht verteilt werden
- alle zueinander Vertrauen haben
- viel gemeinsam unternommen wird
- es regelmäßig gemeinsame Mahlzeiten gibt
- man sich gegenseitig zuhört
- jeder ein eigenes Zimmer hat
- man auch Geheimnisse haben darf
- man alle Probleme besprechen kann
- man sich immer aufeinander verlassen kann

Rollenbilder – Frauen (Männer) sollten …

- einen Beruf ausüben
- auf ihr Äußeres achten
- sportlich sein
- gut zuhören können
- gebildet sein
- Verantwortungsbewusstsein haben
- für den Haushalt sorgen
- einen Führerschein haben
- Motorrad fahren
- hilfsbereit sein
- mutig sein

Streit – Beim Streiten ist es wichtig, dass man …

- niemanden schlägt
- nur mit Worten streitet
- verzeihen kann
- sich später wieder verträgt
- verschiedene Möglichkeiten kennt, um einen Streit zu beenden
- weiß, wann man aufhören muss
- weiß, von wem man Hilfe bekommen kann
- weiß, wie man sich selbst beruhigen kann
- weiß, wie man andere beruhigen kann
- nicht nur die eigene Meinung sieht

Körperpflege – Ganz wichtig ist dafür …

- Zahnpasta
- Schminke
- Shampoo
- Intimspray
- Monatsbinden
- Rasiercreme
- Deo
- Seife
- tägliche Dusche
- Kamm/Bürste
- Slipeinlagen
- Parfüm
- Gesichtscreme
- Duschgel
- Badewanne
- Tampons
- Mundwasser
- Nagellack

Stimmt! Stimmt nicht! Unentschlossen!

Jahrgangsstufe: ab 5

Intentionen: Die Schüler werden sich eigener Einstellungen bewusst, sie tauschen sich über persönliche Vorstellungen aus und üben, ihre Meinungen zu begründen.

Die Schüler erhalten in Gruppen Karten mit Aussagen zu einer bestimmten Thematik. Sie haben die Aufgabe, über die Aussagen zu sprechen und sie gemeinsam begründet den folgenden Kategorien zuzuordnen:

Stimmt, stimmt nicht bzw. *wir sind unentschlossen oder uneinig.*

Für einen anschließenden Austausch innerhalb der Klassengemeinschaft bieten sich in erster Linie die Aussagen an, bei denen Unentschlossenheit oder Unkenntnis vorlagen.

Die Aussagen können Faktenwissen ebenso berücksichtigen wie Einstellungen und Meinungen.

Beispiele zum Themenbereich Körper und Sexualität:

- Eine Schwangerschaft dauert ungefähr 7 Monate.
- Die Scheide gehört zu den weiblichen Geschlechtsorganen.
- Mit 15 Jahren bekommen Mädchen ihre Periode.
- Es ist normal, dass Mädchen ein bis zwei Jahre vor Eintritt der ersten Menstruation einen durchsichtigen bis weißlich-gelben, etwas klebrigen Ausfluss (den so genannten Weißfluss) haben.
- Das Jungfernhäutchen (Hymen) verschließt normalerweise ganz die Scheide bei jungen Mädchen.
- Für Verhütung sollten sich Mann und Frau gleichermaßen verantwortlich fühlen.
- Es gibt nur eine Möglichkeit zu verhüten.
- Es ist schädlich, wenn man raucht und die Pille nimmt.
- Das Miteinanderschlafen ist mehr als nur das Erleben eines sexuellen Höhepunktes.
- Damit sich ein Baby entwickeln kann, müssen Samen und Eizelle miteinander verschmelzen.
- Ab dem Alter von 30 Jahren entwickeln sich beim Mann Samen in den Hoden.
- Penis ist die Bezeichnung für ein weibliches Geschlechtsorgan.

- Der Penis hat die Aufgabe, den männlichen Samen möglichst tief in die Scheide der Frau einzubringen.
- Bei sexueller Erregung wird das Glied des Mannes steif.
- Die Gebärmutter gehört zu den männlichen Geschlechtsorganen.
- Die Spermien werden in den Eierstöcken produziert.
- Nächtliche, unwillkürliche Samenergüsse sind eine natürliche Erscheinung während der körperlichen und sexuellen Reifung bei Jungen.
- Zu Beginn der Pubertät kann ein Junge einen Orgasmus ohne Samenerguss haben.
- Selbstbefriedigung schadet der Gesundheit.
- Jeder Mensch hat sein eigenes körperliches Entwicklungstempo.

Beispiele zum Themenbereich „Streit":
- Man muss immer verzeihen.
- Man muss nicht immer verzeihen.
- Menschen, die mit mir streiten, mögen mich nicht.
- Man sollte nie streiten.
- Man streitet sich nur mit Menschen, die man nicht mag.
- Nur wenn man sich prügelt, hat man Streit.
- Man sollte sich nur mit Worten streiten.
- An einem Streit ist immer nur einer schuld.
- Vertragen nach einem Streit tut gut.
- Streiten muss man lernen.
- Man kann lernen, fair zu streiten.
- Man kann lernen, den Streit anderer helfend zu schlichten.
- Man kann lernen, Streit so zu beenden, dass alle Beteiligten zufrieden sind.
- Es gibt verschiedene Möglichkeiten, mit Streit umzugehen.
- Es ist gut, Streit zu vermeiden.
- Streit sollte man immer aus dem Weg gehen.
- Zum Streit gehört Hass.

Das mag ich, das mag ich nicht!

Jahrgangsstufe: ab 5

In einer ersten Plenumsrunde äußern sich alle Schüler und Schülerinnen zu der Frage: *„Was magst du gerne? Was magst du nicht gerne?"* Dabei bleibt es ihnen überlassen, ob sie ihre Hobbys, Freizeitaktivitäten, Personen, einzelne Unterrichtsfächer oder Tätigkeiten aufzählen. An dieser Runde sollte sich die Lehrperson aktiv beteiligen. Im Anschluss an diese Runde kann der Zusammenhang zwischen den Vorlieben und Abneigungen der Einzelnen in Bezug auf Partnerschaft und Sexualität erläutert werden. In geschlechtshomogenen Gruppen kann diese Runde durch die Fragestellung *„Was magst du/magst du nicht am anderen Geschlecht?"* ergänzt werden.

Grabbelsack

Jahrgangsstufe: ab 5

Intentionen: Wissensstand feststellen, Anknüpfungspunkte für Vorgehensweise und Themenauswahl finden, Schreibfähigkeit und Rechtschreibsicherheit sind nicht erforderlich.

Material: Kissenbezug oder Sack mit unterschiedlichen Gegenständen

Je nach Altersgruppe unterschiedliche Gegenstände, die einen Bezug zum Thema Liebe, Beziehung und Sexualität haben Dazu gehören z. B. *Spiegel, Bürste, Lippenstift, Rasierpinsel, Feder, Massageball, Verhütungsmittel, Liebesbrief, Vibrator, Schlüssel, Daumenkino „AIDS", Unter-/Reizwäsche, Bravo, Sexmagazin.*

Phase 1: Alle sitzen in einem Stuhlkreis und tasten den Grabbelsack zunächst einmal ab ohne hineinzusehen oder hineinzugreifen. Das erhöht die Spannung in der Gruppe.

Phase 2: Der „Grabbelsack" wird herumgereicht und jeder zieht einen Gegenstand aus dem Sack ohne dabei in den Sack zu sehen. Zu diesem Gegenstand werden dann Gedanken, Assoziationen und Anknüpfungspunkte geäußert. Wenn jemand zu einem Gegenstand nichts sagen möchte, können die anderen oder die Lehrperson helfen.

Phase 3: Nun können auch andere Teilnehmende ihre Gedanken zu den Gegenständen äußern. Ist ein Gegenstand nicht bekannt, sollte er erklärt werden. Natürlich dürfen auch ergänzende Fragen gestellt werden. Der herausgenommene Gegenstand wird dann in die Mitte gelegt und erst dann ist die nächste Person mit dem Ziehen an der Reihe.

Phase 4: Sowohl während der Übung als auch im Anschluss daran, wenn alle Gegenstände in der Mitte liegen, bieten sich ausreichende Gesprächsanlässe für eine weitergehende Auseinandersetzung.

Penivagitus

Jahrgangsstufe: ab 5

Intentionen: Mit dieser Übung wird die Sprach- und Kommunikationsfähigkeit gefördert und erweitert. Unbekannte Wörter können erläutert werden und es bietet sich die Möglichkeit den Gebrauch und die Benutzung von Sprache zu thematisieren. Es kann erklärt werden, dass bestimmte Ausdrücke eher in den intimen Bereich fallen, dass es eine so genannte medizinische Sprache gibt, aber dass sexuelle Wörter auch gerne als Schimpfwörter benutzt werden. Es lassen sich geschlechtsspezifische Unterschiede herausarbeiten, indem z. B. Wandzeitungen in geschlechtshomogenen Gruppen erstellt werden.

Material: Wandzeitung oder Flipchartpapier, dicke Filzstifte

Phase 1: Jede Gruppe erhält eine Wandzeitung oder einen Flipchartbogen, der in jeweils drei Kategorien (*männliche, weibliche Geschlechtsorgane* und *Geschlechtsverkehr*) eingeteilt ist.

Phase 2: In der Gruppe sollen zuerst alle Begriffe für die erste Spalte aufgeschrieben werden, dann für die zweite und erst dann soll die dritte Spalte ausgefüllt werden. Es dürfen und sollen auch die so genannten „schmutzigen Wörter" mit aufgeführt werden. Jede Spalte sollte nach und nach mit einer Zeitvorgabe (*5 bis 10 Minuten*) in Form eines Wettspiels ausgefüllt werden.

Phase 3: Die Wandzeitungen werden aufgehängt und verglichen. Die Begriffe werden auf ihre Richtigkeit spielerisch überprüft, gewertet und gezählt. Falsche Begriffe können an dieser Stelle gut erklärt werden. So findet sich z. B. der Begriff „blasen" häufig als ein anderes Wort für Geschlechtsverkehr.

Alternative: Nachdem die Gruppenarbeit beendet ist, sucht sich jeder einen Begriff aus, den er positiv bzw. negativ findet und persönlich benutzen würde. Diese werden genannt und auf der Wandzeitung gesammelt. An dieser Stelle fällt dann häufig auf, dass es bestimmte Wörter gibt, die sich allgemeiner Beliebtheit erfreuen, aber dass Sprache auch sehr vielfältig ist und unterschiedlich benutzt wird.

Dreistühlespiel

Jahrgangsstufe: ab 6

Intentionen: Die Fantasie der Schüler wird aktiviert und es bietet sich die Chance auch tabuisierte Themen spielerisch einzubringen. Durch die Entscheidung wird die Eigenverantwortlichkeit bewusst gemacht und geschult.

Phase 1: Die Gruppe setzt sich in einen Halbkreis und in der anderen Hälfte des Raumes stehen drei Stühle nebeneinander. Auf den mittleren Stuhl setzt sich eine Person, die einen Begriff aus dem Bereich Partnerschaft/Sexualität nennt und sagt: *„Ich bin das Kondom, wer geht mit mir?"*

Phase 2: Zwei Mitschüler haben nun die Möglichkeit sich dazu passende Bezeichnungen zu überlegen und sich auf die beiden freien Stühle zu setzen. Sie nennen ihre Begriffe: z. B. *„Ich bin der Penis"* oder *„Ich bin das HIV-Virus"*.

Phase 3: Die in der Mitte sitzende Person kann sich dann entscheiden, mit wem sie gehen möchte (z. B. *Ich bin das Kondom und nehme den Penis mit*) und nimmt diese Person wieder mit zurück in die Plenumsrunde. Beide setzen sich auf einen frei gewordenen Stuhl.

Phase 4: Die Person, die übrig geblieben ist, nimmt nun den Platz in der Mitte ein und eröffnet einen weiteren Durchgang: *„Ich bin das HIV-Virus, wer geht mit mir?"* usw.

Sex-Tabu

Jahrgangsstufe: ab 5

Intentionen: Fördert im Plenum oder als Mannschaftsspiel die Sprach- und Kommunikationsfähigkeit über Sexualität, zeigt den Wissensstand der Schüler.

Material: Begriffskarten

Phase 1: In der Mitte des Raumes liegen Karten mit verschiedenen Begriffen (*siehe Arbeitsblatt*), von denen jeder im Verlauf des Spiels jeweils eine Karte vom Stapel zieht.

Phase 2: Reihum wird nun ein Begriff gezogen. Der Begriff wird nun umschrieben oder erklärt ohne dass der Begriff oder Teile daraus (*z. B. bei zusammengesetzten Wörtern oder das dazugehörige Verb*) benannt werden darf.

Phase 3: Die Mitschüler versuchen den Begriff zu erraten.

Alternative: Die Schüler werden in zwei Gruppen eingeteilt, die gegeneinander spielen. Es wird ein Zeitlimit festgesetzt (*z. B. 5 Minuten*). Während dieser Zeit dürfen von der eigenen Gruppe mehrere Begriffe vorgestellt und erraten werden. Es darf aber erst erneut gezogen werden, wenn ein Begriff richtig erraten worden ist.

Variante: Die Begriffe werden nicht erklärt, sondern pantomimisch dargestellt.

Sex-Activity

Jahrgangsstufe: ab 5

Intentionen: Methode trägt spielerisch zur Erweiterung des Wissens und der Kommunikations- und Sprachkompetenz bei.

Material: Spielfeld, 2 Spielfiguren, Begriffskarten

Es gibt zwei Mannschaften und es können die gleichen oder andere Begriffe verwendet werden wie beim vorherigen Spiel (*siehe Begriffssammlung*). Ergänzend dazu gibt es ein Spielfeld, das relativ einfach selber erstellt werden kann. Es ist in verschiedene Rubriken eingeteilt und jede Mannschaft soll möglichst schnell vom Start zum Ziel gelangen. Pro geratenen Begriff darf die Spielfigur ein Feld weiterrücken. Hier muss ein Zeitlimit für jede Raterunde festgelegt werden. Im Gegensatz zu Sex-Tabu gibt es unterschiedliche Rubriken (*Malen, Pantomime, Erklären*), um Begriffe begreiflich zu machen.

Spielplan für Sex-Activity

Begriffe für Sex-Tabu und Sex-Activity

Anmache	Zungenkuss
Lustgrotte	Sexsucht
Lümmeltüte	Laufpass
Partnerschaftsvermittlung	triebgesteuert
SMS	Erektion
Partnersuche	Lustgewinn
Selbstbefriedigung	Orgasmus
Aufklärung	Sexwelle
Schlappschwanz	Stimmbruch
Schamhaare	Ehering
Nachthemd	Freudenhaus
Strichjunge	splitternackt
Betthäschen	Büstenhalter
Liebeskummer	Eifersucht
Gruppensex	Liebesabenteuer
schwule Liebe	Lesbensex
fremdgehen	Bettgeflüster
Knutschfleck	Flitterwochen
Jungfrau	Hormonspiegel
Oralverkehr	stöhnen
Impotenz	Kitzler
Schlafzimmerblick	Freier
Schaumzäpfchen	Lustorgan

Flaschendrehen

Jahrgangsstufe: ab 5

Intentionen: Vielfältige Themen und prozessorientiertes Arbeiten sind möglich, Wissensdefizite werden ausgeglichen; unterschiedliche Normen und Vorstellungen fließen ein.

Material: Fragekarten, Flasche

Phase 1: Die Schülerinnen sitzen im Stuhlkreis. In der Mitte liegt ein Stapel mit Fragekarten, die zuvor in der Klasse gesammelt wurden (*siehe Briefkasten, S. 25*) oder vorgegeben werden (*Arbeitsblatt*). Die Flasche wird ebenfalls in die Mitte gelegt und gedreht.

Phase 2: Die Schülerin, auf den die Flasche zeigt, zieht eine Frage aus dem Stapel und versucht sie zu beantworten. Natürlich darf auch eine Antwort verweigert werden oder die anderen können unterstützend helfen.

Alternative: Auch ohne „Flaschendrehen" kann reihum oder nach Lust eine Fragekarte gezogen und beantwortet werden.

Fragekarten (Flaschendrehen)

- Wie wird man ein guter Liebhaber?
- Mit wie viel Jahren sollen Mädchen zum Frauenarzt gehen?
- Was ist eine Vorhautverengung?
- Was ist das Jungfernhäutchen?
- Wie befriedigen sich Jungen?
- Wie befriedigen sich Mädchen?
- Was ist Pubertät?
- Was ist Frigidität?
- Was machen Schwule im Bett?
- Wie funktioniert ein Schwangerschaftsabbruch?
- Welches ist das sicherste Verhütungsmittel?
- Was ist ein Transvestit?
- Was ist ein Transsexueller?
- Was ist S/M?
- Brauchen Jungen mehr Sex als Mädchen?
- Gehören Sex und Liebe immer zusammen?
- Was ist ein Orgasmus?
- Wie kann ich einen Jungen/ein Mädchen kennen lernen?
- Gibt es in anderen Ländern andere Sexsitten?
- Warum werden Mädchen in Afrika beschnitten?
- Was versteht man unter sexueller Perversion?
- Was ist los, wenn ein Junge keine Erektion bekommt?
- Wie oft sollte man Sex haben?
- Wie lange kann bumsen dauern?
- Kann ein Mädchen auch mit einem Jungen schlafen, wenn sie ihre Periode hat?
- Wie lange dauert Liebeskummer?
- Wie wird man schwul?
- Woran merken Mädchen, dass sie lesbisch sind?
- Was kann man gegen Eifersucht tun?

Zwiebelspiel

Jahrgangsstufe: ab 7

Intentionen: Kommunikation über Sexualität und Partnerschaft zu fördern und anzustoßen. Auch hier gibt es vielfältige Möglichkeiten, Themenwünsche unterschiedlichster Art unterzubringen. Die Auswahl sollte dem Entwicklungsstand und dem Alter der Zielgruppe entsprechen.

Material: Fragekarten

Bei dieser Übung lernen die Schüler, dass ein Gesprächsverlauf nicht nur vom Thema und Inhalt des Gesprächs, sondern auch vom Kontakt zur Person abhängig ist. Sie kommen mit ihren Grenzen in Berührung und lernen diese wahrzunehmen und zu artikulieren.

Phase 1: Die Klasse wird in zwei Gruppen geteilt. Eine Gruppe stellt sich in den Innenkreis, die andere in den Außenkreis und zwar so, dass sich immer zwei Personen von Angesicht zu Angesicht gegenüberstehen.

Phase 2: Die Lehrperson stellt eine Frage (*s. u.*), die sich die beiden gegenüberstehenden Gesprächspartner gegenseitig beantworten.

Phase 3: Nach ca. fünf Minuten wird gewechselt und der Außenkreis geht im Uhrzeigersinn eine Person weiter, so dass die Partner wechseln. Beide beantworten sich nun eine neue Frage. Es wird so lange rotiert, bis die Ausgangsposition wieder erreicht ist.

Auswertung: Auf die Frage: „Wie war's?" kann sich herausstellen, dass sich mit den unterschiedlichen Gesprächspartnern sehr verschiedene Gesprächsverläufe ergeben. Was für den einen eine intime Frage ist, ist für einen anderen eine ganz einfach zu beantwortende.

Zwiebelfragen

- Wenn du an den Jungen oder an das Mädchen deiner Träume denkst, wie sieht sie oder er dann aus?
- Stell dir vor, deine Freund/deine Freundin würde dir gestehen, dass er oder sie auf einer Party mit ein/einem anderen geknutscht hat. Wie würdest du reagieren?
- Hast du einen Lieblingsfilm, in dem Liebe und Sexualität vorkommt?
- Wann hast du das letzte Mal jemandem Blumen geschenkt?
- Reden Jungen und Mädchen unterschiedlich über Sexualität?
- Wer hat dich aufgeklärt und über welche Themen wurde gesprochen?

- Dein Freund/deine Freundin erzählt dir, dass der Geschlechtsverkehr wehtut. Wie reagierst du?
- Fühlst du dich manchmal einsam?
- Woran merkst du, dass du verliebt bist?
- Stell dir vor, du wärst mit deiner Freundin/deinem Freund im Bett in deinem Zimmer und deine Mutter kommt herein ohne zu klopfen.
- Wenn dein bester Freund/deine Freundin zu dir sagt, dass er/sie homosexuell sei, wie würdest du reagieren?
- Wie beendest du eine Beziehung? Wie machst du Schluss?
- Kannst du verstehen, wenn Mädchen oder Frauen einen Schwangerschaftsabbruch vornehmen?
- Wie redest du mit deinem Freund/deiner Freundin über Verhütung?
- Hast du schon einmal einen Porno- oder Erotikfilm gesehen?
- Welches Verhütungsmittel bevorzugst du?
- Erzähle einen sexuellen Witz. Wie findest du sexuelle Witze?
- Gibt es etwas im Bereich der Sexualität, über das du mit niemanden sprechen möchtest?
- Mit wie viel Jahren soll man deiner Meinung nach zum Frauenarzt bzw. zur Frauenärztin gehen und warum?
- Dein Freund/deine Freundin will erst nach der Hochzeit mit dir schlafen. Was sagst du dazu?
- Kannst du dir vorstellen, dich auf einen One-Night-Stand einzulassen?
- Wie werden bei dir zu Hause die weiblichen und männlichen Geschlechtsteile benannt?
- Würdest du eine Sexualberatungsstelle oder Aids-Hilfe aufsuchen?
- Bist du mit deinem Aussehen und deiner Figur zufrieden?
- Ist Selbstbefriedigung ungesund?
- Wie oft sollte man Sex haben?
- Gibt es in anderen Ländern andere „Sitten" beim Sex?
- Was versteht man unter sexueller Perversion?
- Wie macht man ein Mädchen an?
- Wieso sind Mädchen während der „Mens" so reizbar?
- Machen Mädchen Bilder von nackten Jungen nicht an?
- Kann ein Mädchen auch während der „Mens" Verkehr haben?
- Was kann ich tun, wenn ich beim Sex „zu schnell" komme?
- Was ist los, wenn ich keine Erektion bekomme?

Traumtyp und Supergirl

Jahrgangsstufe: ab 7

Material: Psychotest (Vorlage aus Sielert, Keil (Hrsg.) Sexualpädagogische Materialien. Beltz 1993)

Diese Übung erleichtert den Einstieg in das Thema, weil die Schüler sich zunächst mit sich selber beschäftigen können. Viele kennen Psychotests aus Zeitschriften und haben Spaß beim Ausfüllen. Beim Gespräch in der Gruppe können sie über eigene Vorstellungen nachdenken und sich mit den anderen darüber aussprechen. Der persönliche Austausch sollte auch nicht veröffentlicht werden. Gibt es geschlechtsspezifische Unterschiede in den Tests oder in der Wahrnehmung? Welche Kriterien haben Jugendliche, wenn sie auf der Suche nach einem Traumtyp oder einem Supergirl sind? Wie unterscheiden sich die Traumpartner von den realen Personen? Was ist für sie bei der Partnersuche wichtig?

Beide Tests sprechen allerdings lediglich heterosexuelle Jugendliche an. Ob und wie der Lehrer das Thema „Homo- bzw. Heterosexualität" anspricht, sollte zuvor überlegt und eingeplant werden.

Phase 1: Jungen und Mädchen bekommen jeweils einen zu ihrem Geschlecht zugehörigen Psychotest mit der Aufgabe, diesen zunächst einmal für sich selbst auszufüllen.

Phase 2: In Gruppen können die Ergebnisse ausgetauscht und anschließend die offen gebliebenen Fragen im Klassenverband besprochen werden.

Im Plenum können dann übergeordnete Themen besprochen werden.

Bist du das Supergirl, um das sich die Jungen reißen?

Von manchen Mädchen träumen alle Jungen. Andere dagegen schaffen es nie, einen Jungen für sich zu interessieren. Wie gut du ankommst, verrät dir ein Test.

1. Test

Was für ein Gefühl kriegst du, wenn ein Junge mit dir flirtet?

☐ a) Ich finde es aufregend und faszinierend.

☐ b) Ich finde es peinlich und kriege Herzklopfen.

☐ c) Ich finde es albern und blöd.

2. Test

Du hast einem Jungen zu verstehen gegeben, dass du ihn toll findest. Er reagiert aber nicht besonders begeistert. Was tust du?

☐ a) Nichts. Der Typ ist es nicht wert. Ich suche mir einen Neuen.

☐ b) Wenn ich ihn wirklich toll finde, werde ich um ihn kämpfen.

☐ c) Ich bin am Boden zerstört und zeige ihm, wie verzweifelt ich bin.

3. Test

Worauf schaut ein Junge bei einem Mädchen zu allererst?

☐ a) Auf die Figur

☐ b) Auf die Klamotten

☐ c) Ins Gesicht

4. Test

Wie wünscht sich ein Junge sein Supergirl?

☐ a) Gebildet und verträumt

☐ b) Zärtlich und natürlich

☐ c) Sexy und verführerisch

5. Test

Krach gibt es trotz der größten Liebe schon mal. Wie stellst du dir die Versöhnung vor?

☐ a) Er muss sich bei mir intensiv entschuldigen.

☐ b) Ich bitte ihn um Verzeihung.

☐ c) Wir fallen uns in die Arme, und jeder entschuldigt sich beim anderen.

6. Test

Wie bist du in der Liebe?

☐ a) Hingebungsvoll und einfühlsam

☐ b) Leidenschaftlich und ungehemmt

☐ c) Sanft und zurückhaltend

7. Test

Was erwartest du in der Liebe von einem Jungen?

☐ a) Er soll mir alle Hemmungen nehmen.

☐ b) Er soll mich zärtlich lieben, so wie ich bin.

☐ c) Er soll verrückt nach mir sein.

Und so wird's gemacht: Kreuze jeweils die Antwort an, die am ehesten zu dir passt. Zähle die Punkte zusammen. Mit der Summe findest du deinen Typ.

Auswertung

	a	b	c	erzielter Wert
1	3	1	2	......
2	2	3	1	......
3	3	2	1	......
4	1	3	2	......
5	2	1	3	......
6	3	2	1	......
7	1	3	2	......
(gesamt)				......

7–11 Punkte

Du bist zu schüchtern und zurückhaltend, um bei den Jungen auf Anhieb im Mittelpunkt zu stehen. Du erwartest von einem Jungen, dass er den ersten Schritt tut, weil du Angst hast, abgelehnt und zurückgewiesen zu werden. Du hast keine Ahnung, was ein Junge empfindet und was er sich von einem Mädchen erträumt. Du sehnst dich nach einem überlegenen Freund, der aber kein Draufgänger sein darf. Um ihn zu finden, musst du allerdings aus deinem Schneckenhaus herauskommen. Du wirst für keinen Jungen ein Supergirl werden, wenn du aus Unsicherheit alle immer abblitzen lässt.

12–16 Punkte

Du bist ja mächtig eingebildet auf alle deine äußeren und inneren Werte. Ein Supergirl bist du für Jungen deswegen aber noch lange nicht. Mädchen, die sich selbst für so toll und sexy halten wie du, verunsichern Jungen so sehr, dass sie einen weiten Bogen um diese „Zaubergeschöpfe" machen. Wenn du aber möchtest, dass sich die Jungen um dich reißen, musst du wohl oder übel von deinem selbstgebastelten Podest heruntersteigen. Ein Supergirl wirst du nur, wenn du deine Arroganz gegen Natürlichkeit eintauschst und einen Jungen auch mal anlächelst, ohne dass er dir gleich sein Herz zu Füßen legen muss.

17–21 Punkte

Toll! Du bist wirklich ein Supergirl, um das sich die Jungen reißen. Dabei gibst du dir gar nicht pausenlos irre viel Mühe, von allen geliebt zu werden.

Das Geheimnis deiner Beliebtheit ist deine Natürlichkeit und dein echtes Interesse an anderen Menschen. Klar, dass du so hübsch wie möglich aussehen möchtest und gern witzige Sachen trägst. Aber deine Gedanken kreisen nicht ständig um deine eigene Person. Wenn du dich in einen Jungen verliebt hast, zeigst du ihm voller Vertrauen deine Gefühle und gehst auf alle seine Empfindungen ein. Es ist für einen Jungen echt super, ein Girl wie dich zu lieben!

Bist du der Traumtyp, auf den die Mädchen fliegen

Es gibt Jungen, die einfach jedes Mädchen toll findet! Dabei sind sie gar keine Aufreißer-Typen. Andere Jungen ziehen eine Super-Schau ab und haben doch keinen Erfolg. Wenn du wissen willst, was die Mädchen von dir halten, mach rasch den Test.

1. Test
Auf einer Party möchtest du ein Mädchen näher kennen lernen. Was tust du?
- ☐ a) Ich fordere sie zum Tanzen auf und schmuse gleich heftig mit ihr.
- ☐ b) Ich schaue sie den ganzen Abend lang bewundernd an und hoffe, dass sie es merkt.
- ☐ c) Ich setze mich zu ihr und unterhalte mich erst mal mit ihr.

2. Test
Für was für einen Typ hältst du dich selbst?
- ☐ a) Typ Philosoph und Einsiedler
- ☐ b) Typ zärtlicher Romantiker
- ☐ c) Typ Verführer und Draufgänger

3. Test
Du hast ein Mädchen zum Essen und ins Kino eingeladen. Was erwartest du zum Abschied von ihr?
- ☐ a) Leidenschaftliches Petting
- ☐ b) Einen zärtlichen Kuss
- ☐ c) Ein dankbares Lächeln

4. Test
Was kann dich eifersüchtig machen?
- ☐ a) Wenn meine Freundin eine Brieffreundschaft mit einem anderen anfängt.

□ b) Wenn meine Freundin vor meinen Augen einen anderen leidenschaftlich küsst.

□ c) Wenn sich meine Freundin heimlich mit einem anderen trifft.

5. Test

Welche Sportart magst du am liebsten?

□ a) Tennis

□ b) Einhandsegeln

□ c) Bodybuilding

6. Test

Wohin schaust du bei einem Mädchen zuerst?

□ a) Auf den Po

□ b) In die Augen

□ c) Auf den Mund

7. Test

Wie lange kannst du treu sein?

□ a) Solange, wie meine Freundin und ich uns leidenschaftlich lieben.

□ b) Solange, wie mich meine Freundin liebt.

□ c) Bis ich ein noch tolleres Mädchen entdecke.

Und so wird's gemacht: Kreuze jeweils die Antwort an, die am ehesten zu dir passt. Zähle die Punkte zusammen. Mit der Summe findest du deinen Typ.

Auswertung

	a	b	c	erzielter Wert
1	2	1	3	......
2	1	3	2	......
3	2	3	1	......
4	1	2	3	......
5	3	1	2	......
6	2	3	1	......
7	3	1	2	......
(gesamt)				......

7–11 Punkte

Du bist ein verträumter Typ, aber nach außen viel zu cool, um ein Traumtyp zu sein, auf den die Mädchen fliegen. Du bist ein guter Beobachter, aber du lässt kaum einen Menschen an dich heran – schon gar nicht ein Mädchen. Damit bei dir das Eis schmilzt, musst du dich schon ganz rettungslos verlieben. Aber das kommt viel zu selten vor. Warum versuchst du nicht manchmal, deine Schüchternheit zu überwinden und einem Mädchen zu zeigen, dass du es gut leiden magst. Du kannst schließlich nicht erwarten, dass die Mädchen auf dich fliegen, wenn du ihnen keinen Millimeter entgegenkommst.

12–16 Punkte

Du bist ein echter Aufreißer. Aber jedes Mädchen weiß bei dir gleich, dass du nur mit ihr spielst und sie sitzen lässt, wenn ein noch tolleres Girl in Sicht ist. Wenn du dir so im Spiegel zustrahlst, kannst du gar nicht begreifen, warum du nur für so wenige Mädchen ein Traumtyp bist. Hast du dich schon mal gefragt, warum es deine Freundinnen immer nur für so kurze Zeit mit dir aushalten? Aber vielleicht ist dir noch gar nicht aufgefallen, dass immer alles nach deinen Wünschen gehen muss! Ein Traumtyp wirst du nur, wenn du es lernst, zärtlich und einfühlsam auf ein Mädchen einzugehen, und wenn du Liebe schenkst, statt zu nehmen.

17–21 Punkte

Du bist locker, doch nicht zu lässig. Du bist unbekümmert, aber nicht oberflächlich. Du bist zärtlich und leidenschaftlich, aber nicht zu draufgängerisch. Kurz und gut: Du bist ein Traumtyp, auf den die Mädchen fliegen. Obwohl du wirklich an jedem Finger zehn haben könntest, bist du deiner Freundin absolut und gern treu. Nie verlangst du von deiner Freundin, dass sie sich ständig nach deinen Wünschen und Launen zu richten hat. Partnerschaft ist für dich ein ungeschriebenes Gesetz. Bist du denn wirklich total fehlerfrei? Zum Glück nicht. Aber deine kleinen Schwächen machen dich nur noch liebenswerter, weil du sie offen zugibst.

Das Lebens- und Liebeshaus

Jahrgangsstufe: ab 5

Material: eine rollbare Eisenkarte (100 x 80 cm) und eine Holzsortierbox mit 70 Magnet-Bausteinen: 24 Bildelemente im Format 10 x 20 cm, 42 Bildelemente im Format 10 x 10 cm, 4 „Fenster"-Elemente zum Abdecken einzelner Räume auf der Eisenkarte. Die Magnet-Bauteile sind aus Polystyrol (kein PVC).

Auf dem Zentralbild ist ein Haus mit vielen Räumen abgebildet, in denen Menschen in sehr unterschiedlichen Situationen leben und lieben:

Im Dachgeschoss die Kinder und Jugendlichen mit Kissenschlacht und Liebesbriefen und Liebeskummer. In der Mitte rechts und links Badezimmerszenen. Im Badezimmer auf der linken Seite ist die ganze Familie versammelt. Hier duscht gleichzeitig ein kleines Mädchen, während Papa die Zähne putzt und der große Bruder dabei auf dem Klo sitzt. Im Badezimmer auf der rechten Seite hingegen ist die pubertierende Tochter darauf bedacht, dass ihr niemand beim Duschen zuschaut. Vater und Bruder werden nicht mehr eingelassen, auch wenn sie noch so dringend in das Badezimmer müssen. Ein Ehepaar bewundert stolz die Schwangerschaft vor dem Spiegel, eine Frau stillt, ein Kind wird bedrängt und vieles mehr. Es werden Alltagssituationen dargestellt, so dass Sexualität als Alltägliches erfahrbar wird.

Einzelne Zimmer oder eine Etage können durch Fensterelemente abgedeckt werden, um auf eine konkrete Situation aufmerksam zu machen. Es können ähnliche Situationen besser verglichen werden. Es können Szenen ausgewählt werden, die auch in einer bestimmten Klasse zu einer bestimmten Zeit aktuell sind.

Die Kinder können – durch das Bildmaterial angeregt – unzählige Sprechanlässe finden, von denen ausgehend Zusammenhänge geklärt oder Themen vertieft werden können.

Die Magnet-Bausteine können am Rand der Originalkarte (Spectra-Verlag) angebracht oder auf der Rückseite zu unterschiedlichen Reihen und Beziehungen zusammengestellt werden.

Der große Vorteil der Bausteine besteht darin, dass die Lehrer entscheiden können, *wann* sie *wem was* zeigen. Die Bausteine sind in sechs Abteilungen geordnet und durchnummeriert.

1. Lebens- und Liebesformen
2. Körperliche Veränderungen

3. Körperaufklärung
4. Schwangerschaft, Geburt und Babypflege
5. Befruchtung und Zyklus
6. Verhütung und Vorbeugung

Das Material ist kein Medium, das frontal vorgestellt wird. Es sollte ein Halbkreis gebildet werden, um den direkten Kontakt zwischen Schülern und Medium zu ermöglichen. Dabei können die Magnet-Bausteine auf der Vorder- oder Rückseite der Eisenkarte angeheftet, in die Hand genommen oder auf Tischen sortiert werden.

Darüber hinaus sind auch andere **Arbeitsformen** denkbar. Sie können

- zur Vermittlung von reinen Sachinformationen lehrerzentriert arbeiten.
- im Stuhlkreis zu Sprechanlässen Schüler frei reden lassen.
- in Gruppen selbstständig Fragen erarbeiten oder Texte frei formulieren lassen.
- in geschlechtsgetrennten Gruppen geschlechtsspezifische Themen ansprechen.
- mit ausländischen Kindern arbeiten, in deren Religion sexuelle Tabus herrschen.
- altershomogene Gruppen, z. B. in Wahlpflichtbereichen bilden.

Gerade im Bereich der Sozial- und Sexualerziehung ist es von Bedeutung, verschiedene Sozialformen zu ermöglichen. Hemmschwellen werden abgebaut, wenn Mädchen sich unter ihresgleichen über Sexualität unterhalten können. Oder durch die Variation der Sozialformen wird gewährleistet, dass auch z. B. muslimische Kinder am Unterricht teilnehmen können, indem mit ihnen nur Bereiche wie „Geburt" oder „verschiedene Entwicklungsstadien bei Mann und Frau" angesprochen werden, während die Themen „Geschlechtsorgane" oder „Geschlechtsakt" ausgespart bleiben. Andere Kinder können sich wiederum bewusst für ein bestimmtes Thema entscheiden und dieses vertiefen.

Die Darstellung der Bildelemente veranlasst die Kinder, über ihre eigenen Erfahrungen zu berichten. Aktuelle Themen wie „Ich bekomme einen Bruder" oder „Unsere Lehrerin bekommt ein Kind" können angesprochen werden.

Mit verschiedenen Bildelementen können sehr viele verschiedene und vielschichtige Assoziationen verbunden werden, die das gemeinsame Gespräch erleichtern. So stellen einige Schüler beim Betrachten des Vaters, der die Windeln wechselt, u. U. fest, dass es ungewöhnlich ist, wenn ein Mann die Windeln wechselt. Ein anderes Kind überlegt wiederum, **wie** man die Windeln bei einem Kind korrekt wechselt usw.

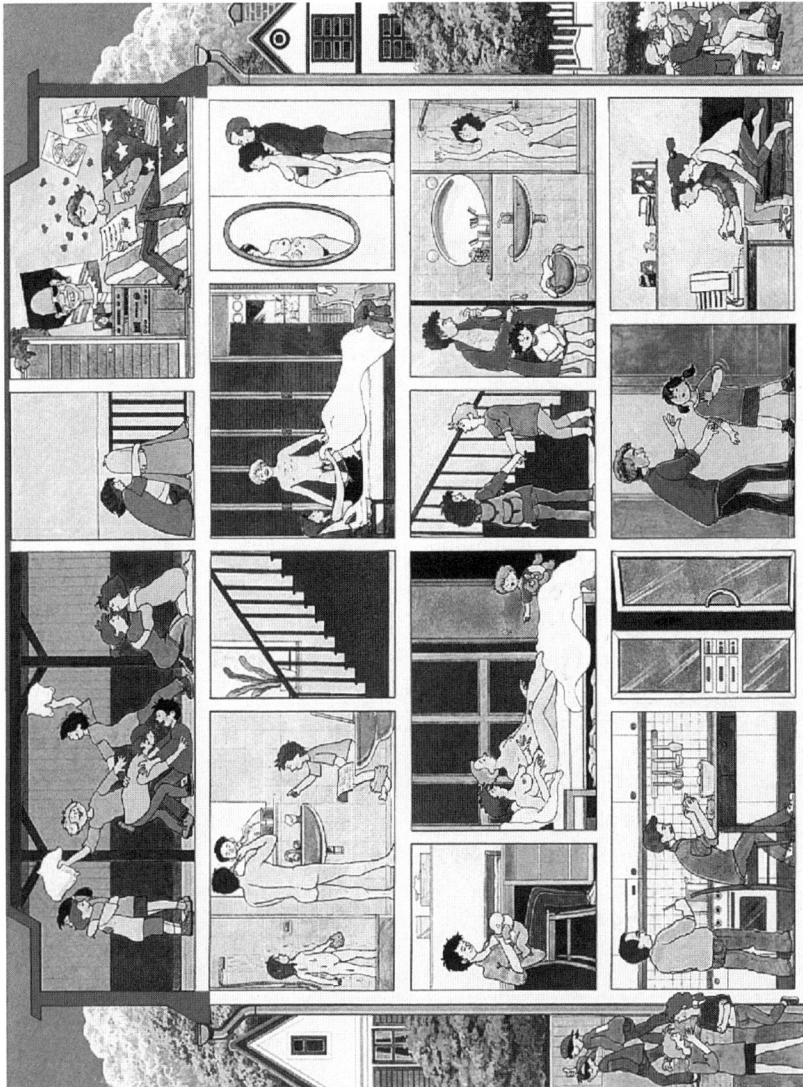

Das Lebens- und Liebeshaus

Bezugsquelle:

B. MARTIN, R. SANDMANN, F.-J. KUHN: Leben und Lieben, Material für die Sozial- und Sexualerziehung. Spectra Verlag, Dorsten 1997, 160,00 Euro.

Literatur

ÄRZTEKAMMER NORDRHEIN (Hrsg.): Gesundheitsförderung und Gesundheitserziehung in der Schule – Sexualerziehung. 2000, S. 56 ff.

BÖHMER, A. U.A.: Unterrichtsideen. Fühlen – Wahrnehmen – Handeln. Leipzig 1995

DE BONO, E.: Laterales Denken. Reinbek 1971

DE BONO, E.: Das spielerische Denken. Reinbek 1974

BÖTTGER, G./REICH, A.: Soziale Kompetenz und Kreativität fördern. Spiele und Übungen für die Sekundarstufe I. Berlin 1998

BUGDAHL, V.: Kreatives Problemlösen im Unterricht. Berlin 1995

KUTZLEB, U. U.A.: Zeit für Zärtlichkeit. Wuppertal 1977

SANDERS, P./SWINDEN, L.: Lieben, Lernen, Lachen – Sexualerziehung für 6- bis 12jährige. Mülheim 1992

SIEBERT, K./KEIL, S. (HRSG.): Sexualpädagogische Materialien für die Jugendarbeit in Freizeit und Schule. Weinheim/Basel 1993

STAECK, L.: Zeitgemäßer Biologieunterricht. Berlin 1995[5]

STARKE, K.: Fit für den Sex-Partner? Eine sexualwissenschaftliche Untersuchung zu Bravo-Girl. Frankfurt am Main 2001

VOGEL, K.: Interaktionsspiele für Jugendliche. Hamburg 1992

WENZEL, S.: Sexuelle Fragen und Probleme Jugendlicher in der Zeitschrift „Bravo", in: KLUGE, N. (HRSG.): Studien zur Sexualpädagogik, Bd. 6. Frankfurt am Main 1990

3 Liebe und Sexualität

Der wichtigste Informationsgeber in Sachen Sexualität ist für Heranwachsende neben dem eigenen Freundeskreis und Jugendzeitschriften immer noch die Schule. Es reicht also nicht, lediglich „Sexualaufklärung" zu betreiben, sondern viele wichtige Aspekte der Sexualität sind gleichermaßen von Bedeutung, wie z. B. die eigene sexuelle Identität, Beziehungsprobleme, Partnerschaft sowie Lust und Befriedigung. Das folgende Kapitel thematisiert in diesem Sinne Fragen, die mit der ersten Liebe und dem Erwachen der eigenen Sexualität zu tun haben. Der Schwerpunkt liegt auf einem besonderen Interesse der Jugendlichen, nämlich der ersten Kontaktaufnahme zum anderen Geschlecht.

Bei der Kontaktaufnahme entstehen jedoch in der Regel erhebliche Probleme, da man nicht genau weiß, wie man zum anderen Geschlecht Kontakt knüpft (übrigens gilt dies für Homosexuelle genauso). Erschwert wird dies häufig durch die Angst vor Zurückweisung (nämlich einen „Korb", eine Abfuhr zu erhalten) sowie vor dem „Gesichtsverlust" gegenüber dem Angesprochenen und den Umstehenden. Man ist unsicher über das eigene Verhalten, man weiß nicht, wie Signale und Reaktionen des Gegenübers zu deuten sind. Was sagt man bei der ersten Begegnung? Wie eröffnet man ein Gespräch? Wie wird der Angesprochene darauf reagieren? Erwidert er das Interesse? Woran erkennt man das?

Karussellspiel

Jahrgangsstufe: ab 9
Material: Etwa fünf Briefumschläge mit je 10 Fragen (s. Liste)
Es werden zwei Stuhlkreise gebildet. Die eine Hälfte der Schüler sitzt im Innenkreis, die andere im Außenkreis. Jeweils zwei Schüler setzen sich so, dass sie einander zugewandt sind. Jedes Paar erhält einen Umschlag mit ca. zehn Fragekarten (s. Liste).

Wer im Innenkreis sitzt, nimmt eine Frage aus dem Briefumschlag und stellt sie seinem Gegenüber. Nach der Beantwortung wird gewechselt. Wichtig ist, jeder kann selbst bestimmen, ob und wie die Frage beantwortet wird. Wer eine Frage unbeantwortet lassen will, sollte jedoch zumindest sagen, warum. Nach zehn Minuten werden die Karten wieder in den Umschlag gesteckt, der Innenkreis rückt einen Platz nach rechts, der Außenkreis um einen Platz nach links, wobei die Umschläge auf dem ursprünglichen Platz liegen bleiben. Es entstehen neue Paare, die mit den neuen Fragen weitermachen.

Fragen für die Briefumschläge:

- Was ist Sexualität?
- Was ist Menstruation?
- Was ist ein Kaiserschnitt?
- Wie oft haben Deutsche Geschlechtsverkehr?
- Welche Methode zur Empfängnisverhütung ist die sicherste?
- Wie machen Homosexuelle miteinander Sex?
- Wie bekommt man eine Erektion?
- Wie benutzt man ein Kondom richtig?
- Welche Geschlechtskrankheiten sind heilbar, welche nicht?
- Wie beschreibst du den Unterschied zwischen Liebe und Sex?
- Was passiert mit mir in der Pubertät?
- Mit wie viel Jahren werden Jungen und Mädchen geschlechtsreif?
- Wozu ist der Hodensack da?
- Wie entsteht Sperma?
- Aus welchen Teilen besteht eine Vagina?
- Was ist die Scheide?
- Dürfen Lehrer schwul sein?
- Soll der Unterricht über Sexualität nach Geschlechtern getrennt ablaufen?
- Warum bekommen Mädchen alle vier Wochen ihre Tage?
- Warum bekommt man häufig Bauchschmerzen, wenn die Menstruation beginnt?
- Was ist ein Orgasmus?
- Wie kommt es dazu, dass man beim Geschlechtsverkehr einen Orgasmus bekommt?
- Wodurch kommt es zum Samenerguss?
- Ab wann kann ein Junge Kinder bekommen?
- Warum wird der Penis beim Geschlechtsverkehr steif?
- Wird man sofort schwanger, wenn man mit einem Jungen schläft?

- Was ist Petting?
- Was passiert bei der Sterilisation?
- Wie wird ein Junge beschnitten?
- Was ist ein Porno?

Vier-Ecken-Gespräch

Jahrgangsstufe: ab 9

In jeder der vier Ecken des Raumes stehen einige Stühle.

Der Lehrer liest die erste Frage laut vor und sagt den Schülern, dass in jeder Raumecke auf einem Zettel eine mögliche Antwort gegeben wird.

Arbeitsanleitung: Seht euch die vier Antwortmöglichkeiten an und nehmt dann bei derjenigen Antwort Platz, über die ihr euch mit euren Mitschülern unterhalten möchtet.

1. Welchen Stellenwert hat Sexualität zur Zeit für mich?
   - Andere Dinge sind mir im Moment wichtiger
   - Ist für mich ein Lebenselixier
   - Nur in einer festen Liebesbeziehung
   - Macht mir manchmal Probleme
2. Was ist mir in einer festen Liebesbeziehung besonders wichtig?
   - Genuss des Augenblicks
   - Totale Unabhängigkeit für beide
   - Sich austauschen können
   - Sexuelle Harmonie
3. Was ist für mich am ehesten unvereinbar in einer Beziehung?
   - Untreue
   - Bestimmte sexuelle Wünsche des Partners/der Partnerin
   - Häufiger Streit
   - Abhängigkeit
4. Worauf lege ich am meisten Wert?
   - Qualität statt Quantität
   - Fantasie
   - Eigene Befriedigung
   - Zärtlichkeit

Nach etwa 10 Minuten folgt die zweite Runde. Der Lehrer liest die zweite Frage vor und so weiter.

„Was wäre, wenn...?"

Jahrgangsstufe: ab 9

Intentionen: Über die Auseinandersetzung mit Problemsituationen Argumentations- und Handlungshilfen erhalten, Schließen bestehender Informationslücken

Material: Vorbereitete Karteikarten, auf denen jeweils unter der Überschrift „Was wäre, wenn...?" eine Situation beschrieben wird, die jedem Jugendlichen passieren könnte (vgl. Liste).

Die Schüler sitzen im Stuhlkreis, jeder zieht eine Karte. Der Reihe nach werden die Situationen laut vorgelesen. Der betroffene Schüler äußert sich zu der Situation. Nach der Äußerung wird die Diskussion für die ganze Klasse freigegeben.

Alternative: Abänderung der Spielregeln, z. B. sollen abwechselnd Jungen und Mädchen antworten oder der Unterrichtende soll ebenfalls mitspielen.

Fragen zum Spiel

Was wäre, wenn...

- du betrunken bist und mit deiner Freundin/deinem Freund schlafen möchtest?
- ein schwuler Mitschüler deiner Schule dich fragt, ob er mit dir Sex haben könne?
- dein Freund sagt, dass man beim ersten Mal nicht schwanger werden kann?
- deine Freundin sagt, dass sie Angst vor ihrem ersten Geschlechtsverkehr hat?
- du keinen Ort hast, wo du ungestört mit deinem Freund/deiner Freundin schmusen kannst?
- du in einer Diskothek/auf dem Sportplatz ein Mädchen/einen Jungen siehst, den du unbedingt näher kennen lernen willst?
- du von einer Mitschülerin hörst, dass dein Freund damit prahlt, wieder ein Mädchen herumgekriegt zu haben?
- deine Mutter/dein Vater ein Kondom in deiner Wäsche findet?
- du mit deinem Freund/deiner Freundin nicht über eure Freundschaft reden kannst?
- du deine Eltern beim Sex überraschst?

- sich dein Freund über Verhütung keine Gedanken macht?
- du den Eindruck hast, dein Freund/deine Freundin nutzt dich nur aus?
- du nicht weißt, wie du an ein richtig nettes Mädchen kommen kannst, das zu dir passt?
- du Küssen unheimlich geil fändest?
- ein HIV-infizierter Schüler in deiner Klasse wäre?
- alle Menschen nur noch mit Kondomen miteinander schlafen würden?

Würfelspiel rund um Sex und Sexualität

Jahrgangsstufe: ab 9

Material: Für jede Gruppe einen Würfel mit den Ziffern 1 – 6; pro Gruppe eine kopierte Liste von typischen Schülerfragen zu Sex und Sexualität

Die Mitschüler jeder Gruppe würfeln reihum. Entsprechend der gewürfelten Zahl soll nun von dem jeweiligen Frageblock die erste Frage beantwortet werden. Nachfragen und Kommentare der übrigen Mitschüler sind erlaubt. Danach wird diese Frage auf der Liste abgehakt. Alle Fragen, die nicht beantwortet werden können, werden nach Abschluss des Spieles gemeinsam von der Klasse und dem Lehrer geklärt. Achtung: Jeder Mitspieler hat das Recht, Fragen unbeantwortet zu lassen, dann geht diese Frage zurück.

Fragen zur Würfelzahl 1

- Was versteht man unter Menstruation?
- Welchen Kosenamen für das weibliche Geschlechtsteil kennst du (wird auch gern für Kätzchen verwendet)?
- Wie stellst du dir schönen Sex vor?
- Was verstehst du unter Liebe?
- Was sind Flitterwochen?
- Was versteht man unter „One-Night-Stands"?
- Was ist die Flüssigkeit nach der Regel?
- Was ist besser: Binde oder Tampon?

Fragen zur Würfelzahl 2

- Was versteht man unter einem Kaiserschnitt und wann ist er medizinisch notwendig?
- Welcher volkstümliche Namen wird häufig für ein Kondom verwendet?

- Was findest du an Jungen bzw. Mädchen besonders gut?
- Was wünschst du dir von einem Jungen bzw. Mädchen in einer Beziehung?
- Wann sollte man miteinander schlafen: vor oder nach der Regel?
- Warum gibt es so viele Sexstellungen?
- Bis zu welchem Alter bekommt man die Tage?
- Was löst den Fluss der Samenzellen aus?

Fragen zur Würfelzahl 3

- Welche Methode der Empfängnisverhütung ist die sicherste?
- Worauf achten Jungen bzw. Mädchen am meisten in Bezug auf Aussehen und Charakter?
- Welche sind die erogenen Zonen?
- Was hältst du von einem One-Night-Stand?
- Warum wirkt die Pille nicht, wenn man sie mal einen Tag vergessen hat?
- Wie wird man schwul?
- Wozu haben Frauen Brüste?
- Warum ist es einigen Menschen peinlich, offen über Sex zu reden?

Fragen zur Würfelzahl 4

- Wie machen Homosexuelle miteinander Sex?
- Warum tun Jungen häufig so, als ob sie schon viel Erfahrungen haben?
- Woran denkst du beim Sex?
- Wie kann man in besonderen Situationen seine Gefühle verbergen?
- Warum schreiben Jugendliche sexistische Witze oder kritzeln sexistische Bildchen an Wände?
- Bis zu welchem Lebensalter kann ein Mann eine Frau befruchten?
- Warum ist es Menschen peinlich, wenn sie verliebt sind?
- Welche Geräte wurden erfunden, um ohne Partner Gefühle zu bekommen?

Fragen zur Würfelzahl 5

- Was ist Sex?
- Wodurch kommt es biologisch zur Erektion des Penis und was löst sie psychisch aus?
- Auf welche Art von Anmache stehen Mädchen?
- Warum haben Eltern häufig etwas dagegen, wenn man Freundschaften schließt?

- Was kann man gegen Schüchternheit tun?
- Was passiert im Bordell?
- Warum heiraten viele Menschen erst und lassen sich dann nach einiger Zeit wieder scheiden?
- An welchem Tag zwischen der 1. Regel und der 2. Regel muss man miteinander schlafen, um schwanger zu werden?

Fragen zur Würfelzahl 6
- Wo treffen die Samenzellen auf die Eizelle?
- Wie kannst du den Unterschied zwischen Liebe und Sex beschreiben?
- Wie stellst du dir das „erste Mal" vor?
- Wie findest du Intimrasur?
- Erinnerst du dich an dein erstes Verliebtsein? – Wenn ja: Wie fing es an? Wie ging es weiter?
- Ist es schlimm, wenn die Freundin körperlich größer ist als der Junge?
- Warum sind viele Jungen so scharf auf Körperteile wie den Busen?
- Ist der Bauch schwangerer Frauen dicker bei Zwillingen?
- Was ist ein Zungenkuss?

Weitere Fragen gibt es beim „Was wäre, wenn...-Spiel" und beim „Karussell-Spiel"!

Abbau von Hemmungen

Jahrgangsstufe: ab 7
Die Klasse wird in gleichgeschlechtliche Gruppen aufgeteilt.
1. Die Jungengruppen erhalten die Aufgabe, zum Thema „Welche Hemmungen habe ich, Kontakte zu Mädchen aufzunehmen?" ein Brainstorming durchzuführen. Ein Teilnehmer protokolliert die Aussagen.
2. Die Mädchengruppen erhalten die entsprechende Aufgabe.
3. Jede Gruppe soll mit Hilfe ihrer Ergebnisse eine kurze Spielszene entwickeln und vorstellen, die derartige Hemmungen zur Sprache bringt.
4. In der Auswertung werden verschiedene typische Hemmungen (z. B. sich nicht trauen, ein Gespräch zu beginnen; sich nicht attraktiv finden; nicht die richtigen Worte finden) noch einmal benannt und Ideen vorgetragen, wie man diese Hemmungen abbauen kann.

Körpersprache

Jahrgangsstufe: ab 7

Jeder kennt die Situation: Man geht allein in eine Diskothek und möchte neue Freunde kennen lernen. Wie geht man vor? In den folgenden Übungen soll die Bedeutung der Körpersprache (Gestik, Mimik) für das Aussenden von Signalen und Botschaften erkannt werden (vgl. TRAMITZ 1990 und 1993). Gemeinsam wird zunächst zusammengestellt, was hierbei eine besondere Rolle spielt, z. B.

- Augen
- Gesichtsausdruck
- Schultern
- Beinhaltung

- Mund
- Kopfhaltung
- Arme
- gesamte Körperhaltung

Wie kann man die Körpersprache deuten? Wie fördert man die eigene Wahrnehmungsfähigkeit?

Szenisches Spiel: Kontaktaufnahme ohne Anleitung

Jahrgangsstufe: ab 7

Es stellen sich zwei Freiwillige (Junge und Mädchen) zur Verfügung (besonders günstig sind neu zusammengesetzte Klassen oder die beiden sind aus unterschiedlichen Klassen). Beide Versuchspersonen nehmen einander gegenüber Platz. Sie erhalten den Auftrag: Findet heraus, ob ihr eurem Gegenüber sympathisch seid ! Hierfür habt ihr drei Minuten Zeit (direktes Fragen ist nicht erlaubt!).

Die übrigen Schüler erhalten eine Checkliste, mit deren Hilfe sie die Körpersignale der Versuchspersonen registrieren und protokollieren sollen.

Checkliste positiver Flirtsignale

Körpersignale   Junge Mädchen

- Wurf-Blicke (Kurzer Blick zum Gegenüber, Mustern) ☐ ☐
- Dauern diese Blicke länger als drei Sekunden? ☐ ☐
- schnelles Heben der Augenbrauen ☐ ☐
- Anlächeln ☐ ☐
- lautes Lachen ☐ ☐
- sich kratzen ☐ ☐
- ruckartiges Zurückwerfen des Kopfes ☐ ☐
- Schrägstellen des Kopfes ☐ ☐
- Selbstberührung jeder Art (z. B. Hose glätten, Flusen zupfen) ☐ ☐
- Lippen leicht zusammenpressen und nach vorn schieben, so dass sie voller wirken (Mädchen) ☐ ☐
- Züngeln ☐ ☐
- Arme werden hinter dem Kopf verschränkt ☐ ☐
- Beine übereinander schlagen ☐ ☐
- leicht offene Beinhaltung (Mädchen) ☐ ☐
- geschlossene, enge Beinhaltung (Junge) ☐ ☐
- mit der Hand durch die Haare fahren ☐ ☐
- mit den Haaren spielen (Mädchen) ☐ ☐
- Arme hinter dem Kopf verschränken – wirkt größer (Junge) ☐ ☐
- Ansehen des Gegenübers beim Sprechen und Zuhören ☐ ☐
- deutliches Zuwenden ☐ ☐
- entspannte, offene, nach vorn gerichtete Körperhaltung ☐ ☐
- dosiertes Gestikulieren ☐ ☐
- Bewegen des Oberkörpers ☐ ☐
- Antippen des Gegenübers ☐ ☐
- häufiges Nicken, Bestätigen ☐ ☐
- Einnehmen derselben Körperhaltung (Synchronverhalten) ☐ ☐

Checkliste negativer Körpersignale

Körpersignale	Junge	Mädchen
▪ Arme vor der Brust verschränken	☐	☐
▪ den Gegenüber nicht ansehen, wegsehen	☐	☐
▪ starrer, gleichgültiger, auch ernster Gesichtsausdruck	☐	☐
▪ starres Dasitzen	☐	☐
▪ unruhiges Dasitzen	☐	☐
▪ Kopf wird auf den Arm gestützt, Beine sind verschränkt	☐	☐
▪ geschlossene Beinhaltung, auch Beine übereinander geschlagen (Mädchen)	☐	☐
▪ Beine werden weit von sich gestreckt (Junge)	☐	☐

In der anschließenden Auswertung wird die Häufigkeit der verschiedenen Körpersignale für beide Partner ausgerechnet. Die Befunde werden diskutiert und interpretiert und mit den Wahrnehmungen und Empfindungen beider Versuchspersonen verglichen.

Szenisches Spiel: Der erste Blick... (Übungen zum Blickkontakt)

Jahrgangsstufe: ab 7

In einem Behälter liegen Zettel mit der Beschreibung unterschiedlicher Arten, jemand anzusehen, z. B. lieb, zärtlich, bedrohlich, angenehm, auffordernd, ablehnend, leer, scharf, freundlich, ängstlich, selbstbewusst, unterordnend.

Ein Mädchen sitzt auf einem Stuhl.

1. Eine männliche Versuchsperson nimmt gegenüber Platz, zieht einen Zettel und soll nunmehr das Mädchen so mustern und ihr dabei Blicke von der Art zuwerfen, wie sie auf dem Zettel stehen. Parallel dazu redet er über belanglose Dinge.

2. Die Mitschüler protokollieren Aktion und Reaktion.

Auswertung: Welche Blickform sollte gespielt werden? Wie kam die Botschaft an?

Anschließend werden die Rollen getauscht und ein weiterer Zettel wird gezogen.

Wenn sich die Blicke zufällig treffen

Jahrgangsstufe: ab 7

Zwei Tische und Stühle werden so gestellt, dass sich ein Junge und ein Mädchen gegenübersitzen können.

1. Beide Versuchspersonen sollen zunächst in einem Buch lesen, dabei ab und zu aufsehen.

2. Das Mädchen soll nun versuchen, wenn sich die Blicke zufällig treffen, den Augenkontakt über drei Sekunden zu halten, anschließend soll sie mit einem kleinen Lächeln die Augenlider senken, um nach weiteren fünf Sekunden den Jungen wieder unvermittelt anzusehen. Während sie das Spiel mit den Augen wiederholt, soll sie leicht „züngeln" (**Wichtig:** Der Junge und die Zuschauer kennen nicht die Arbeitsanleitung für das Mädchen!).

Auswertung: Welche Empfindungen hatte der Junge? Wie sind die Signale bei den Zuschauern angekommen?

Szenisches Spiel: Kontaktfördernde Verhaltensmuster (nonverbale Ausdrucksweisen)

Jahrgangsstufe: ab 7

Intention: Bewusstes Wahrnehmen und Ausprobieren von Körpersignalen

Zwei freiwillige getrenntgeschlechtliche Versuchspersonen sollen miteinander Kontakt anbahnen unter bewusster Zuhilfenahme verschiedener Körpersignale aus der Checkliste. Hierbei sollen unterschiedliche körpersprachliche Strategien ausprobiert werden.

Auswertung: Wie haben sich die Versuchspersonen gefühlt? Wie sind die Signale bei den Zuschauern angekommen?

Szenisches Spiel: Sprachverhalten

Jahrgangsstufe: ab 7
Intention: Bewusstes Wahrnehmen, dass allein durch die unterschiedliche Betonung völlig andere Wort- und Satzbedeutungen herauskommen

Die beiden sich gegenübersitzenden Versuchspersonen (Junge und Mädchen) versuchen wechselseitig den Bedeutungsgehalt des Satzes „Ich liebe dich!" durch die vorgegebene Betonung zu verändern, nämlich...

a) Positives Bekenntnis: Ich **liebe** dich!
b) Ablehnung, nein, du bist mir zuwider: Ich liebe **dich**?
c) Im Gegensatz zu anderen: **Ich** liebe dich!!
d) Voller Hass; nein, jemand anderes: Ich liebe **dich**??
e) Voller Hingabe: **Ich liebe dich**!!!
f) Nein, wie kommst du bloß darauf : **Ich...** liebe dich?

Szenisches Spiel: Wie beginne ich ein Gespräch?

Jahrgangsstufe: ab 7

Tisch und zwei Stühle; auf einem Stuhl sitzt ein Mädchen, das in einer Zeitung liest. Der zweite Stuhl ist leer. Ein Junge kommt vorbei. Er hat starkes Interesse an dem Mädchen und möchte mit ihr anbändeln.

1. Es werden der Reihe nach von den gleichen oder wechselnden Versuchspersonen folgende fünf unterschiedliche Strategien erprobt:
   - Die direkte Taktik: „Es ist mir zwar unangenehm, es dir so direkt zu sagen, aber ich möchte dich kennen lernen!"
   - Einstieg mit Banalem und Belanglosem: „Hallo, schönes Wetter heute!" oder „Mann, ist das eine schlechte Luft hier in dem Raum..." oder „Die Musik ist ja so extrem laut, dass man kaum sein eigenes Wort versteht!"
   - Humorvoller und origineller Beginn: „Morgen Abend wirst du wieder hier sein und dann werde ich dich ansprechen!"
   - Plumpe Anmache: „Hallo, ich heiße Paul, und wie heißt du?"
   - Suche nach einer gemeinsamen Basis: „Findest du die Musik auch langweilig?"
2. Nach dem einleitenden Satz wird das Gespräch noch eine Weile fortgesetzt, wobei der Junge die folgenden Regeln beachten soll:
   - Wenig über sich selbst reden (keine Selbstdarstellung!)

- Fragen stellen, Interesse am Gegenüber zeigen
- Möglichst wenig Pausen zulassen
- Loben, Komplimente machen

Auswertung: Wie haben sich die Spieler gefühlt? Was haben sie empfunden? Wie hat das Engagement des Jungen auf die Zuschauer gewirkt?

Körpersignale deuten

Jahrgangsstufe: ab 7

Auf einer Reihe von Abbildungen sind Körperhaltungen skizziert, die darüber Aufschluss geben können, wie man von seinem Gegenüber angenommen wird (sympathisch/gleichgültig/ablehnend). Die Schüler haben die Aufgabe (in Einzel-, Partner- oder Gruppenarbeit) die dargestellten Situationen zu interpretieren:

Muster für einen Arbeitsbogen

Auf den Abbildungen (S. 78–80) sind verschiedene Körperhaltungen dargestellt. Welche Bedeutung haben die erkennbaren Körpersignale für dich? Welche Flirtsignale bzw. welche ablehnenden Signale erkennst du? Kreuze zu jedem Bild an, wie die Körpersprache auf dich wirkt.

Strategie der Kontaktaufnahme

Jahrgangsstufe: ab 7

Zum Abschluss dieser Übungsreihe wird gemeinsam für eine Erstbegegnung, die zu einer Kontaktaufnahme führen soll, eine Reihenfolge entwickelt:

1. Gegenseitiges Mustern („Pfeil-Blicke")
2. mehrmaliges Treffen der Blicke (Kontakteröffnung)
3. Halten des Augenkontaktes über mindestens drei Sekunden
4. Gesprächsbeginn (Interaktionsphase)
5. Suchen nach Gemeinsamkeiten (gemeinsame Basis)
6. Schlagabtausch von Frage und Antwort (Intensivierung des Kontaktes)

Körper-signale wirken	des Jungen	des Mädchens
einladend, sympathisch	☐	☐
gleichgültig, unentschieden	☐	☐
ablehnend	☐	☐

Körper-signale wirken	des Jungen	des Mädchens
einladend, sympathisch	☐	☐
gleichgültig, unentschieden	☐	☐
ablehnend	☐	☐

Körper-signale wirken	des Jungen	des Mädchens
einladend, sympathisch	☐	☐
gleichgültig, unentschieden	☐	☐
ablehnend	☐	☐

Körper-signale wirken	des Jungen	des Mädchens
einladend, sympathisch	☐	☐
gleichgültig, unentschieden	☐	☐
ablehnend	☐	☐

Körper-signale wirken	des Jungen	des Mädchens
einladend, sympathisch	☐	☐
gleichgültig, unentschieden	☐	☐
ablehnend	☐	☐

Körper-signale wirken	des Jungen	des Mädchens
einladend, sympathisch	☐	☐
gleichgültig, unentschieden	☐	☐
ablehnend	☐	☐

Literatur

BAER, U.: Lernziel: Liebesfähigkeit. Remscheid 1989

FRICKE, S. U.A.: Sexualerziehung in der Praxis. Köln 1980

HEGER, R. J./MANTHEY, H. (HRSG.): LernLiebe. Weinheim 1993

Körpersignale wirken	des Jungen	des Mädchens
einladend, sympathisch	☐	☐
gleichgültig, unentschieden	☐	☐
ablehnend	☐	☐

Körpersignale wirken	des Jungen	des Mädchens
einladend, sympathisch	☐	☐
gleichgültig, unentschieden	☐	☐
ablehnend	☐	☐

ROTH, J./BROKEMPER, P.: Abenteuer Partnerschaft. Mülheim 1991

SCHMIDT, G. (HRSG.): Jugendsexualität. Stuttgart 1993

TRAMITZ, C.: ... auf den ersten Blick. Wiesbaden 1990

TRAMITZ, C.: Irren ist männlich. Weibliche Körpersprache und ihre Wirkung auf Männer. München 1995

4 Gefühle und Körperlichkeit

Die Vorschläge dieses Kapitels sollen den Schülern helfen, ihre eigenen, aber auch fremde Gefühle wahrzunehmen und darüber zu reden und zu schreiben. Ebenso soll die Fähigkeit gestärkt werden, eigene Einstellungen den Mitschülern mitzuteilen und nicht zuletzt Körperkontakte zuzulassen und herzustellen.

Pizza backen

Jahrgangsstufe: ab 5

Jeweils zwei Schüler – auch zwei getrenntgeschlechtliche ist möglich – stehen hintereinander, wobei der erste Schüler seinen Rücken dem zweiten zuwendet. Nach einer Rezeptanleitung zum Pizzabacken wird Punkt für Punkt entsprechend dem Rezept vorgegangen, wobei der Rücken des ersten Schülers als Unterlage bzw. „Tischplatte" dient und der zweite Schüler der Pizzabäcker ist.

1. Tischplatte säubern, auf dem der Teig angerichtet wird. Dazu mit einem Lappen den Tisch (Rücken) gut abwischen.
2. Mehl auf den Tisch schütten.
3. Milch dazugeben, da hinein die Hefe bröseln; etwas Zucker, aber auch Eier und Salz dazugeben.
4. Teig gut kneten.
5. Weiter kneten, bis der Teig ganz geschmeidig ist.
6. Weiter kneten.
7. Den Teig auswalzen und wieder zusammenkneten.
8. Den Teig mit der Handkante leicht schlagen, wieder kneten, gut Zeit lassen.
9. Nun den Teig auf der Tischplatte ausrollen, bis er hauchdünn ist.
10. Nun wird der Teig belegt: Zunächst etwas Ketschup, keine Stelle freilassen.

11. Jetzt Gemüse, Eischeiben, Oliven, Zwiebeln, wer mag auch Wurst, geriebenen Käse und Oregano oben drauf.
12. Wenn du fertig bist, schiebe die Pizza in den Ofen, indem du den Rücken mit den Händen wärmst.
13. Die Pizza braucht viel Zeit und Wärme, um zu gehen.
14. Hole sie nun aus dem Ofen, teile die Stücke und hebe sie vom Blech.
15. Zum Schluss noch das Blech und den Tisch säubern.
GUTEN APPETIT!
Alternative: Wetter-Massage nach dem Text eines Wetterberichtes, das liebste Möbelstück reinigen (hierzu Geschichte erfinden ähnlich dem Pizza backen)

Gruppenknoten

Jahrgangsstufe: ab 5
Die Schüler bilden eine Kette, indem sie sich die Hände reichen.
Durch Über- und Untersteigen der „Kette" soll diese verknotet und anschließend wieder entwirrt werden, ohne die Kette auseinander zu reißen.

Klebetanz

Jahrgangsstufe: ab 5
Die Schüler tanzen paarweise zu einer ruhigen Musik durch den Raum.
Auf ein Kommando sollen die Paare mit den gleichen Körperteilen nach ihrer Wahl zusammen„kleben" (z. B. die Nasenspitzen, die Stirn). Auf ein weiteres Kommando hin sollen die Körperteile einige Male verändert werden.
Alternative: Der Lehrer gibt die Körperteile vor.

Das verzwickte Tau

Jahrgangsstufe: ab 5
Der Lehrer legt ein dickes Tau quer durch den Raum.
1. Die Schüler sollen sich nun nebeneinander auf das Tau stellen, doch Achtung: Das Tau hängt über einem Fluss, in dem hungrige Piranhas lauern. Es darf also niemand vom Tau fallen.

2. Anschließend sollen die Schüler ihre ungeordnete Reihenfolge in eine alphabetische bringen, indem die Vornamen verwendet werden.

Auswertung: Die Schüler berichten, wie es ihnen beim Platztausch ergangen ist. Hierbei wird deutlich, dass einige Schwierigkeiten haben, ihre Mitschüler beim Platztausch zu berühren. Warum ist das so?

Lebenskalender

Jahrgangsstufe: ab 7

Zu Hause Abbildungen von Menschen aus Zeitungen und Illustrierten ausschneiden. Im Unterricht sollen nun diese Bilder an einer freien Wand entsprechend dem vermuteten Lebensalter der Personen unter einer Zeitleiste der Lebensjahre geordnet werden.

So war ich! So bin ich! So werde ich einmal sein!

Jahrgangsstufe. ab 5

Die Schüler sollen zwei Fotos mitbringen: Eines, das sie als Baby zeigt sowie ein aktuelles. Diese Bilder werden in der Klasse auf einem großen Blatt Papier befestigt. Anschließend sollen die Schüler zeichnerisch ein drittes Bild hinzufügen, das sie in einigen Jahren (z. B. in 5 oder 15 Jahren) zeigt.

Auswertung: Wie und warum habt ihr euch verändert? Was habt ihr auf eurem Zukunftsbild gezeichnet und warum?

Was alles sexuell attraktiv sein kann I

Jahrgangsstufe: ab 5

Der Lehrer projiziert der Reihe nach auf einer Folie zusammengestellte Begriffe von Körperteilen (z. B. Haare, Bauch, Hintern, Brust, Hals).

Arbeitsanleitung: Die Schüler sollen jeweils für sich entscheiden, was für sie persönlich sexuell attraktiv ist.

Auswertung: Als Ergebnis wird festgehalten, dass (fast) jedes Körperteil sexuell attraktiv ist – und nicht nur die Geschlechtsorgane selbst. Die vor allem in der Pubertät im Mittelpunkt des Interesses stehende genitale Ebene wird damit relativiert.

Alternative: Bei Klassen, die in der freien Meinungsäußerung oder in einer offenen, einander akzeptierenden Atmosphäre noch ungeübt sind, kann auch ein entsprechender Arbeitsbogen verwendet werden, der in Einzel- oder Partnerarbeit bearbeitet wird. Auswertung wie oben beschrieben.

Was alles sexuell attraktiv sein kann II

Jahrgangsstufe: ab 7

Die folgenden Aussagen sollen geordnet werden: Diejenige, die für dich sexuell am anregendsten ist, erhält die Nr. 1 und so weiter.

☐ einem Jungen/Mädchen die Hand auf die Schulter legen
☐ ein Mädchen/einen Jungen am Arm packen
☐ seine Mutter küssen
☐ an einem Sommertag mit einem Freund/einer Freundin auf der Wiese liegen
☐ einem Jungen/Mädchen um die Hüfte fassen
☐ Motorrad/Motorroller fahren
☐ einer Freundin die Haare kämmen
☐ jemandem intensiv in die Augen sehen
☐ sich mit jemandem prügeln

Gefühlsgesichter

Jahrgangsstufe: ab 5

1. Die Schüler sollen aus Zeitschriften/Zeitungen Gesichter mit unterschiedlichem Gefühlsausdruck ausschneiden und in den Unterricht mitbringen.
2. Die Abbildungen werden der Reihe nach hoch gehalten und die zum Ausdruck gebrachten Gefühle benannt.
3. Jeder Schüler sucht sich ein Gefühlsgesicht heraus und erzählt eine Geschichte dazu, z. B. „Was könnte dieser Mensch erlebt haben?" „ Wie fühlt sie sich?" „Warum fühlt er sich so?"
4. Zum Schluss erstellen die Schüler in Gruppen Collagen: Die eine Hälfte soll solche Bilder nehmen, auf denen sich die Menschen schlecht fühlen, die andere solche Bilder, auf denen sich die Menschen gut fühlen.

Gefühlsscrabble

Jahrgangsstufe: ab 7
In Form eines Kreuzworträtsels werden in das Schema gemeinsam Gefühle aufgelistet, die für die Schüler in letzter Zeit eine Rolle spielten.
Beispiel:

S

C

H igh

Ü

C

H

T

E

R

N eugierig

Auswertung: Wie geht ihr mit diesen Gefühlen um?

Gefühle erkennen

Jahrgangsstufe: ab 5
Auf einem Zettel stehen verschiedene Gefühle. Die Schüler sollen der Reihe nach ein Gefühl vorspielen, die anderen sollen es erraten.

Liste von Gefühlen:

- Ich freue mich!
- Ich bin traurig!
- Ich bin mutig!
- Mir ist schlecht!
- Ich habe Angst!
- Ich bin alleine!
- Ich will das unbedingt haben!

- Ich wehre mich!
- Ich habe nein gesagt!
- Ich schmuse!
- Lass das, ich mag das nicht!
- Mir tut das weh!
- Ich weine!
- Ich bin so wütend!

Über Gefühle reden

Jahrgangsstufe: ab 5

Material: Großformatige Wandzeitung (etwa 80 cm x 140 cm) aus
Packpapier, 2 vorbereitete Spalten mit den Überschriften
„angenehme Gefühle" sowie „unangenehme Gefühle";
Filzstifte

Arbeitsauftrag:

1. Suche dir aus der Liste jeweils das Gefühl aus, das für dich am angenehmsten und am unangenehmsten ist (oder auch ein Gefühl, das nicht auf der Liste steht). Bitte rede dabei nicht mit deinen Mitschülern.
2. Schreibe diese beiden Gefühle an die Wandzeitung.

Auswertung: Warum habt ihr gerade diese Gefühle ausgewählt? Wie geht ihr damit um? Beschreibt diese Gefühle! Was habt ihr dabei empfunden? Nennt Situationen, wo ihr sie erlebt habt!

Angenehme Gefühle	unangenehme Gefühle
froh	traurig
übermütig	ängstlich
neugierig	einsam
stolz	Schmerz empfinden
liebesbedürftig	ratlos
Wunsch nach Nähe	verärgert
verliebt sein	schüchtern
glücklich	launig
erleichtert	bockig
überrascht	schamhaft
interessiert	eifersüchtig

Gefühle ausdrücken

Jahrgangsstufe: ab 5

Material: Ein beliebiges Buch, z. B. Biologie- oder Geschichts- oder
Mathebuch

1. Jeder Schüler schreibt ein Gefühl auf ein Blatt Papier, z. B. traurig, ängstlich. Die Zettel werden eingesammelt und jeder Teilnehmer zieht einen Zettel.

2. Die Schüler haben der Reihe nach die Aufgabe, eine beliebige Stelle des Buches eine Minute lang entsprechend dem Gefühl auf dem Zettel ausdrucksvoll vorzulesen.

3. Die Klasse versucht herauszubekommen, um welches Gefühl es sich handelt.

Auswertung: Welche Gefühle sind leicht, welche schwer zu erkennen? Wodurch werden Gefühle besonders deutlich, wodurch eher nicht zu erkennen?

Alternative: Drei Schüler lesen eine Textstelle in der vorgegebenen Gefühlslage gemeinsam vor.

Liebe ist ... oder: Über Gefühle reden

Jahrgangsstufe: ab 7

Material: Filzstifte; verschiedene großformatige Wandzeitungen aus Packpapier oder Tapetenrollen (Format ca. 80 cm x 120 cm), die die unten stehenden Satzanfänge jeweils als Überschrift haben

Die Schüler sollen auf den verschiedenen Wandzeitungen nacheinander – und ohne miteinander zu reden – den jeweiligen Satzanfang vollenden.

Auswertung: Die verschiedenen Vorstellungen werden vorgelesen und miteinander verglichen. Mögliche Unterschiede werden zur Sprache gebracht und diskutiert.

Auswahl von Satzanfängen

- Liebe ist ...
- Einen guten Freund (eine gute Freundin) erkenne ich daran, dass ...
- Liebe erkenne ich daran, dass ...
- Gefühle sind ...
- Menschen zeigen Gefühle, wenn sie ...
- Mädchen wollen immer ...
- Jungen wollen immer ...
- An meinem Freund (Freundin, Mutter, Vater) gefällt mir/gefällt mir nicht ...

Antwortbeispiele

Liebe ist...

- wie auf rosa Wolken schweben
- wie Schmetterlinge im Bauch
- wie ein brennender Eiswürfel

■ wie eine Krankheit, gegen die es keine Medizin gibt

Alternative: Anstelle der Satzanfänge werden Bilder aufgehängt oder Musikstücke vorgespielt; dazu der Text: Wenn ich dieses Bild sehe (diese Musik höre), denke ich ...

Über Schamgefühle reden

Jahrgangsstufe: ab 5

Intention: Gesprächsanstöße schaffen zum Thema Schamhaftigkeit/Natürlichkeit mit Hilfe einer witzigen Karikatur

Der Einsatz von Karikaturen ist für jeden Unterricht zu empfehlen, denn ihre didaktische Stärke liegt in ihrer Übertreibung. In dieser „Überzeichnung" wird der Kern ihrer Aussage leicht erkennbar. Darüber hinaus amüsieren sie, schaffen eine gelöste Stimmung und machen nachdenklich. Geeignete Karikaturen findet man in Tageszeitungen, Zeitschriften sowie in speziellen Bildbänden, z. B. von Marie Marcks.

1. Auf welches Problem will die Abbildung aufmerksam machen?
2. Wie würdet ihr euch in dieser Situation verhalten?
3. Welche Erfahrungen habt ihr mit der hier angesprochenen Situation (sich nackt vor Fremden ausziehen)?

Auswertung: Welche Bedeutung hat Schamhaftigkeit?

Ich mag an mir… Das mag ich nicht an mir

Jahrgangsstufe: ab 5

Material: Zwei großformatige Wandzeitungen aus Packpapier oder Tapetenrollen (ca. 80 cm x 140 cm). Auf der einen steht „Ich mag an mir…", auf der anderen „Ich mag an mir nicht…"; Filzstifte

Ohne miteinander zu reden sollen die Schüler an die Wandzeitungen gehen und ihre vermeintlichen Stärken und Schwächen aufschreiben.

Auswertung: Hier soll deutlich werden, dass nur Äußerlichkeiten notiert wurden. Im Gesprächsverlauf soll das Selbstwertgefühl der Schüler gestärkt werden. Die Schüler sollten erkennen, dass das Akzeptieren des eigenen Ich für das Leben sehr wichtig ist.

Karussell der Gefühle

Jahrgangsstufe: ab 9

Alle Schüler sollen sich in einem Doppelkreis aufstellen, so dass sich jeweils zwei Teilnehmer gegenüberstehen und einander ansehen.

Arbeitsanleitung:

1. Schaut eure Partner an, ohne zu sprechen. Lasst das Gesicht des Gegenübers etwa eine Minute auf euch wirken. Versucht dabei, das Gefühl, das ihr dabei habt, bewusst wahrzunehmen. Seid geduldig, wenn ihr nicht sofort ein Gefühl feststellen könnt. Vielleicht hilft es, wenn ihr für einen Augenblick die Augen schließt, um mehr Kontakt zu eurer Gefühlswelt zu bekommen.

2. Die Teilnehmer im Außenkreis sollen nun ihrem Partner im Innenkreis ihr gegenwärtiges Gefühl möglichst genau beschreiben, indem sie ihm/ihr einen Satz sagen, der mit „Jetzt" beginnt. (Beispiel: Jetzt merke ich, dass meine Aufregung ein bisschen nachlässt.) Der Partner im Innenkreis hört das kommentarlos an.

3. Anschließend sollen die Teilnehmer im Innenkreis ebenfalls in nur einem Satz ihr augenblickliches Gefühl mitteilen.

4. Die Teilnehmer des Außenkreises gehen schweigend einen Partner weiter nach rechts. Seht euren neuen Partner an und lasst das Gesicht auf euch wirken. Es folgen die Anweisungen von 2. und 3.

Es ist wichtig, dass die Teilnehmer des Innen- und Außenkreises abwechselnd nach rechts weiter rücken. Sollten einige Schüler anfangen zu lachen, sollte der Lehrer sagen: „Bitte versucht nicht der Situation durch Lachen auszuweichen. Es ist vielleicht anstrengend, aber ihr könnt dabei eine Menge über euch erfahren." Das schweigende Ansehen sollte nie länger als 15 Sekunden dauern, um nicht zu viel Belastung zu bewirken.

Auswertung: Alle Teilnehmer tauschen im Sitzkreis ihre Reaktionen auf dieses Experiment aus. Anschließend im Plenum über die Gefühle und Empfindungen reden, die die Teilnehmer hatten.

Ja! – Nein!

Jahrgangsstufe: ab 9

Informationen für die Schüler: Im täglichen Leben ist es auch wichtig, Gefühle durch die Intensität, mit der wir sprechen, auszudrücken, also z. B. durch den Klang unserer Stimme. In der folgenden Übung könnt ihr Frust, Ärger, Aggressionen ausdrücken und los werden. Bestimmt gibt es in der Gruppe Schüler, mit denen ihr schon einmal Streit oder Ärger hattet, aber auch solche, bei denen ihr eigentlich herausfinden möchtet, wie es zwischen euch steht.

Arbeitsanleitung:

1. Es geht darum, Ja und Nein zu schreien. Bitte stellt euch einander gegenüber zu Paaren auf.

2. Seht euch an. Ihr sollt nun einen ganz einfachen Dialog miteinander führen, indem nämlich einer von euch immer Ja sagen wird – und zwar immer und immer wieder –, während der andere immer und immer wieder Nein sagen wird. Das sind die einzigen Worte in diesem Dialog. Bitte entscheidet euch jetzt, wer von euch Ja und wer Nein sagen wird.

3. Fangt an im normalen Unterhaltungston, dann werdet ihr allmählich lauter. Bitte beginnt jetzt!

4. Wenn die Lautstärke auf ihrem Höhepunkt angekommen ist, gibt der Lehrer der Gruppe durch Zeichen zu verstehen, dass sie abbrechen soll.

5. Nun sollen die Teilnehmer die Rollen wechseln. Brechen Sie wieder ab, wenn die Lautstärke ihren Höhepunkt erreicht hat.

Auswertung: Zunächst soll in der Paarverbindung ein kurzer Austausch erfolgen. Wie habt ihr euch gefühlt? Was habt ihr empfunden? Was habt ihr dabei über euch erfahren?

Ja oder Nein?

Jahrgangsstufe: ab 8

Intentionen: Einstellungen der Mitschüler wahrnehmen lernen, eigene
Gefühle zeigen

Material: So viele farblich unterschiedliche Ja- und Nein-Karten wie
Schüler in der Klasse sind; Spielkarten mit unterschiedlichen Statements (s. Liste)

1. Jeder Spieler erhält eine Ja- und eine Nein-Karte.

2. Das erste Statement wird vorgelesen und der erste Schüler, der an der Reihe ist, beantwortet es mit einer verdeckten Ja- oder Nein-Karte.

3. Die anderen Mitspieler sollen nun einschätzen, ob die Behauptung mit ja oder mit nein beantwortet wurde.

4. Anschließend wird verglichen und der erste Spieler begründet seine Entscheidung.

5. Das Spiel wird fortgesetzt wie unter 2. beschrieben.

Beispiele für Statements:

- Jungen haben es gut, sie bekommen keine Menstruation.
- Jedes Mädchen will erobert werden.
- Ich halte Homosexuelle für ekelig und abartig.
- Martina sagt: Ich würde aus Prinzip keine Kondome kaufen. Das ist Sache meines Freundes.
- Jungs, die mit Kondomen in der Tasche losziehen, wollen doch offensichtlich nur Sex, egal mit wem!
- Ein Mädchen sollte mit möglichst wenig Jungen geschlafen haben, bevor es sich fest bindet.
- Sex ist gar nicht so wichtig, echte Liebe und Freundschaft sind viel wichtiger.
- Man ist erst dann ein richtiger erfahrener Mann, wenn man mit vielen Mädchen geschlafen hat.
- Wenn sich die Mädchen beim Geschlechtsverkehr wehren, wollen sie die Jungen nur reizen.
- Wenn du betrunken bist, denkst du doch nicht dran, ein Kondom zu benutzen.
- Mein Freund sagt, beim ersten Mal kann man nicht schwanger werden.
- Jugendliche sind von AIDS gar nicht so oft betroffen.

- Selbstbefriedigung ist so etwas wie Betrug, wenn man eine feste Freundin hat.
- Eine Frau wird unfruchtbar, wenn sie zu lange die Pille nimmt.
- Die Pille macht dick.
- Die Menstruation ist nicht mehr so stark, wenn man die Pille nimmt.
- Es ist schädlich, wenn man die Pille nimmt und raucht.
- Man sollte jedes halbe Jahr eine Pillenpause einlegen, sonst wird man krank.
- Wenn man die Pille nimmt, verschwinden Pickel oder Akne.
- Wenn man einen Tampon in die Scheide einführt, kann man sich vor einer Schwangerschaft schützen.

Gefühlskärtchen

Jahrgangsstufe: ab 5

Intentionen: Vor der Gruppe über persönlichen Zugang zu Themen sprechen und über Gefühle, Einstellungen oder Erlebnisse kommunizieren; lernen, für kurze Zeit im Vordergrund zu stehen und ernst genommen zu werden.

Material: Sammlung von ca. 50–60 Kärtchen/Notizzetteln mit emotional besetzbaren Wörtern wie: Hausaufgaben, Ferien, Liebesbrief, Verhütung, fernsehen, Umweltschutz, Menstruation, Homosexualität, Vertrauen, Strafe, Konkurrenz, verlieren, schmusen, Rache, Gerücht, Spaghetti, geil, erwischt werden, Genuss, Zukunft, Kinderwunsch, Millionär, Terrorismus, verliebt sein …

Nacheinander werden aus dem in der Mitte liegenden Stapel Kärtchen gezogen. Die Person, die ein Kärtchen gezogen hat, sollte eine kurze Aussage dazu machen („Blitzlicht"): Woran denke ich, wenn ich dieses Wort lese? Mit welchem Gefühl verbinde ich dieses Wort?

Was möchte ich den anderen dazu mitteilen?

Alternative: Falls die Lerngruppe zu groß oder wenig solidarisch ist, empfiehlt sich die Teilung in Kleingruppen (nicht weniger als sechs Personen).

Was wäre, wenn ...

Jahrgangsstufe: ab 7
Intentionen: Nein sagen können, Position beziehen, argumentieren
können, sich einstellen können auf unterschiedliche Personen, schnell und gegebenenfalls kreativ reagieren
lernen.
Material: Vorbereitete Aufgabenzettel „Was wäre, wenn ..."
Die Klasse bildet zwei konzentrische Kreise, jeweils zwei Schüler stehen sich gegenüber.
Beispiele für „Was wäre, wenn ...":

- ... deine Mitschülerin dir erzählt, sie hätte im Kaufhaus geklaut?
- ... dein Mitschüler sagt, er könnte dir jeden Stoff besorgen, den du haben wolltest?
- ... jemand sagt, dein Penis/deine Brüste wären zu klein?
- ... deine Mitschülerin sagt, sie hätte sich in ein Mädchen verliebt?
- ... dein Kumpel meint, du solltest das Handy nicht zum Fundbüro bringen?
- ... dein Mitschüler ständig über Schwule witzelt?
- ....deine Freundin mit dir € 50,– „verballern" möchte?
- ... dein Freund/deine Freundin dir sagt, sie fände eine/n andere/n interessant?
- ... deine Eltern meinen, du wärst zu jung für Sex?
- ... deine Tante meint, sie würde jetzt mit einer Frau zusammenziehen?
- ... deine Eltern dein Taschengeld kürzen wollen?
- ... dein Freund/deine Freundin immer uninteressanter für dich wird?
- ... keiner mit dir zur nächsten Fete möchte?
- ... du glaubst, deine Mitschülerin hat dich angelogen?

Phase 1: Lehrer liest eine Fragekarte vor und die Paare beantworten sich gegenseitig die Frage (jeweils ca. 1–2 Minuten, Nachfragen sind erlaubt/erwünscht). Dann rückt der Außenkreis im Uhrzeigersinn um eine Person nach rechts, die Frage wird wiederholt und beantwortet. Dann wiederum Aufrücken des Außenkreises.

Phase 2: Neue Frage. Dann wie gehabt weiter, bis alle Fragen beantwortet wurden.

Mutmachlied

Jahrgangsstufe: ab 5

Dieses Lied soll allen Kindern Mut machen. Solche oder ähnliche „Blamagen", wie in dem Lied beschrieben, kennen alle aus ihrer eigenen Kindheit. Manches, was die Erwachsenen scheinbar mühelos machten, müssen Kinder sich mühsam erarbeiten und manchmal werden sie dabei auch noch von Erwachsenen belächelt. Später amüsiert man sich über die eigenen Ängste vor Blamagen und über Menschen, die darüber lachen. Und wenn man was nicht kann, was „mann" angeblich können muss, sollte man sich für sein späteres Leben einen wichtigen Satz merken: Na und?!

Du wärst gerne ein mutiges Mädchen,
doch auf Bäume klettern kannst du nicht.
Alle lachen oben im Baumhaus,
du stehst unten, Tränen im Gesicht.
Und nun weißt du nicht so recht weiter,
willst dich nicht blamieren, hast keinen Mut.
Glaube nicht, die über dich lachen,
machen alles richtig, perfekt und gut.
Refrain
Du wärst gern der Freund von Susanne,
wolltest mit ihr Schlittschuhlaufen geh'n.
Doch du spieltest vor ihr nur den Prahlhans,
und da ließ sie dich ganz einfach steh'n.
Und nun weißt du nicht so recht weiter,
willst dich nicht blamieren, hast keinen Mut.
Glaube nicht, die über dich lachen,
machen alles richtig, perfekt und gut.
Refrain
Wolltest gern einmal Fußball spielen,
doch du hast fast alles falsch gemacht.
Als dein Schuss ins eigene Tor traf,
haben dich die Jungen ausgelacht.
Refrain

Das Lied von den Gefühlen

Jahrgangsstufe: ab 5

Seine Gefühle sollte man nicht immer verbergen. Jeder ist mal glücklich und mal traurig, auch die Erwachsenen. Die Menschen verhalten sich ganz unterschiedlich, wenn sie zum Beispiel glücklich sind: Die einen machen lachend einen Luftsprung, die anderen klatschen begeistert in die Hände, und wieder andere sind still und strahlen über das ganze Gesicht oder weinen vor Glück.

Wenn jemand traurig oder wütend ist, hat er wiederum eine ganz andere Mimik oder Gestik.

In diesem Lied erzählt ein Kind, wie es seine Gefühle zum Ausdruck bringt. Dabei geniert es sich auch nicht, wie ein Hofhund zu heulen.

In einem Spiel lassen sich solche Gefühle darstellen und erraten. Die Spielrunde bestimmt verschiedene Gefühle, die ein Gesicht zum Ausdruck bringen kann. Der Spieler darf sich davon ein „Gefühl" aussuchen, es mimisch oder gestisch vorspielen. Die anderen versuchen das Gefühl zu erraten. Wer es zuerst errät, darf in der nächsten Runde die Rolle des Vorspielers übernehmen.

Wenn ich glück - lich bin, weißt du was?
Ja, dann hüpf ich wie ein Laub - frosch durch das Gras.
Sol - che Sa - chen kom - men mir so in den Sinn,
wenn ich glück - lich bin, glück - lich bin.

Wenn ich wütend bin, sag ich dir,
ja, dann stampf und brüll ich wie ein wilder Stier.
Solche Sachen kommen mir so in den Sinn,
wenn ich wütend bin, wütend bin.

Wenn ich albern bin, fällt mir ein,
ja, dann quiek ich manchmal wie ein kleines Schwein.
Solche Sachen kommen mir so in den Sinn,
wenn ich albern bin, albern bin.

Wenn ich traurig bin, stell dir vor,
ja, dann heul ich wie ein Hofhund vor dem Tor.
Solche Sachen kommen mir so in den Sinn,
wenn ich traurig bin, traurig bin.

Wenn ich fröhlich bin, hör mal zu,
ja, dann pfeif ich wie ein bunter Kakadu.
Solche Sachen kommen mir so in den Sinn,
wenn ich fröhlich bin, fröhlich bin.

Lied vom Zärtlichsein

Jahrgangsstufe: ab 5

Wie kuscheln Elefanten? Wie schmusen Pinguine? Wie küssen sich Nashörner? Wie träumen Bären?

Die Schüler probieren es aus und singen dazu das Lied vom Zärtlichsein.

(An der Musik hat Vic Abram mitgearbeitet.)

Wenn uns mal nach Schmusen ist,
schmuse ich mit dir,
schmust du mit mir.
Ich mag dich gern,
du magst mich gern,
drum schmusen wir.

Wenn uns mal nach Träumen ist,
träume ich mit dir,
träumst du mit mir.
Ich mag dich gern,
du magst mich gern,
drum träumen wir.

Wenn uns mal nach Küssen ist,
küsse ich mit dir,
küsst du mit mir.
Ich mag dich gern,
du magst mich gern,
drum küssen wir.

Lied vom Kuss

Jahrgangsstufe: ab 5

Alle sitzen im Kreis und der Reihe nach erzählt jeder einen weiteren Teil der Geschichte vom wandernden Kuss. Den Anfang dieser Kettengeschichte weiß jeder: es ist natürlich das Lied!

Ein Eskimogenuss
war ich als Nasenkuss.
Ich wanderte tagaus, tagein
von Nasenbein zu Nasenbein.
Auch kam es häufig vor,
dass ich zu Eis gefror.

Und so vor einem Jahr
traf ich ein Liebespaar,
das küsste oft und inniglich,

mir wurd' vor Stress ganz schwindelig.
Doch irgendwann war Schluss
und ich der Abschiedskuss.

Ich kam zu dir ganz sacht
als Kuss zur guten Nacht.
Die Oma drückte dick und rund
als Schmatzer mich auf deinen Mund.
Und du gefällst mir sehr.
Der Abschied fällt mir schwer.

Literatur

THOMASKY, J.: Lernziel Zärtlichkeit. Weinheim 1981

5 Partnerschaft

Bei der Suche nach einer Definition von Partnerschaft findet man im Lexikon unter anderem den Begriff der Partnerschaftlichkeit. Partnerschaftlichkeit ist dort als „Umgangsform von Menschen, die sich gegenseitig in ihrer Selbstbestimmtheit annehmen und unterstützen" definiert.

Mit anderen Worten:

- Partner sind Menschen, die sich gegenseitig akzeptieren, sich als gleichwertig begegnen, sich gegenseitig respektieren, fördern und Grenzziehungen akzeptieren.
- Partner sind Menschen, die gemeinsame Ziele haben, die gelernt haben, miteinander über Probleme zu sprechen, und die eine Vorstellung davon haben, wie sie ihre Konflikte positiv beilegen können.

Diese Vorstellung von Partnerschaft beinhaltet, dass die Menschen, die sich begegnen, sich ihrer eigenen Person bewusst sind, ihre eigenen Bedürfnisse kennen, zu sich selbst stehen, dialogfähig sind und mit ihrem Gegenüber eine gemeinsame Basis haben. Im alltäglichen Leben gibt es viele Beispiele für Partnerschaft, nicht nur im sexuellen Bereich. Man spricht von Tarifpartnern, Geschäftspartnern und Koalitionspartnern. Leider verhalten sich diese Vorbilder nicht immer so, dass man sie eins zu eins als Partnerschafts-Modell auf die Welt der Jugendlichen übertragen könnte oder sollte, da z. B. politische Auseinandersetzungen oft wenig von gegenseitigem Respekt und Partnerschaftlichkeit erkennen lassen.

Ziel der Arbeit mit Schülern ist es deshalb, den eigenen Standpunkt zu finden, sich abgrenzen und Kontur zeigen zu können, Dialogfähigkeit zu erwerben und Konfliktlösungsstrategien kennen und anwenden zu lernen.

Das erwarte ich von Partnerschaft!

Jahrgangsstufe: ab 9

Intentionen: Erkennen des eigenen Standpunktes und Entwicklung von Lebensperspektiven

Der Lehrer hat einige Statements zum Thema Partnerschaft vorbereitet. Er bittet die Schüler um eine Beurteilung und bietet als Antworten ein „Eher ja", ein „Eher nein" und ein „Unentschieden" an.

Um die Schüler zum Dialog anzuregen, sollen sich alle in die Mitte des Klassenzimmers stellen. Anschließend erläutert er, dass je einer Raumecke je eine der Antworten vorbehalten ist und weist die Ecken jeweils aus (evtl. mit vorbereiteten Schildern).

Im Folgenden werde er in gewissen Abständen ein Statement vorlesen und man solle sich dann in die Antwort-Ecke begeben, die der eigenen Meinung am ehesten entspreche. Dort solle man die jeweiligen Aspekte des Statements diskutieren.

Mögliche Statements:
1. Ich träume von einer Partnerschaft, in der sich die Partner nie streiten.
2. Ich wünsche von einem Partner, dass er immer treu ist.
3. Ich suche nach einem Partner, der mich so annimmt, wie ich bin.
4. In einer Partnerschaft sollten die Partner immer der gleichen Meinung sein.
5. Damit es in einer Partnerschaft nicht zum Streit kommt, sollten immer Zeugen bei Aussprachen anwesend sein.
6. In einer Partnerschaft sollte derjenige Recht behalten, der die stärkeren Argumente hat.
7. Ich suche einen Partner/eine Partnerin, die mir alle Wünsche von den Augen abliest.
8. Ich finde Streit verletzend und suche deshalb nach einer Partnerschaft, in der alles stets friedlich verläuft.
9. Für mich gehört zu einer Partnerschaft dazu, dass man über sich selbst und die gemeinsamen Probleme auch mal herzlich lachen kann.

Nach Abschluss dieser Runde bittet der Lehrer die Schüler Platz zu nehmen, schreibt „Partnerschaft" an die Tafel und bittet alle Schüler, ihm durch Zuruf noch einmal die Begriffe zu nennen, die ihnen in Bezug auf Partnerschaft besonders wichtig sind.

Anschließend lässt er über die drei wichtigsten Aspekte abstimmen, die im Folgenden vertieft werden sollen (z. B. Treue, Zuverlässigkeit, sich gegenseitig anerkennen).

Es werden drei Gruppen gebildet. Die Schüler werden aufgefordert, zu je einem der Themen ein Rollenspiel, einen Sketch, eine Pantomime oder Ähnliches vorzubereiten.

Konflikte, Probleme – man muss darüber reden!

Jahrgangsstufe: ab 5
Intention: Förderung der Dialogfähigkeit
Die Schüler sitzen im Kreis. Der Lehrer führt ein Thema ein, das zur Zeit besonders akut ist (z. B. eine Mitschülerin ist schwanger geworden, es gibt Probleme mit einem ausländischen Schüler an der Schule o. Ä.) und fordert alle Schüler auf, das, was sie zu diesem Thema sagen möchten (evtl. auch Lösungsvorschläge), zu formulieren. Es gelten folgende Gesprächsregeln:

1. Alle hören konzentriert zu.
2. Alle Kommentare, Bemerkungen bzw. Rückfragen sind zunächst zurückzuhalten, bis alle in der Runde ihre Meinung geäußert haben.

(Je nach Klassenstufe werden zwei Schüler beauftragt, in Stichworten die verschiedenen Aspekte an der Tafel festzuhalten.)

Nach dieser ersten Runde fasst der Lehrer kurz die unterschiedlichen Standpunkte zusammen und fordert die Schüler auf, die genannten Aspekte miteinander zu diskutieren. Damit deutlich wird, wer gerade das Wort hat, wird eine „Aquariumsituation" hergestellt. Zwei Stühle stehen in der Mitte des Kreises. Auf dem einen Stuhl nimmt jeweils derjenige Platz, der seinen Standpunkt darlegen möchte. Der zweite Stuhl ist der Wartestuhl für den nächsten Redner.

Am Ende der Diskussion fasst der Lehrer das Diskussionsergebnis zusammen. Er vertieft, dass zum Miteinanderumgehen, zum Dialog dazugehört, offen zu sein, genau zuzuhören, den Partner aussprechen zu lassen, sich in die Haut des anderen versetzen zu können, sich gegenseitig ernst zu nehmen, offen für sich selbst zu sein, und die eigenen Wünsche und Erwartungen benennen zu können sowie einander zu Wort kommen zu lassen und gegenseitig auf die Argumente des anderen einzugehen. Das ist schwierig, aber auch nicht unmöglich.

Ich suche meinen Traumpartner

Jahrgangsstufe: ab 8
Intentionen: Erkennen, dass Menschen unterschiedliche Vorstellungen vom Traumpartner haben; eigene Kriterien für die Partnerwahl entwickeln
Material: Partnerschaftsanzeigen

Die Schüler werden gebeten, in Zeitungen und Zeitschriften nach Partner-suchanzeigen Ausschau zu halten und sie mit in den Unterricht zu bringen. Die Texte werden dort nach männlichen und weiblichen Wünschen zusam-mengestellt, kopiert und allen zur Verfügung gestellt.

Zunächst sehen die Schüler in Einzelarbeit nach, ob ein Traumangebot für sie selbst dabei ist. Dann vergleichen sie, ob sie selbst den formulierten Er-wartungen des Inserenten entsprechen. (Vielleicht ergibt sich eine Traum-konstellation.)

Dann sortieren die Schüler in Gruppen die Anzeigen nach den verschie-denen Kriterien, die sie selbst zusammenstellen (Figur, Hobbys, usw.) und diskutieren über die Möglichkeit/Wahrscheinlichkeit, mit diesen Vorstellun-gen einen Partner zu finden. Was ist daran positiv, was negativ? Inwieweit entspricht der Suchende wohl selbst dem Bild, das er von sich darstellt?

Der Lehrer lässt die Ergebnisse im Plenum vorstellen und erläutert, dass die Entwicklung und die Zukunftsfähigkeit einer Partnerschaft von ver-schiedenen Aspekten abhängig ist (z. B.: gemeinsames Verständnis von Part-nerschaft, gemeinsame Interessen, Kommunikation und Respekt voreinan-der). Je klarer und deutlicher die Einzelnen ihre Erwartungen an den Partner formulieren können und je realistischer sie sich selbst sehen, umso wahrscheinlicher, dass sie einen passenden Partner finden.

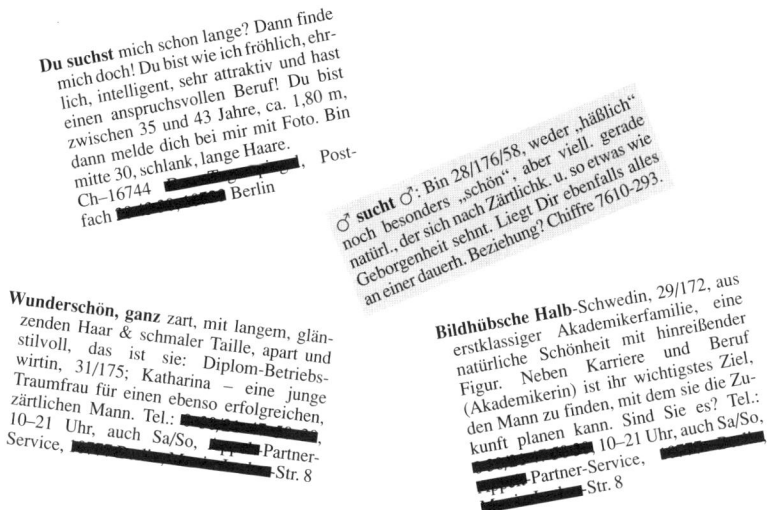

Namen und Telefonnummern wurden geschwärzt.

Traumpartner gesucht!

Jahrgangsstufe: ab 6

1. Jeder Schüler erstellt eine Liste mit Eigenschaften seines Traumpartners.
2. Anschließend werden zuerst die Listen der Jungen vorgelesen und diskutiert. Schwerpunkte (z. B. Äußerlichkeiten wie große Brüste, lange Haare, schlank) und Defizite (kaum Charaktermerkmale, z. B. Vertrauen, Ehrlichkeit, Zuverlässigkeit, keine Hobbys, z. B. Tanzen, ins Kino gehen) werden benannt und unter den entsprechenden Überschriften („Äußerlichkeiten", „Charaktereigenschaften/Persönlichkeitsmerkmale") an der Tafel festgehalten.
3. Schließlich werden die Wunschlisten der Mädchen vorgelesen und mit den Jungenlisten verglichen. Gemeinsamkeiten und Unterschiede werden herausgestellt.

Traumboy und Traumgirl

Jahrgangsstufe: ab 6

Material: Für jeden einen Testbogen mit Auswertung

Die Ausgangsfrage lautet: Wie stellst du dir deinen Traumboy/dein Traumgirl vor?

1. Suche aus der Liste spontan solche Eigenschaften heraus und kreuze sie an, die für dich *besonders wichtig* sind. Insgesamt sollst du deshalb nicht mehr als 12 Eigenschaften auswählen !
2. Zähle anschließend, wie viele Punkte du für deinen Traumboy bzw. dein Traumgirl erhältst.
3. Lies in der entsprechenden Kategorie der Punkteverteilung, wie deine Auswahl zu bewerten ist.

Auswertung: Was sagt ihr zu euren Bewertungen? Warum werden die Eigenschaften unterschiedlich gewichtet? Welche Eigenschaften überdauern Jahre?

Liste von Eigenschaften des Traumboys und Traumgirls

je 1 Punkt	je 2 Punkte	je 3 Punkte
Üppig	witzig	ehrlich
braun gebrannt	gemeinsame	über alles reden können
Nabelpiercing	Interessen	zärtlich
total sexy	sympathisch	treu
groß und kräftig	mutig	einfühlsam
süß	kontaktfreudig	liebevoll
nicht eifersüchtig	neugierig	soll zuhören können
kurze Haare	großzügig	fantasievoll
lange Haare	klug	natürlich
schmale Hüften	lacht gern	selbstbewusst
attraktiv	muss Initiative	verständnisvoll
schlank	ergreifen	sensibel
durchtrainierter	spontan	tolerant
Körper	humorvoll	gemeinsame
muskulös	schlagfertig	Wellenlänge
große Brüste	nachgiebig	vertrauensvoll
tolle Figur	romantisch	kompromissbereit
keine Brille	erfahren	offen
schwarze/blonde/	soll verzeihen können	
rote/braune Haare	zuverlässig	
lange Beine	Grenzen kennen	
Stupsnase		
beliebt		
mindestens ....cm groß		

je 1 Punkt   **je 2 Punkte**   **je 3 Punkte**

Bewertung der erreichten Punktzahl

Weniger als 13 Punkte:

Traumboys bzw. Traumgirls sind für dich noch reine Fantasieprodukte. Ziel deiner Träume und Schwärmereien sind solche Mädchen bzw. Jungen, bei denen das Aussehen für dich ausschlaggebend ist. Offensichtlich sind Äußerlichkeiten für dich im Moment die wichtigsten Gesichtspunkte für eine Beziehung. Doch denke auch einmal daran, dass für eine dauerhafte Partnerschaft auch solche Eigenschaften wichtig sind, die in der Liste drei Punkte erhalten haben.

13–27 Punkte:

Das Aussehen eines Jungen/Mädchens spielt für dich zwar eine Rolle, stellt aber für dich nicht das Wichtigste einer Beziehung dar. Über einige Eigenschaften, die dein Traumboy/Traumgirl mitbringen muss, bist du dir durchaus im Klaren. Das ist auch gut so, denn für eine dauerhafte Beziehung ist es wichtig, dass beide Partner gefühlsmäßig harmonieren und auch bestimmte Eigenschaften stimmen müssen.

Mehr als 28 Punkte:

Über Liebe hast du dir offensichtlich schon viele Gedanken gemacht. Vermutlich hast du bereits eine oder sogar schon mehrere Beziehungen hinter dir, die dir den Blick geöffnet haben. So sind für dich bereits eine Reihe von Eigenschaften wichtig, die über die rein körperliche Seite hinausgehen und so eine dauerhafte Partnerschaft möglich machen. Allerdings sind solche Eigenschaften selten auf den ersten Blick zu entdecken. Also lass dir Zeit!

Suche Freund! Suche Freundin!

Jahrgangsstufe: ab 9

Die Schüler sollen eine Kontaktanzeige schreiben, die ihre Wünsche bezüglich ihres Wunschpartners deutlich machen sollen.

Auswertung: Freiwillige lesen ihre Kontaktanzeige vor. In der Aussprache soll deutlich werden, dass überwiegend Äußerlichkeiten formuliert werden, während so genannte „innere Werte" wie Persönlichkeitsmerkmale und Charaktereigenschaften kaum genannt werden. Gemeinsam wird zusammengetragen, was für eine Partnerschaft wichtig sein könnte, z. B.

- für den anderen da sein
- gut miteinander reden können
- treu sein
- gleiche Hobbys haben
- ähnliche Zukunftsperspektiven haben
- sich aufeinander verlassen können

Testet eure Partner!

Jahrgangsstufe: ab 9
Der nachfolgende Partnertest soll den Jugendlichen Anhaltspunkte geben, die Beziehung zu ihrem Partner einzuschätzen. Den Testbogen für Jungen entsprechend sprachlich abändern.

Partnertest	Ja	Nein
1. Erzählt dein Partner dir von sich selbst? Spricht er von seinen Gefühlen, Plänen, Lebensgeschichte, von seiner Familie? Legt er vor dir seine Fassade ab?	☐	☐
2. Führt dein Partner dich in seinen Bekanntenkreis ein? Kennst du seine Eltern, Freunde? Ist er stolz auf dich? Behandelt er dich in Gegenwart anderer gut?	☐	☐
3. Steht dein Partner zu seinem Wort? Kannst du dich auf ihn verlassen? Ist er pünktlich? Hält er seine Versprechen ein?	☐	☐
4. Achtet dein Partner deine Gefühle? Gibt er sich Mühe, dich in deinen Wünschen und Erwartungen zu verstehen? Hört er dir zu, wenn du sprichst? Lacht er dich aus oder verspottet dich? Bist du an den Plänen deines Partners beteiligt?	☐	☐
5. Wirbt dein Partner um dich? Ist er besorgt um dich? Überrascht er dich manchmal mit kleinen Geschenken? Weiß er, wann du Geburtstag/Namenstag hast?	☐	☐
6. Ist dein Partner einfühlsam und lieb zu dir? Geht er auf deine Gefühle ein? Wie spricht er dabei zu dir?	☐	☐
7. Akzeptiert dein Partner deine sexuellen Wünsche? Äußert er eigene Erwartungen? Handelt er verantwortungsvoll sich selbst und dir gegenüber?	☐	☐
8. Hat dein Partner dir gegenüber eine eigene Meinung? Akzeptiert er auch wohlmeinende Kritik von dir?	☐	☐
9. Hält dein Partner Enttäuschungen aus, die du ihm bereitest? Kann er dir verzeihen? Kann er Fehler vergessen?	☐	☐

Auswertung:

- Wenn du mehr als sechs Fragen mit „ja" beantworten kannst, dann ist deine Partnerschaft super in Ordnung !

- Wenn du zwischen vier und sechs Fragen mit „ja" beantworten kannst, dann herrscht in eurer Partnerschaft zu oft „Funkstille". Ihr solltet häufiger miteinander vor allem auch über diejenigen Punkte reden, die du nicht positiv gesehen hast.

- Wenn du weniger als vier Fragen mit „ja" beantworten kannst, solltest du ernsthaft überlegen, ob es sich bei euch überhaupt um eine Partnerschaft handelt. Wenn du noch etwas retten willst, solltest du ganz schnell mit ihm über die vielen negativ gesehenen Problembereiche reden!

Wer ist der Stärkere?

Jahrgangsstufe: ab 8

Intentionen: Bewusstmachen von geschlechtsspezifischen Aspekten und Rollenklischees in der Partnerschaft

Material: Flipcharts

Die Klasse wird in geschlechtsgetrennte Gruppen aufgeteilt. Beide Gruppen erhalten den Auftrag aus ihrer Perspektive heraus zu definieren, was für sie Partnerschaft ist. Sie erhalten dazu Flipcharts, auf der sie ihre Ideen sammeln und niederschreiben können.

Nach der Gruppenarbeit präsentieren die Gruppen ihre Ergebnisse im Plenum und stellen den Diskussionsverlauf kurz dar.

Anschließend vergleicht der Lehrer gemeinsam mit den Schülern die Gemeinsamkeiten und Unterschiedlichkeiten bei der Erwartung an Partnerschaft von Männern und Frauen. Er lässt die Schüler erarbeiten, welche Aspekte davon geschlechtsspezifisch sind und welche von außen an sie als Erwartung herangetragen werden. Er schließt mit der Frage ab, wie die Schüler sich von den Vorstellungen freimachen können und welche Möglichkeiten sie für sich realistisch sehen.

Hänsel und Gretel

Jahrgangsstufe: ab 7

Intentionen: Erkennen, dass es zu einer Partnerschaft dazugehört, den anderen mit seinen Stärken und Schwächen anzunehmen, sich der eigenen Möglichkeiten bewusst zu werden und ggf. stützend und stabilisierend für den anderen da zu sein.

Der Lehrer liest eine Kurzfassung des Märchens von Hänsel und Gretel vor. Dabei legt er besonderen Wert auf die Rollen von Hänsel und Gretel. Vorher hat er bereits Gruppen bilden lassen, die anschließend gemeinsam eine Aufgabe bearbeiten werden.

Hänsel und Gretel (frei nach Gebr. Grimm)

In einem großen Wald wohnt ein armer Holzhacker mit seiner Frau und seinen Kindern Hänsel und Gretel. Sie sind arm, haben wenig zu essen und Sorgen um das tägliche Brot. Als sie vor Sorgen nicht mehr weiterwissen, schlägt die Frau vor, die Kinder in den Wald zu bringen und sie dort zurückzulassen. Der Mann will diesem Vorschlag zunächst nicht folgen, lässt sich aber dann von seiner Frau überreden. Hänsel und Gretel können vor Hunger nicht schlafen und hören genau, was die Stiefmutter dem Vater vorschlägt. Gretel weint bittere Tränen und sagt zu Hänsel: „Nun ist es passiert!" Hänsel aber will sich dem nicht aussetzen und sammelt im Mondschein weiße Kieselsteine. Am nächsten Tag, als die Frau die Kinder weckt und auffordert, mit dem Vater in den Wald zu gehen, nimmt Gretel das Brot für die Wegzehrung und Hänsel die Steine. Auf dem Weg durch den Wald lässt Hänsel immer wieder einen Stein fallen. Als der Vater dann die Kinder zurücklässt, finden Hänsel und Gretel dank der Steine im Mondlicht wieder zurück.

Zu Hause angekommen, werden sie von der Stiefmutter beschimpft. Sie fragt nach, warum sie so spät zurückkommen. Der Vater aber freut sich von Herzen, seine Kinder wieder zu sehen. Einige Tage später, als die Not immer größer wird, schlägt die Frau erneut vor, die Kinder im Wald zurückzulassen, und Hänsel versucht erneut, dieser Gefahr zu entgehen, indem er Kieselsteine sammeln will. Diesmal hat die Frau allerdings die Tür verschlossen und Hänsel kann nicht hinaus.

Am nächsten Morgen bröckelt Hänsel das Brot, das Gretel mit auf den Weg bekommen hat, und lässt immer wieder ein Stück Brot auf die Erde fallen. Diesmal geht die Frau selbst mit und führt die Kinder noch tiefer in den Wald, als der Vater es schon getan hat. Gegen Mittag lässt sie die Kinder zurück, die nun wieder auf den Mond warten, um im Dunkeln ihren Weg nach Hause zu finden. Dabei müssen sie feststellen, dass die Vögel alles Brot aufgepickt haben. Sie wandern durch den Wald und suchen ihr Zuhause. Dabei kommen sie an ein Haus, das aus Brot gebaut und mit Kuchen bedeckt ist. Die Fenster sind von hellem Zucker umgeben. Hänsel schlägt vor, etwas von dem Dach oder von dem Fenster zu essen.

Als sie die ersten Stücke abbrechen, ruft eine Stimme aus dem Haus und fragt nach, wer am Häuschen knabbert. Als Hänsel und Gretel wiederholt ausweichend antworten, erscheint plötzlich eine alte Frau, die Hänsel in einen Stall mit einer Gittertüre sperrt und Gretel ins Haus holt. Gretel muss nun der Hexe dienen, die alles tut, damit Hänsel gemästet und dann gegessen werden kann. Gretel selbst bekommt nichts zu essen.

Gretel, die das Unglück auf sich zukommen sieht, gibt Hänsel ein Knöchelchen, das er jedes Mal der kurzsichtigen Alten entgegenstreckt. Als trotz guter Ernährung Hänsel nicht dicker werden will, entschließt sich die Hexe dennoch, Hänsel zu schlachten und zu kochen. Gretel ist außer sich. Als sie den Backofen einheizen soll, bedeutet sie der Hexe, dass der Ofen nicht warm wird. Als die Alte selber im Ofen nachschaut, schiebt Gretel die Hexe in den Ofen, macht die Tür zu und feiert die Rettung aus dieser Gefahr.
Sie holt Hänsel aus dem Ställchen, nimmt ausreichend Essen und Kostbarkeiten aus dem Haus der Hexe mit und macht sich mit Hänsel auf den Weg nach Hause. Zu Hause angekommen, finden sie einen traurigen Vater, der mittlerweile verwitwet ist, vor. Mit den Kostbarkeiten aus dem Hause der Hexe kann die Familie glücklich und zufrieden weiterleben.

Nach dem Erzählen der Geschichte fordert der Lehrer die Gruppen auf, sich darüber Gedanken zu machen, welche Stärken und Schwächen Hänsel und Gretel haben und warum sie sich vor der Hexe retten konnten.

Er bietet den Schülern an, die Ergebnisse entweder schriftlich oder mündlich zusammenzufassen, oder die Aspekte, die für die Rettung von Bedeutung sind, in einem Rollenspiel darzustellen.

Kann ich mich auf dich verlassen?

Jahrgangsstufe: ab 5

Intentionen: Die eigenen Wünsche und Gefühle und die des anderen wahrnehmen und verstehen können, Vertrauen bilden und ermöglichen können.

Die Schüler werden aufgefordert, sich zu Paaren zusammenzufinden. Der Lehrer erläutert, dass die Schüler Gelegenheit erhalten werden, miteinander die Erfahrung von Vertrauen zu machen.

Er bittet die Partner festzulegen, wer von ihnen beiden der sehende und wer der blinde Partner ist. Dann führen die sehenden Partner ihre nichtsehenden Partner durch das Schulgebäude. Dieses Miteinandergehen verläuft schweigend. Wichtige Erläuterungen zum Weg erfolgen über die Hände. Die Sehenden ermöglichen den Nichtsehenden durch Führen der Hand eine (Tast)Sinnes-Erfahrung.

Alle Sehenden werden darauf aufmerksam gemacht, dass sie die Verantwortung dafür haben, dass den Nichtsehenden nichts zustößt, und sie ohne Angst, voller Vertrauen mit ihnen diesen Weg durch die Schule gehen können. Nach ca. 5 – 10 Minuten folgt dann ein Wechsel. Die Sehenden werden zu Nichtsehenden und umgekehrt, so dass beide Partner eine ähnliche Erfahrung machen können. Nach ca. 10 bis 15 Minuten treffen sich alle Schüler wieder im Klassenraum und tauschen die gemachten Erfahrungen aus.

Der Lehrer erläutert, dass nicht jeder in jeder Situation seine Wünsche und Gefühle verbalisieren kann und dass es deshalb darauf ankommt, in seinen Wahrnehmungen für die Gefühle und Wünsche des anderen offen zu sein. Zur Partnerschaft gehört es, sich aufeinander verlassen zu können und in Augenblicken der Schwäche durch die Stärke des anderen getragen und gestützt zu werden. So kompensiert der eine Partner mit seinen Stärken die Schwächen des anderen und umgekehrt.

Du spinnst wohl!

Jahrgangsstufe: ab 8

Intentionen: Fördernde und hemmende Aspekte der Kommunikation kennen lernen und Sprachformen zur Konfliktbeilegung formulieren

Der Lehrer erzählt seinen Schülern die Geschichte einer Freundschaft:

„Kai und Simon haben sich in dasselbe Mädchen verliebt und verbringen gemeinsam zu dritt viel Zeit miteinander. Weil Sonja bereits einen Führerschein hat, lädt sie häufiger Kai und Simon zu Fahrten in die Nachbarstadt ein, ins Kino oder zum Eisessen. Jedes Mal entspinnt sich ein heftiger Streit, wer vorne neben Sonja sitzen darf, Kai oder Simon.
Sonja ist schließlich diese Streiterei leid und schlägt vor, dass immer einer von beiden auf der Hinfahrt vorne sitzt und der andere auf der Rückfahrt.
Eines Sonntags sitzt Simon auf der Fahrt zur Jugenddisco vorne. Beim nächtlichen Aufbruch Richtung Heimat, als Kai sich noch ein bisschen in der Disco aufhält, setzt sich Simon direkt wieder vorne hin und erklärt dem nachkommenden Kai: „Weggegangen, Platz vergangen, du hast verloren. Du kannst auf der Fahrerseite einsteigen und dich nach hinten setzen."
Kai wird wütend und beschimpft Simon. Er wirft ihm die verschiedensten Schimpfwörter an den Kopf. Simon wird immer wütender, knallt die Beifahrertür zu, verriegelt sie und fordert Sonja auf, loszufahren. Kai könne ja auch die Strecke von 3 km gut zu Fuß hinter sich bringen, er würde sich dann auch abreagieren.
Nun wird auch Sonja wütend und erklärt Simon: „Entweder ihr beide einigt euch oder ihr geht beide zu Fuß."
Daraufhin steigt Simon wieder aus. Kai und Simon schreien sich immer lauter an."

Mit dieser offenen Situation schickt der Lehrer die Schüler in die Gruppenarbeit. In Dreiergruppen sollen folgende Aufgaben bearbeitet werden:
1. Beschreibt die Gefühle von Kai und Simon.
2. Beschreibt die Gefühle von Sonja.

3. Stellt euch vor, ihr wärt eine dieser drei Personen. Wie würdet ihr empfinden?

4. Was würdet ihr euch an Stelle von Sonja, von Kai und von Simon wünschen?

5. Wie könnten Kai und Simon ihren sich immer mehr steigernden Streit beenden?

6. Macht einige Formulierungsvorschläge für Simon und Kai und auch für Sonja.

7. Unterhaltet euch über eure Lösungsvorschläge.

Nach ca. 20 Minuten werden die Ergebnisse im Plenum zur Diskussion gestellt. Anschließend lässt sich das Ergebnis zusammenfassen und erläutern.

Menschen haben häufiger Probleme miteinander. Um diese positiv bewältigen zu können, sind folgende Aspekte wichtig:

- Offen von sich selbst sprechen.
- Die eigenen Wünsche und Erwartungen benennen, auch wenn sie nicht erfüllt werden können.
- Einander Enttäuschung und Kritik sagen.
- Einander zu Wort kommen lassen.
- Gegenseitig auf die Argumente eingehen.
- Als Erster nach dem Streit ein versöhnendes Wort sagen.
- Offen sein für gemeinsame Problemlösungen.

Eigentlich hatte ich etwas anderes vor, aber ...

Jahrgangsstufe: ab 9

Intention: Gemeinsam über Gefühle und Wünsche sprechen lernen
Der Lehrer gibt zwei Gesprächssituationen vor und bittet die Schüler, sich zunächst in Einzelarbeit die Vorlage durchzulesen und sich eine Meinung zu bilden.

Nach einigen Minuten beginnt die Arbeit in den Gruppen: die Situation miteinander besprechen und einen Lösungsvorschlag für zukünftige Situationen erarbeiten.

Gesprächssituation 1

Es ist Samstagnachmittag. Sebastian hat Karin versprochen sich telefonisch zu melden und mit ihr das Kinoprogramm für den Abend abzustimmen. Karin würde eigentlich lieber mit ihrer Freundin tanzen gehen, da aber Sebastian nicht besonders gerne in Discos geht, sieht Karin dem Anruf von Sebastian mit gemischten Gefühlen entgegen.

Sebastian seinerseits würde sich an diesem Abend lieber ins Bett legen, da er die Woche zuvor im Getränkemarkt gearbeitet hat und sehr müde ist. Da er aber Sorge hat, dass Karin dann beleidigt ist, kümmert er sich um Kinokarten für einen Film, von dem er glaubt, dass Karin ihn gerne sieht.

Als Sebastian schließlich Karin am Telefon von dem Film erzählt, tut sie ganz begeistert und stimmt zu, sich um 19.00 Uhr mit Sebastian zu treffen. Kurz vor 19.00 Uhr setzt sich Sebastian ziemlich übermüdet ins Auto und holt Karin ab. Sie gehen ins Kino, um sich den Film anzuschauen.

Arbeitsanleitung:
1. Wie wirkt auf dich das Verhalten von Karin und Sebastian?
2. Wie gehen sie miteinander um?
3. Glaubst du es wäre besser gewesen, wenn sie ehrlich zueinander gewesen wären?
4. Wie hättest du dich verhalten?
5. Was können Karin und Sebastian tun, um sich in Zukunft nicht in eine solche scheinbar ausweglose Situation zu begeben?

Gesprächsituation 2

Raphael hat seit einigen Tagen ständig Streit mit seinen Eltern. Von daher hat er auch wenig Zeit für seinen besten Freund Tim. Als sie sich am Wochenende treffen, sieht Tim sehr unglücklich aus und ist reichlich wortkarg.

Als die Bedienung die Colas bringt, steht Tim plötzlich auf und verlässt ohne ein Wort das Lokal. Raphael, der nicht weiß, was vorgefallen ist, trinkt seine Cola aus, bezahlt und verlässt ebenfalls das Lokal. Vor der Tür trifft er auf Tim, der ziemlich niedergeschlagen aussieht.

Arbeitsanleitung:
1. Was glaubst du, ist die Ursache für Tims eigenartiges Verhalten?
2. Wie geht es Raphael mit der Situation?
3. Wie würdest du dich an Raphaels Stelle verhalten? Was hättest du getan?

Nach der Gruppenarbeit lässt der Lehrer die unterschiedlichen Standpunkte vorstellen, erörtern und erläutert abschließend, dass es für die verschiedenen Lösungsansätze keine Bewertung in Richtung richtig oder falsch gibt. Für die Betroffenen kommt es darauf an, ehrlich über ihre Probleme und Gefühle zu sprechen, zu versuchen den anderen zu verstehen und gemeinsam eine Lösung zu finden, die beiden gerecht wird.

Darf ich vorstellen, meine Lebensabschnittspartnerin

Jahrgangsstufe: ab 9

Intentionen: Über unterschiedliche Lebensformen und Partnerschaften miteinander ins Gespräch kommen; den eigenen Standpunkt erkennen und formulieren können; eigene Vorstellungen zu Lebensperspektiven entwickeln.

Im Vorfeld der Übung beauftragt der Lehrer verschiedene Schülergruppen, Menschen zu interviewen, die entweder schon lange verheiratet sind, einen neuen Lebenspartner gefunden haben oder sich bisher nie fest gebunden haben. Diese Menschen werden befragt, was für sie wichtig an ihrer Lebensform ist, wie sie Partnerschaft sehen und auf welche Dinge sie im Leben in Beziehung auf Partnerschaft Wert legen.

Zu Beginn des Unterrichts werden die Ergebnisse vorgestellt (schriftlich, per Video, per Kassette o. Ä.) und was die unterschiedlichen Partnerschaften auszeichnet: Vor- und Nachteile aufzeigen, Stärken und Schwächen dieser Partnerschaften deutlich machen und die persönliche Vorstellung von Partnerschaft äußern. Danach erstellen die Schüler in mehreren Gruppen Poster zu den verschiedenen Partnerschaftsformen.

Auswertung: In der Abschlussrunde fasst der Lehrer die Ergebnisse auf den Postern zusammen und erläutert vertiefend, dass nach aktuellen repräsentativen Umfragen (Prof. Kurt Starke, Leipzig) die meisten Jugendlichen eher ein traditionelles Partnerschaftsverständnis haben (Liebe für ein ganzes Leben, Kinder und Familie, Treue), dass aber viele Ereignisse im Laufe eines Lebens dazu führen können, dass trotz aller Vorhaben und Wünsche Partnerschaften auch nicht gelingen. Er bittet die Schüler, sich bis zur nächsten Stunde darüber Gedanken zu machen, was wohl die Ursachen dafür sein können und ihre Vermutung auf einzelne Notizzettel zu schreiben.

In der nächsten Unterrichtsstunde sammelt der Lehrer die Notizzettel in einem Hut/Beutel ein und lässt die Schüler blind Zettel ziehen. Er bittet sie, nachdem alle Zettel gezogen haben, ihre Statements laut vorzulesen und zu sagen, ob sie dieser Interpretation zustimmen oder nicht und dann die Diskussion an die Klasse weiterzugeben.

Der Lehrer fasst die Übung zusammen und erläutert, dass alle diese Erklärungsmodelle möglicherweise sich der Wahrheit nur nähern und dass Gelingen oder Misslingen von Partnerschaft von vielen Aspekten abhängig ist. Die Partner haben selbst eine große Chance, ihre Partnerschaft zu pflegen und zu entwickeln, wenn sie miteinander über Gefühle und Wünsche sprechen, wenn sie ihre Konflikte bewältigen und die eigenen Wünsche und Gefühle und die des anderen respektieren, wahrnehmen und verstehen können.

Das Fotospiel

Jahrgangsstufe: ab 7
Material: Postkartensammlung oder Fotos aus Zeitschriften
Visuelle Methoden bieten die Möglichkeit ganzheitlichen Lernens und eignen sich deshalb auch zur Auflockerung von „kopflastigen" Gruppen oder für Schreibschwache. Durch die Auswahl der Postkarten wird deutlich, womit die Schüler beschäftigt sind und welche Themen und Inhalte interessant sein könnten. Je nach Altersgruppe und Themenschwerpunkten müssen die Postkarten entsprechend gesammelt werden.

Phase 1: Die Schüler sitzen in einem Stuhlkreis. In der Mitte sind verschiedene Postkarten ausgelegt, die alle mit dem Thema „Partnerschaft und Sexualität" in Verbindung gebracht werden können.

Phase 2: Die Schüler sollen sich eine Karte auswählen, die sie ansprechend finden.

Phase 3: Jeder stellt nun seine Postkarte im Plenum vor und erklärt, warum er diese Karte ansprechend findet und welche Verbindung sie für ihn zum Thema hat.

Variante: Bei einer kleineren Gruppe oder bei ausreichend Zeit können zwei Postkarten gewählt werden: eine, wozu man spontan ein positives und eine, wozu man ein negatives Gefühl im Zusammenhang mit Sexualität assoziiert.

Variante: Mit der Postkartenmethode ist es auch möglich zum eigenen Körperbild, zum Thema „Geschlechtsspezifik" oder zum Thema „ideale Partnerschaft" zu arbeiten. Die Arbeitsanleitung und Fragestellung muss dann entsprechend verändert werden.

Kontaktanzeigen auswählen

Jahrgangsstufe: ab 8
Material: Vordrucke mit Profilraster für „Kontaktanzeigen"

Geschlecht   männlich ◯   weiblich ◯
Alter/Jahre   _____
Größe   _____
Haarfarbe   _____
Aussehen   _____
Hobbys, Interessen   _____
Besondere Fähigkeiten   _____
Besondere Eigenarten   _____
Gewünschte Eigenarten
des Partners/der Partnerin _____
Das lehne ich bei einem/r
möglichen Partner/in ab   _____

In dieser Übung geht es nicht darum, Kontaktanzeigen schreiben zu lernen, sondern um die Überprüfung der Selbst- und Fremdwahrnehmung, somit um die Möglichkeit eines anonymen Feedbacks. Von den Erfahrungen der Übung lässt sich gut ein Transfer zum alltäglichen sozialen Lernen herstellen. Prahlerische, sexistische Selbstdarstellungen werden anonym kritisiert und lassen Raum für Reflexionen ohne Bloßstellung.

Phase 1: „Ihr kennt bestimmt Kontaktanzeigen oder Partner-Suchanzeigen aus Zeitungen und Zeitschriften. Wir wollen einmal sehen, was für Möglichkeiten es gibt, sich darzustellen und wie dies bei anderen ankommt. Jede/r von euch bekommt drei Vordrucke und darf sie ausfüllen. Ihr dürft nun ausprobieren, was man alles schreiben könnte, natürlich anonym. Hinterher werden wir sie ebenfalls anonym vorlesen und sehen, wie diese Selbstdarstellung auf andere wirkt."

Phase 2: Ausfüllen der Bögen in Druckschrift und Abgeben bei der Lehrperson.

Phase 3: Vorlesen je eines Bogens, Punktevergabe 0 (lehne ich ab), 1 (neutral), 2 (o.k.), 3 (interessant). Begründung der Ablehnung oder des Interesses im Plenum.

Phase 4: Besprechung der Erfahrungen. Welche Darstellung kommt schlecht bei anderen an, was kommt gut an, was stößt ab, was ist interessant? Suche nach Objektivierung, Zusammenfassung der Ergebnisse und Überprüfung der Erfahrungen für das Alltagsleben (Klassengemeinschaft, Clique, Jugendgruppe).

Kennenlernspiel

Jahrgangsstufe: ab 7
Intention: Zunehmende Sicherheit gewinnen in Verhaltensweisen, die für die Partnersuche wichtig sind
Lothar und Margrit haben sich schon einige Male auf dem Schulhof (in der Disco, im Schwimmbad) gesehen, aber noch nie miteinander geredet. Beide finden den anderen interessant. Nun stehen beide zufällig hintereinander an einem Getränkestand an. Wer nun aktiv wird und wer von den beiden auf den anderen reagiert, soll dem Zufall überlassen bleiben.

Alle Eigenschaften der unten stehenden *Aktionsliste* werden auf je einen Zettel geschrieben und in einen „Aktionstopf" geworfen.

Mit den Eigenschaften der *Reaktionsliste* wird ebenso verfahren.

Die zwei Spieler losen, wer den aktiven Partner spielt.

Der daraufhin bestimmte aktive Spieler greift in den „Aktionstopf", zieht einen Zettel, der andere verfährt ebenso. Beide Spieler behalten ihre Anweisungen für sich.

Nun beginnt das Rollenspiel, wobei die Spieler selbst bestimmen, wann sie aufhören.

Auswertung: Wie haben sich die Spieler in den Rollen gefühlt? Was haben sie empfunden? Was ist ihnen schwer gefallen? Was haben die Zuschauer empfunden?

Alternative: Die Spieler losen nicht, sondern suchen sich selbst eine aktive Eigenschaft bzw. Reaktion aus.

Aktionen	Reaktionen
höflich	zurückhaltend
ehrlich	ängstlich
aggressiv	herausfordernd
schüchtern	ermutigend
gelangweilt	lustlos
selbstsicher	abweisend

Liebe ist...

Jahrgangsstufe: ab 9

Intention: Förderung der Kommunikationsfähigkeit

Material: Verschiedene Abbildungen, die Jugendliche in sexuell gefärbten Situationen zeigen, z. B. Junge und Mädchen küssen sich/umarmen sich/liegen auf der Couch; Kassettenrekorder mit einigen Musikstücken, die Jugendliche mögen (z. B. Schmusemusik, Diskomusik)

Der Lehrer gibt die nachfolgenden Satzanfänge vor, die die Schüler beenden sollen:

- Liebe ist ...
- Einen guten Freund (eine gute Freundin) erkenne ich daran, dass ...
- Gefühle sind ...
- Mädchen sind immer ...
- Jungen sind immer ...
- Wenn ich dieses Bild sehe, denke ich, dass ...
- Wenn ich diese Musik höre, ...

Auswertung: Verschiedene Beispiele werden vorgelesen und diskutiert.

„Das erste Mal"

Jahrgangsstufe: ab 10

Material: Brennende Kerze, 2 Gläser, Tisch, Tischtuch, 2 Stühle

Die Eltern sind am Wochenende verreist. Paul möchte gern die Gelegenheit ausnutzen und mit seiner Freundin Paula schlafen. Allerdings weiß er noch nicht genau, wie er es anstellen soll, sie zu verführen. Paula ihrerseits ist völlig überrascht, dass Pauls Eltern über das Wochenende verreist sind. (*Alternative:* Paula weiß, dass sie beide die Nacht über allein sind...)

Zwei Freiwillige sollen die Geschichte weiterspielen, wobei die Verwendung bzw. Nicht-Verwendung von Verhütungsmitteln auch thematisiert werden soll.

Auswertung: Die Zuschauer sollen entscheidende Strategien/Aussagen für den vermuteten Ausgang des Abends protokollieren, z. B.

- Welche Argumente verwenden Paul und Paula?
- Wie reagiert der Partner darauf?
- Warum willigt Paula ein bzw. willigt nicht ein, mit ihm zu schlafen?

- Welche Argumente verwenden sie für/gegen die Verwendung von Verhütungsmitteln?
- Welche Vorschläge kommen von den Zuschauern zu den verschiedenen Aspekten?

Eine Liebesgeschichte?

Jahrgangsstufe: ab 10

Die 15-jährige Sabine ist alleine zu Hause. Plötzlich klingelt es an der Tür. Als sie öffnet und ihren Freund Peter sieht, schlägt ihr Herz vor Aufregung bis zum Hals. Sie sind seit knapp vier Wochen befreundet. In ihrem Zimmer hören sie Musik und unterhalten sich über alles Mögliche. Als Peter seinen Arm um sie legt und sie küsst, läuft es ihr heiß und kalt den Rücken hinunter. Sie schmusen eine Weile, bis es Sabine immer deutlicher wird, dass Peter mehr von ihr will, dass er mit ihr schlafen möchte. Sabine sagt ihm, dass sie sich für diesen Schritt noch nicht reif fühlt. Peter schaut sie verständnislos an und sagt: „Du liebst mich nicht!"

Schreibt diese Geschichte weiter…

- *als Mädchen:* unter Berücksichtigung möglicher Argumente Sabines für ihre Entscheidung/für das Aufgeben ihrer Entscheidung
- *als Junge:* unter Berücksichtigung möglicher Argumente Sabines doch mit Peter zu schlafen

Auswertung: Verschiedene Texte werden vorgelesen und diskutiert.

Alternative: Die Geschichte wird als Rollenspiel weitergespielt.

Martin und Martina

Jahrgangsstufe: ab 9

Es war ein heißer und schwüler Sommertag, an dem ein junger Mann – nennen wir ihn Martin – die breite Straße zum Strand hinunterging und dabei zwei Mädchen – Martina und Susanne – beobachtete. Er ging auf der rechten Seite und die beiden Mädchen auf der linken. Als sie ihn eingeholt hatten, schaute er sie an. Er hatte krauses Haar, ein rundes Gesicht und himmelblaue Augen, eine kleine Stupsnase, einen athletischen Oberkörper und lange Beine. Er trug eine abgetragene blaue Badehose und ein dunkles Handtuch unter dem Arm.

Die beiden Mädchen suchten sich ein ruhiges Plätzchen unter einem schattenspendenden Baum. Auf seiner Schattenseite wuchsen einige Sträucher, so dass sie sich ungestört auf ihre Decke legen konnten, ohne vom Strand aus gesehen zu werden. Martin legte sich unmittelbar auf die andere Seite von dem Strauch. Kurz darauf ging er ins Wasser. Zuerst nur mit dem kleinen Zeh, dann ging er bis zum Knie ins Wasser und benetzte sich mit etwas Wasser. Dann fasste er Mut und sprang in die Fluten. Kaum war er einige Meter geschwommen, kam er wieder zurück und trocknete sich ab.

Die beiden Mädchen hatten sich die ganze Zeit über ihn unterhalten und lustig gemacht. Martina hatte die Cola noch gar nicht richtig runtergeschluckt, da stand er vor ihrer Decke. Er bat sie um einen Schluck Cola. Sein Gesicht war so rot wie eine Tomate. Sie schütteten sich erst einmal aus vor Lachen. Dann sagte Susanne: „Du kannst gern etwas Cola trinken, wir haben genug. Wie heißt du eigentlich?" Er sah die beiden hilflos an und stammelte: „ I.., ich, – ach so, ich heiße Martin! Darf ich mich jetzt setzen?" – „Aber bitte", sagten beide Mädchen gleichzeitig. Er setzte sich und fragte: „Und wie heißt ihr?" – „Wir heißen Martina und Susanne, wir sind Freundinnen!" Dann sahen sie zu, wie er gemächlich die Cola trank.

Plötzlich fragte ihn Martina, ob er ihr nicht den Verschluss der Kette öffnen könnte. Er aber begann erneut rot zu werden und stammelte nur: „Ja, warum eigentlich nicht?" „Ach hab dich nicht so! Susanne liegt mit ihrem Freund auch oft hier und wurde noch nie gesehen." „Freund", sagte Martin, „hast du auch einen, Martina?" „Nein, aber ich möchte gern einen haben, der nett zu mir ist und mir auch mal die Meinung sagen kann. Denn bisher hat es keiner lange bei mir ausgehalten!"

Man sah, dass sie feuchte Augen bekam, und Martin sagte: „Martina, vielleicht können wir beide es probieren! Wir kennen uns zwar erst eine viertel Stunde, aber vielleicht willst du gar nicht meine Freundin werden, wo ich dauernd gleich rot werde und überhaupt… Ich würde es versuchen, und du?" Susanne glaubte, jetzt überflüssig zu sein und sagte: „Ich werde jetzt zu Markus gehen, es ist sowieso Zeit. Tschüss und amüsiert euch gut, aber wehe, es kommen mir Klagen! Ich komme nachher mit Markus noch mal wieder."

„Tschüss", sagten die beiden, und Susanne verschwand hinter einer Düne. Martina ging jetzt aufs Ganze: „Na, was ist jetzt, soll ich mich strangulieren oder machst du mir endlich den Verschluss auf?" Martin zögerte noch einen Augenblick, aber dann ging er ran. Er setzte sich zu ihr und strich ihr das Haar von der Schulter zur Seite. Dann öffnete er den Verschluss ihrer Kette. Er konnte sich nun nicht mehr beherrschen und küsste sie auf ihre Schulter, über die nun wieder ihr seidenweiches Haar fiel. Martina war verblüfft und überrascht zugleich und fragte ihn: „ Du küsst aber nicht zum ersten Mal ein Mädchen, oder?" „Nein ich habe schon zwei Freundinnen vor dir gehabt, bloß weil ich immer gleich rot werde, haben die mich abgelehnt. Na ja, jetzt habe ich dich, oder?" „Du brauchst keine Angst zu haben, ich bin froh, dass ich dich gefunden habe!" Er sah sie mit einem Blick an, als wollte er sie auffressen. Dann bemerkte er etwas Peinliches: Seine Hose wurde mit einem Mal prall. Er nahm diskret sein Handtuch und legte es über seine Hose. Martina fragte: „Was hast du denn?" „Ach nichts", sagte er und wurde erneut rot. Dann raffte er sich zusammen und fragte: „Komm, wollen wir uns nicht hinlegen?" „Ja, warum eigentlich nicht." Sie legten sich nebeneinander auf die Decke, und er deckte das Handtuch wieder auf seine Hose. Sie lachte, weil er sie gekitzelt hatte. Dann streichelte er sie, was sie sehr schön fand. Sie kamen sich immer näher und umarmten sich schließlich. Dann küssten sie sich einige Minuten lang.

- Wie könnte die Geschichte weitergehen?
- Wenn du Martin bzw. Martina wärst, wie würdest *du* dich verhalten?
- Schreibt die Geschichte weiter bis zu der Stelle, wenn Susanne und Markus auftauchen.

Auswertung: Wer möchte vorlesen, wie die Geschichte weitergehen könnte?

Licht und Schatten

Jahrgangsstufe: ab 9

Liebe und Sexualität haben – wie alle anderen Bereiche auf dieser Welt – zwei Seiten. In der Regel wird im Unterricht stets nur die schöne und beglückende Seite zur Sprache gebracht. Im Unterricht sollte jedoch auch die schmerzliche und bedrohliche Seite angesprochen werden, die Jugendliche möglicherweise schon einmal bei ihren Eltern erlebt haben. Dabei sollte darauf verwiesen werden, dass sich jede Partnerschaft zumeist irgendwo zwischen den beiden Polen befindet, manchmal auf der positiven, ab und zu auch einmal auf der negativen Seite. Das Ziel dieser Übung besteht darin, aus diesem Bewusstsein heraus Strategien zu entwickeln, negative Tendenzen rechtzeitig zu erkennen und offensiv anzugehen und keine „Verdrängungspolitik" zu betreiben. Die Schüler sollen darüber hinaus erkennen, dass kein Mensch immer nur „in rosaroten Wolken schweben" und sein ganzes Leben verliebt sein kann. Diese Übung sollte in Einzel- oder Partnerarbeit erfolgen, die Ergebnisse werden abschließend diskutiert.

Arbeitsanleitung: Finde zu den aufgezählten Begriffen jeweils das Gegenteil:

Begriff	Umgangssprachliche Schülerantworten	Hochsprache
Harmonie	Zoff	Unstimmigkeit, Streitsucht
Nähe	Abstand	Distanz
Geborgenheit	Einsamkeit	Einsamkeit
Lust	Frust; Impotenz	Gleichgültigkeit
Mut	Feigheit	Angst
Zärtlichkeit	Sadomaso, Brutalität	Aggression, Gewalt
Sinnlichkeit	schnelle Nummer	Nüchternheit
Abwechselung	Eintönigkeit	Langeweile
Natürlichkeit	Machogetue, Affektiertheit	Scham
Wärme	Kälte	Gefühlskälte
Ja-Sagen	Nein-Sagen	Nein-Sagen
Zuversicht, Gewissheit	Zweifel	Zweifel
Vertrautheit	Misstrauen	Fremdheit
Sehnsucht	Hass	Eifersucht
Grenzöffnung	Abkapselung	Grenzschließung

AIDS geht uns alle an!

Jahrgangsstufe: ab 9

Material: Vorbereitete Karten/Abbildungen, auf denen folgende Begriffe stehen bzw. dargestellt sind: Kondom, Bluttransfusion, Geschlechtsverkehr, Pille, Spritze, Homosexualität, Prostitution, Zungenkuss, Zahnbürste, Erste Hilfe, Zahnfleischbluten, Alkohol, Toilettensitz, Mückenstich, HIV-Test, Treue, One-Night-Stand...

1. Die Schüler ziehen der Reihe nach eine Karte, verbunden mit der Aufgabe, eine Verbindung des jeweiligen Begriffes zu AIDS herzustellen, die der Klasse anschließend mitgeteilt wird.
2. Die übrigen Schüler haben das Recht, jeden Beitrag zu ergänzen.

Mit AIDS leben

Jahrgangsstufe: ab 9

Intention: Den Schülern soll bewusst werden, dass AIDS-Infizierte nicht ausgegrenzt, sondern in die Gemeinschaft integriert werden müssen.

Der folgende Text wird den Schülern vorgelesen. Das Gespräch mit Selina wurde am 14.2.2000 in der Tagesklinik für Kinder aufgezeichnet.

Sweet Seventeen
Mein Name ist Selina, ich bin 17 Jahre alt. Mein Geburtsort ist eine Kleinstadt im Schwarzwald, aber seit meinem dritten Lebensjahr lebe ich mit meiner Mutter in Berlin. Sie hat drei Kinder von drei verschiedenen Männern. Meine beiden Brüder blieben damals bei ihren jeweiligen Vätern im Schwarzwald, während meine Mutter mit mir und meinem Vater nach Berlin zog.
Schon nach einem halben Jahr verließ er uns wegen einer anderen Frau. Er besuchte mich anfangs wöchentlich, dann monatlich und dann nur noch sporadisch. Seit meinem 13. Lebensjahr habe ich ihn nicht mehr gesehen. Ich lebe heute nach wie vor bei meiner Mutter. Als ich zehn war, lernte sie ihren jetzigen Ehemann kennen. Seit der Zeit leben wir zu dritt.
Mit zehn Jahren musste ich mit einer schweren Lungenentzündung ins Krankenhaus. Ich wurde erstmals auf HIV getestet. Mein Testergebnis war positiv. Da meine Mutter auch HIV-infiziert ist, geht man davon aus, dass ich seit Geburt infiziert bin. Mein Stiefvater macht keinen Test. Ich weiß nicht, ob er auch betroffen ist. Wir nehmen es aber an.
Nach diesem ersten Krankenhausaufenthalt musste ich monatlich zu Infusionen ins Krankenhaus und täglich mehrfach Tabletten nehmen.
Mit ca. zwölf Jahren plante ich mit meiner Freundin eine dreiwöchige Ferienzeit bei ihr zu Hause in Berlin. Ihre Mutter war Medizinstudentin in der Kinderklinik, in der

ich behandelt worden war. Im Studentenunterricht wurde der Fall eines HIV-infizierten Mädchens mit dem Namen Selina vorgestellt. Sie erkannte mich. Ohne meine Mutter zu fragen, hatte sie ihre Tochter, meine Freundin, über meine Infektion aufgeklärt. Beim Frühstück des zweiten Ferientages begann meine Freundin plötzlich zu weinen und meinte, ich solle bitte nach Hause gehen. Ich war sehr durcheinander, ging zu meiner Mutter und fragte sie direkt, ob ich HIV-infiziert sei. Es war eine Ahnung von mir, die ich schon lange in mir trug, da ich von der Infektion meiner Mutter wusste. Einige Wochen zuvor hatte ich meiner Mutter dieselbe Frage schon einmal gestellt und sie hatte sie mit „Nein" beantwortet. Aber nun hatte sich etwas verändert. Sie antwortete: „Ja". Obwohl ich es geahnt hatte und nur die Bestätigung für meine Vermutung bekam, war ich total geschockt. Ich wollte nur sterben. Ich habe nicht mehr mit meiner Mutter gesprochen und habe aufgehört zu essen. Ich wusste von der Unheilbarkeit der Erkrankung, hatte viele Berichte im Fernsehen über AIDS gesehen, auch wie elend Menschen an AIDS sterben können. Monate vergingen. Mein Zustand verschlechterte sich rapide.

Ich hatte zu der Zeit eine Freundin im Haus, mit der ich dann darüber gesprochen habe. Sie war auch geschockt, hat mir aber neuen Lebensmut gemacht. Nach einem Jahr der Lebensverweigerung fasste ich wieder Mut. Inzwischen wog ich nur noch 24 Kilogramm bei einer Größe von 145 Zentimeter. Meine Medikamente hatte ich das letzte halbe Jahr versteckt oder in den Müll geworfen. Jetzt nahm ich sie wieder regelmäßig ein. Ich kam ins Krankenhaus, um zuzunehmen und meine Durchfälle behandeln zu lassen. Meine Ernährungsberaterin half mir, ich bekam eine Sonde für hochkalorische Spezialnahrung. Meine Freundin wollte mich besuchen. Erst habe ich abgelehnt wegen der Sonde, aber dann ließ ich sie doch zu mir. Sie machte mir Mut durchzuhalten. Alle hatten Angst, dass ich sterben würde. Mit der Sonde konnte ich bald nach Hause. Ich nahm jeden Monat zwei Kilogramm zu.

Sechs Monate später ging es mir schon viel besser. Oft war mir übel und als ich einmal brechen musste, rutschte die Sonde mit raus. Ich war inzwischen vierzehn Jahre alt geworden, und ich wollte keine neue Sonde haben. Ich habe es dann auch tatsächlich bis heute ohne künstliche Ernährung geschafft.

Heute bin ich 166 Zentimeter groß und wiege 55 Kilogramm. Ich sehe normal aus, genau wie andere siebzehnjährige Mädchen. Ich muss morgens und abends zwei Tabletten einnehmen und einmal im Monat zur Infusionsgabe und zum Inhalieren in die Tagesklinik. Das ist alles kein Problem mehr für mich. Oft begleitet mich meine Mutter zur Klinik, aber zunehmend gehe ich allein. Meine Mutter stellt mir meine Medikamente zu Hause hin und ich nehme sie ohne Zicken. Wenn sie keine Zeit hat, weiß ich auch alles selber zu nehmen. Meine Mutter hat mich in den ganzen Jahren immer gut unterstützt, obwohl wir uns früher oft wegen der Medikamenteneinnahme und wegen ihrer Freunde gestritten haben.

Ich gehe in Kreuzberg zur Oberschule. Mit vierzehn Jahren hatte ich einige Jungen und Mädchen von meiner HIV-Infektion erzählt. Anfangs dachten sie, ich wollte sie verarschen, aber dann haben sie mir geglaubt. Sie verhielten sich danach normal wie sonst auch. Eins von den Mädchen hat aber, ohne mich zu fragen, in der Schule zu viel über meine Krankheit und mich erzählt. Die, denen sie es erzählt hatte, kamen zu mir und fragten mich, ob es wahr sei, dass ich AIDS habe. Ich habe „Ja" gesagt und sofort das Mädchen angesprochen, die alles ausgeplaudert hat. Ich habe ihr gesagt, falls sie nochmals, ohne mich zu fragen, über meine Krankheit spricht, kriegt sie großen Ärger mit mir.

Dann bin ich zu meiner Klassenlehrerin gegangen und habe ihr meine Geschichte erzählt. Sie fand es sehr mutig von mir. Ich erzählte ihr von einem Video, in dem ich verdeckt über meine Krankheit berichte. Der Film war im Fernsehen gezeigt worden. Ich habe der Lehrerin den Vorschlag gemacht, den Film in der Klasse zu zeigen, aber vorher wollte ich den MitschülerInnen selber sagen, was ich habe. Die Lehrerin war begeistert davon, da wir das Thema AIDS ohnehin schon besprochen hatten und alle in der Klasse zwischen 15 und 16 Jahre alt waren und das Thema Sexualität und Kondomgebrauch sehr aktuell war. Ich war sehr aufgeregt. Meine MitschülerInnen waren mucksmäuschenstill und dann haben sie mich mit Fragen durchlöchert und danach waren sie wie immer.

Am letzten Schultag vor Weihnachten 1998 habe ich dann meiner Klasse und zwei Parallelklassen und den Lehrern, etwa 60 Personen, das Video gezeigt. Die Sozialarbeiterin aus der Klinik, Agnes Runde, hat mich begleitet und nach dem Film die Fragen beantwortet, die ich nicht beantworten konnte. Es war ein toller letzter Schultag. Als die Stunde beendet war, haben alle applaudiert. Ich war sehr erleichtert und sehr stolz auf mich, das geschafft zu haben. Nie hat mich jemand in der Schule danach schlecht behandelt oder diskriminiert. Im Gegenteil, sie sind eher gekommen und waren besonders nett zu mir.

Ich hatte schon mehr als fünf Freunde, alle wussten von der Infektion und hatten keine Probleme damit. Vier wussten es aus der Schule und einem habe ich es sofort gesagt. Einer meinte: „Ich habe mich ja in dich verliebt, und nicht in dein Blut". Ich benutze keine Pille, nehme aber Kondome. Es ist kein Problem für mich. Momentan bin ich solo, werde aber jedem neuen Freund sofort von meiner HIV-Infektion erzählen, weil sie zu mir gehört und ich diejenige sein will, die es ihm sagt. Er soll es nicht von anderen erfahren.

Mit meinen Freunden spreche ich selten über HIV, ich fühle mich normal wie andere auch ohne HIV. HIV ist keine Behinderung. Ich bin wie alle anderen. Ich kann alles tun, was die anderen auch machen. Im Gegenteil, im Sport bin ich oft besser als alle anderen. Meine Hobbys sind Tanzen, Musik hören, auf Partys gehen und mich mit Freunden treffen. Ich habe mehr Jungen als Freunde, weniger Mädchen. Das war schon von klein auf so. In Berlin fühle ich mich wohl. Vielleicht möchte ich mal in einem warmen Land am Meer leben.

Im August beende ich die 11. Klasse, hoffentlich mit einem Realschulabschluss. Ich möchte gerne Schneiderin werden und suche gerade eine Lehrstelle.

Ich möchte Kinder, aber nur mit einem Mann, mit dem ich mich supergut verstehe. Er soll nett sein, mich nicht schlagen, nicht so viel Fußball schauen und viel Zeit für mich haben. Von Familienreisen kenne ich einige HIV-infizierte Kinder, habe aber nicht viel mit ihnen am Hut. Bisher habe ich mit keinem HIV-infizierten Jugendlichen über HIV gesprochen.

Die Schüler erhalten folgende Fragen, mit denen sie sich selbst auseinander setzen sollen:

1. Wie beurteilst du das Verhalten
   - der Mutter der damaligen Freundin?
   - der damaligen Freundin?
   - der Mutter von Selina?
2. Wie hätten sich die drei im Interesse von Selina verhalten sollen?
3. Wo siehst du die Stärken von Selina?
4. Nimm Stellung zu dem Satz: „Ich habe mich ja in dich verliebt, und nicht in dein Blut"?
5. Welches Verhalten der Mitmenschen ist gegenüber AIDS-Infizierten angebracht?

Bau eines Liebeshauses

Jahrgangsstufe: ab 9

Intention: Auseinandersetzung mit eigenen und fremden Wertvorstellungen

Material: pro Teilnehmer etwa 6 bis 8 farbige Papierstreifen von ca. 15 cm Länge und ca. 2 bis 3 cm Breite; Klebstoff, eventuell Pappe als Unterlage

In Einzelarbeit soll zunächst jeder auf die Streifen Begriffe schreiben, die ihm für eine Partnerschaft wichtig sind, aber für jeden Streifen bitte nur einen Aspekt.

Wenn alle fertig sind, werden Gruppen von 4 bis 6 Teilnehmern gebildet, die sich in eine ruhige Ecke zurückziehen. Die Gruppe hat den Auftrag, mit ihren verschiedenfarbigen Papierstreifen ein Haus der Liebe bzw. der Freundschft zu bauen. Die Teilnehmer sollen allerdings zunächst diskutieren, an welche Stelle des Hauses die einzelnen Papierstreifen gehören. Dazu müssen diese erst gelesen und verglichen und überlegt werden, was alles zu einem Haus gehört, z. B. Fundament, Stützmauern, Haustür, Garten, Dach usw.

Auf einer Unterlage wird nun gemeinsam das Haus errichtet – entweder als Bild oder auch dreidimensional.

Wenn alle fertig sind, werden die Liebeshäuser dem Plenum vorgestellt, wobei die jeweilige Gewichtung oder der gewählte Baustil deutlich werden soll.

Alternative: Bau einer Brücke zum Thema Partnerschaft, Integration eines HIV-Infizierten

Literatur

BzgA (Hrsg.): Unterrichtsmaterial zum Thema AIDS für 9. und 10. Klassen. Köln 1989[2]

Etschenberg, K.: AIDS als Thema und Problem in der Schule, in: Unterricht Biologie, Jahresheft 8, 1990, S. 126-129

Koch, F. (Hrsg.): Sexualität und AIDS. Hamburg 1992

Mischnick, H./Roßbach, M.: Das Sexualverhalten Jugendlicher unter der Bedrohung von AIDS. Berlin 1992

Shenker, J.: Kindern AIDS erklären. Berlin 1991

Unterricht Biologie: Seuchen – AIDS. 14/1990, Heft 142

6 Verhütung

Trotz aller Aufklärung ist die Empfängnisregelung auch heute noch ein unbewältigtes Thema. Zweidrittel aller Frauen sind alleine dafür verantwortlich und nur 2 % aller Männer fühlen sich ihrerseits alleine zuständig. Das Gros der angewandten Verhütungsmittel schränkt die weibliche Fruchtbarkeit bzw. Empfängnisfähigkeit ein und endgültige Lösungen wie Sterilisation betreffen ebenfalls eher die Frauen. Das ist nicht nur im Hinblick auf gelebte Sexualität und Partnerschaft problematisch, sondern auch bezogen auf die konkrete Biologie der Fruchtbarkeit.

Während nur einmal im Monat vom Eierstock eine befruchtungsfähige Eizelle freigegeben wird, haben die Männer in jedem Samenerguss zwischen 300 und 600 Millionen Samenzellen. Dieser überschießenden männlichen Fruchtbarkeit, ist es zu verdanken, dass Frauen und Männer sich tagtäglich mit dem Thema Empfängnisregelung beschäftigen müssen, wenn zur Zeit eine Schwangerschaft nicht beabsichtigt ist.

Es ist nur allzu menschlich – und entspricht dem jugendlichen Temperament – zu denken, „dass es schon gut gehen wird" und dass Schwangerschaften nur eintreten, wenn man sie gebrauchen kann. Die Realität ist eine andere. Von daher ist es eine wichtige Aufgabe, Heranwachsenden aufzuzeigen, dass Geschlechtsverkehr und Fruchtbarkeit eng miteinander verknüpft sind, Fruchtbarkeit gemeinsam verantwortet werden muss und ausreichende Kenntnisse über die Wirkweise der verschiedenen Methoden der Empfängnisregelung notwendig sind.

Vor diesem Hintergrund sind Ziele dieses Kapitels:

- Verständnis für die Fortpflanzungsvorgänge zu erwerben;
- Verständnis für die Wirkweise der verschiedenen Methoden der Empfängnisregelung zu erwerben und ihre Zuverlässigkeit einschätzen zu können;
- ein gemeinsames Verantwortungsgefühl für diesen Bereich gelebter Partnerschaft zu entwickeln;
- sprechen zu lernen über Sexualität und Fruchtbarkeit;
- sich der eigenen Sichtweisen zum Thema Verhütung bewusst zu werden.

Niemand wird alleine schwanger

Jahrgangsstufe: ab 8
Intention: Verständnis erwerben bzw. vertiefen für die Fruchtbar-
keitsvorgänge, sprechen lernen über Aspekte von Fruchtbarkeit

In Form eines Brainstormings sammelt der Lehrer zum Begriff „Fruchtbarkeit" alle Schülernennungen und schreibt sie geordnet an die Tafel (mögliche Ordnungskriterien: männliche Fruchtbarkeit, weibliche Fruchtbarkeit,
Fruchtbarkeit allgemein usw.).

Beispiele: Mögliche Aspekte von Fruchtbarkeit
a) übertragen: kreativ sein, Frucht bringen, fruchtbarer Boden, fruchtbare
   Gespräche.
b) konkret bei Menschen: zeugen können, schwanger sein, Kinder haben,
   empfangen, gebären, verhüten usw.

Unter Verwendung der gesammelten Begriffe werden die biologischen
Grundlagen der Fruchtbarkeit geklärt:

„Voraussetzung für eine Schwangerschaft ist, dass Ei- und Samenzelle zu-
sammenkommen und miteinander verschmelzen. Während die Eizelle von
Beginn der Pubertät an bis etwa zum Erreichen des 50. Lebensjahres einmal
im Zyklus vom Eierstock freigegeben wird, werden beim Mann ab der Pubertät rund um die Uhr pausenlos Samenzelle im Keimgewebe des Hodens
gebildet. Bei jedem Samenerguss gelangen zwischen 300 und 600 Millionen
Samenzellen durch den Samenleiter und die Harnröhre nach draußen und
suchen ihren Weg zur Eizelle.

Normalerweise ist an den Tagen, an denen der Eisprung noch nicht an-
steht, die Gebärmutter der Frau nach außen hin durch einen zähen Zervix-
Schleimpfropfen verschlossen. Je näher der Eisprung rückt, umso mehr ver-
flüssigt sich dieser Schleimpfropf und lässt die Samenzellen aus der Scheide
in die Gebärmutter einwandern.

Unter normalen Bedingungen ist die Scheide sehr unwirtlich und die Samenzellen sterben nach dem Verkehr sehr rasch im sauren Scheidenmilieu
ab. Durch den Zervixschleim gelangen sie in die Gebärmutter und wandern
die Eileiter aufwärts auf der Suche nach der Eizelle.

Wenn es zum Eisprung kommt und eine Samenzelle die Eizelle befruchtet,
dauert es noch einige Tage, bis sich die befruchtete Eizelle vom Ort ihrer Befruchtung (in der Regel im äußersten Drittel des Eileiters) bis zur Gebärmutter bewegt hat, wo sie sich dann einnistet.

Die Fruchtbarkeit unterliegt der hormonellen Steuerung. Bei der Frau sind die Hormone Östrogene und Gestagene (Hormone des Eierstocks) sowie LH und FSH (Hormone der Hirnanhangsdrüse) beteiligt.

Dem LH kommt eine wichtige Aufgabe bei der Auslösung des Eisprungs im Eierstock der Frau zu. Ohne diesen Hormonimpuls findet kein Eisprung statt.

Für die Empfängnisregelung ist es deshalb wichtig, sich zu merken, dass der Hormonhaushalt entscheidend beteiligt ist und dass ohne Zervixschleim die Samenzellen nicht zur Eizelle gelangen können.

Viele der empfängnisregelnden Methoden greifen deshalb in dieses System des hormonellen Regelkreises ein, beeinflussen das Schleimsekret oder verhindern, dass bei geöffneter Gebärmutter die Samenzellen durch das Schleimsekret ihren Weg von der Scheide in die Gebärmutter finden können."

Diese Erläuterungen sollten durch Dias, Overhead-Folien, Fotos usw. unterstützt werden.

Abschließend fordert der Lehrer die Schüler auf, sich ausgehend von den biologischen Grundlagen der Fortpflanzung zu überlegen, wie eine optimale Methode zur Empfängnisregelung aussehen müsste; sie soll die Fruchtbarkeit von Mann und Frau so beeinflussen, dass keine unbeabsichtigte Schwangerschaft entsteht und gleichzeitig die Fruchtbarkeit nicht endgültig zerstören. Der Vorschlag soll als Bild, Text oder Bausatz dargestellt werden.

Das optimale Verhütungsmittel

Jahrgangsstufe: ab 9

Intention: Verständnis erwerben für die unterschiedliche Wirkweise der empfängnisregelnden Methoden und Aufstellen eines Kriterienkataloges für die persönliche Wahl einer Methode

Zu Beginn weist der Lehrer darauf hin, dass eine Prämierung des originellsten und intelligentesten Mittels nur möglich ist, wenn die Schüler Kriterien haben, nach denen sie die empfängnisregelnde Methode beurteilen. Er lässt deshalb zunächst einen Katalog von Kriterien erarbeiten.

Mögliche Aspekte sind:

- Anwenderabhängige Methoden (Pille, Kondom, Diaphragma) und anwenderunabhängige Methoden (Spirale, Sterilisation, 3-Monats-Spritze, Implantate).

- Anwendung durch den Mann (Kondom, Sterilisation, Koitus interruptus) oder die Frau (Pille, Spirale, Diaphragma, Implantat, Sterilisation, natürliche Methoden).
- Sicherheit und Zuverlässigkeit (Unterscheidung nach hochsicher, sicher, weniger sicher und unsicher).
- Kosten (sehr teuer, teuer, weniger teuer, preiswert)
- Religiöser Aspekt (akzeptabel, nicht akzeptabel)
- Partnerschaftlicher Aspekt (partnerschaftlich: natürliche Methoden, Kondome; nicht partnerschaftlich: Pille, Spirale, Sterilisation)

Die Schüler erstellen eine Tabelle (s. S. 130), in die sie die ihnen wichtigen Aspekte eintragen. Eine mündliche Beurteilung ist ebenfalls denkbar.

Dann stellen die einzelnen Schüler ihre Methoden vor. Der Lehrer moderiert die Präsentation und fragt im Anschluss jeweils nach den Beurteilungskriterien, ob das Produkt möglicherweise schon erhältlich ist und welche Erfolgschancen solch ein Produkt in Zukunft haben könnte.

Nach Vorstellung aller Ergebnisse leitet er über zu den derzeit üblichen Methoden, die im Handel erhältlich sind bzw. ergänzt die vorgestellten Methoden.

Ich kenne mich aus

Jahrgangsstufe: ab 9

Intentionen: Vertiefung des Wissens über Verhütungsmethoden, sprechen lernen über Empfängnisregelung

Material: bei der Bundeszentrale für gesundheitliche Aufklärung, bei Pro Familia oder der Arbeitsgruppe NFP bestellen

Der Lehrer erläutert den Schülern, dass sie Gelegenheit haben werden, ein Verhütungsmittel – eine Familienplanungsmethode –, die sie besonders interessiert, die sie besonders spannend finden, vorzustellen. Er erläutert eine vorbereitete Liste, die die gängigsten Mittel enthält (Pille, Spirale, Kondom, Diaphragma, Portiokappe, weibliches Kondom, männliches Kondom, Sterilisation männlich/weiblich, natürliche Methoden (NFP), neue Technologien) und fragt, wer gerne zu welchem Themenbereich arbeiten möchte. Für alle Schüler hat der Lehrer bereits bei der Bundeszentrale für gesundheitliche Aufklärung oder anderen Organisationen Material erbeten, das er an die Schüler weitergibt (ggf. auch die entsprechenden Verhütungsmittel). Alle Schüler bereiten nun in Gruppen ihre Präsentation vor.

Verhütungsmethode	Sicher/zuverlässig	Männliche Methode	Weibliche Methode	Teuer ja	nein	Infektions-schutz	Wirkungs-weise	Anwendungs-abhängig ja	nein	Partner-schaftlich
Hormone										
Pille				☐	☐			☐	☐	
Dreimonats-spritze				☐	☐			☐	☐	
Spirale										
Kupfer-Spirale				☐	☐			☐	☐	
Hormon-Spirale				☐	☐			☐	☐	
Barriere										
Kondom				☐	☐			☐	☐	
Frauen-kondom				☐	☐			☐	☐	
Diaphragma				☐	☐			☐	☐	

Vorschlag für eine Tabelle

Der Lehrer bittet sie, neben der Beschreibung der Wirkweise auch Vor- und Nachteile aufzuführen, die richtige Handhabung, die Fehlerquellen, die Sicherheit und welche weiteren Bewertungskriterien sich anbieten.

Bei der Präsentation der einzelnen Ergebnisse wird Wert darauf gelegt, dass jede Schülergruppe erst ihr Mittel bzw. ihre Methode vorstellt, ehe die anderen Schüler sachliche Nachfragen stellen. Abschließend wird jeweils eine Bewertung des entsprechenden Verhütungsmittels vorgenommen und zwar zunächst nach den Kriterien, die die Gruppe erarbeitet hat. Die Mitschüler ergänzen und diskutieren nach ihren Vorstellungen.

Pille, Präser und Co.

Jahrgangsstufe: ab 7

Material: Verhütungsmittelkoffer, der für eine geringe Gebühr in einer Pro Familia-Beratungsstelle ausgeliehen oder auch selbst zusammengestellt werden kann.

Auch wenn die Schüler die unterschiedlichen Verhütungsmethoden schon kennen, erleben sie die Präsentation mit Hilfe des Verhütungskoffers als Auffrischung ihres Wissens. Da die psychosexuelle Entwicklung und die sexuelle Kontaktaufnahme bei den Schülern sehr unterschiedlich verläuft, ist es ratsam, die Präsentation von Verhütungsmitteln von Zeit zu Zeit zu wiederholen und über unterschiedliche Wertvorstellungen und den geschlechtsspezifischen Umgang mit Verhütungsmitteln zu sprechen.

Phase 1: Die Schüler sitzen in einem Stuhlkreis und werden gefragt, welche Verhütungsmittel sie kennen und/oder interessant finden. Diese werden dann nach Wunsch oder nach und nach vorgestellt.

Phase 2: Die Verhütungsmittel werden dabei aus dem Koffer genommen und in die Runde gegeben. Die SchülerInnen haben die Möglichkeit, die Verhütungsmittel anzufassen, zu beschnuppern und ihre Anwendung am Modell auszuprobieren (z. B. Überstreifen des Kondoms, Einführen eines Diaphragmas in ein Modell). Es können Fragen gestellt und erläutert werden.

Alternative: Die Schüler arbeiten in Gruppen. Jede Gruppe erhält ein Verhütungsmittel und eine dazugehörige Broschüre. Das entsprechende Verhütungsmittel wird besprochen, Vor- und Nachteile diskutiert und diese dann im Plenum vorgestellt.

Vernissage

Jahrgangsstufe: ab 9

Intentionen: Wissen über die Wirkungsweise, Sicherheit und weitere Aspekte von empfängnisregelnden Methoden vertiefen, Sprechen über Familienplanung und gelebte Sexualität.

Material: Abbildungen, Fotos usw. von Verhütungsmitteln, Anschauungsobjekte, Abbildungen, auf denen die Wirkweise der einzelnen Mittel erklärt ist, Quiz, Fragebögen, Preise für die Tombola und das Quiz, Stellwände o. Ä., Tesakrepp

Die Schüler bereiten gemeinsam mit ihrem Lehrer und interessierten Eltern für die Schule eine Ausstellung über die gängigen Verhütungsmittel und Methoden vor. Sie überlegen, wie diese Ausstellung aussehen sollte (Anschauungsobjekte, Fotos, erläuternde Bildtafeln, Grafiken, usw.), ob ein Wegweiser (Heft über die Methoden) durch die Ausstellung erstellt werden soll, wer ein kompetenter Ansprechpartner für die unterschiedlichen Verhütungsmittel ist und wie durch Fragebogen, Quiz, Tombola oder Ähnliches mehr die Besucher motiviert werden können, sich noch intensiver über empfängnisregelnde Methoden, ihre korrekte Anwendung und die partnerschaftlichen Aspekte zu informieren und ins Gespräch zu kommen.

Die Ausstellung wird in allen Klassen und auch den Eltern bekannt gegeben (möglichst sollte sie auch an einem Nachmittag oder Abend geöffnet sein, damit die Eltern Gelegenheit haben, mit den Schülern gemeinsam sich über die Angebote zu informieren).

Ggf. wird an einem der Ausstellungstage ein Gynäkologe, eine Schwangerschaftsberaterin, ein Pro Familia-Vertreter oder eine Hebamme eingeladen, Vorträge zu halten oder für Fragen der Schüler zur Verfügung zu stehen.

Damit sich die Kosten für die Ausstellung in Grenzen halten, können die Schüler die einzelnen Firmen anschreiben und um Fotos, Informationsbroschüren und evtl. Ansichtsexemplare bitten. Des Weiteren können sie örtliche Beratungsstellen, gynäkologische Praxen, Krankenhäuser oder Firmen bitten, diese Ausstellung finanziell oder materiell zu unterstützen.

Damit die Ausstellung reibungslos abläuft, werden einzelne Komitees gebildet, die sich aus Schülern und ggf. Eltern zusammensetzen und spezifische Aufgaben wahrnehmen, z. B. Ansprechen von möglichen Kooperationspartnern, Einladen von Experten, Besorgen der Anschauungsobjekte, Aufbau der Ausstellung usw.

Für ein Feedback kann ein Fragebogen mit einigen wenigen Fragen erarbeitet werden (z. B. Wie gefällt Ihnen die Ausstellung? Worüber hätten Sie gerne mehr gewusst? Gibt es Verhütungsmittel, die hier nicht genannt sind, die man Ihrer Meinung nach hätte vorstellen müssen? usw.). Oder aber einige Schüler aus der Klasse interviewen Erwachsene und Schüler (mit Mikrofon und Kassettenrekorder) und werten hinterher gemeinsam mit den veranstaltenden Schülern die Befragung aus.

Nach erfolgreicher Ausstellung gibt es für alle beteiligten Akteure einen gemeinsamen Abschluss (mit Eis, Frühstück o. Ä.), bei dem Gelegenheit zu einem Meinungsaustausch besteht: was ihnen die Ausstellung und die Arbeit daran bedeutet hat, was die Höhepunkte der Ausstellung waren und was man beim nächsten Mal ergänzen und vielleicht sogar besser machen könnte.

Pinnchen ziehen

Jahrgangsstufe: ab 9

Intention: Wissen über Familienplanungsmethoden erwerben bzw. vertiefen und sprechen über die Anwendung von Methoden

Material: Stoffsack oder Kiste mit Deckel, verschiedene Verhütungsmittel und evtl. Hygieneartikel, z. B. Kondome, Zyklusblätter, Temperaturkurven, Pillenpackungen, Scheidenzäpfchen, Frauenthermometer, Informationsbroschüren über Sterilisation, Diaphragma usw.

Der Lehrer hat eine Kiste oder einen Sack mit unterschiedlichen Dingen vorbereitet, die mit Empfängnisregelung in Verbindung stehen bzw. die Verhütungsmittel darstellen. Jeder Schüler darf einmal blind hineingreifen und etwas herausholen. Er wird aufgefordert zu erläutern, was er gezogen hat (z. B. ein Kondom oder eine Basaltemperaturkurve). Der Schüler erklärt, was er seiner Meinung nach in der Hand hat, wozu das gut ist, wie man es anwenden muss, wo die Probleme und Risiken liegen, ob es sicher, partnerschaftlich usw. ist. Nach der Erklärung dürfen die anderen Mitschüler ergänzen. Der Lehrer fasst zusammen, ergänzt, verbessert oder korrigiert.

Alternative: Der Lehrer erläutert, dass sich in dem Behältnis Verhütungsmittel befinden, die den meisten bekannt sind. Jeder hat Gelegenheit eins zu ziehen. Zuvor soll jedoch jeder sagen, was für ihn wichtig ist, wenn es um eine Familienplanung geht: Ob sie sicher sein sollte, zuverlässig, einfach in der

Anwendung, Infektionsschutz bieten soll, ob sie natürlich sein soll, partnerschaftlich usw. Dann zieht er das Mittel und erläutert, ob dieses Mittel seinen eigenen Kriterien genügt. Die Mitschüler ergänzen bzw. stellen Fragen an den Lehrer.

Wir laden Experten ein

Jahrgangsstufe: ab 9

Intentionen: Über die verschiedenen Aspekte von Empfängnisregelung miteinander ins Gespräch kommen, das eigene Wissen erweitern, vertiefen und einüben, mit Experten zu sprechen

Material: Papier und Stifte

Die Schüler erfahren, dass in der nächsten Unterrichtsstunde ein Gynäkologe, eine Schwangerschaftsberaterin, ein Vertreter von Pro Familia, eine Hebamme oder andere in diesem Bereich professionell tätige Person die Klasse besuchen und für Fragen zur Verfügung stehen werden.

Die Schüler erhalten einige Tage vor der Unterrichtsstunde Gelegenheit, zur Vorbereitung der Experten ihre Fragen schriftlich zu formulieren.

Alle Schüler werden darauf hingewiesen, dass sie selbstverständlich in der Zeit bis zur nächsten Unterrichtsstunde noch die Gelegenheit nutzen können, weitere Fragen aufzuschreiben, so dass letztlich niemand Angst haben muss, dass er seine ultimative Frage vielleicht verpasst hat.

Verhüterli oder Verhütung ist Männersache!?

Jahrgangsstufe: ab 9

Material: In einem Behälter liegen Zettel mit unterschiedlichen Gründen, warum Jugendliche beim (ersten) Geschlechtsverkehr keine Verhütungsmittel verwenden.

Zwei Freiwillige (Junge und Mädchen) stellen sich für ein szenisches Spiel zur Verfügung. Zwei Sessel (Stühle) und ein Tisch dienen als Kulisse.

Ein Zettel wird gezogen. Die beiden Spieler sprechen sich kurz ab, wie sie das Spiel nach der Vorgabe des Zettels gestalten wollen. Die Zuschauer sollen die gespielte Verhaltensweise herausbekommen.

Auswertung: Haben die Darsteller ihre Rolle überzeugend gespielt? Wie kann man das Risiko eines ungeschützten Geschlechtsverkehrs vermeiden? Wer kann eine solche Verhaltensweise szenisch darstellen?

Gründe für den Verzicht

- Eigentlich wollten beide noch gar nicht mit einanderschlafen.
- Sie hatten nicht daran gedacht, Verhütungsmittel zu besorgen (Planungsfehler).
- Sie hatten keine Gelegenheit, Verhütungsmittel zu besorgen bzw. wussten nicht, wo sie beschaffen können.
- Jungen meinen häufiger, es sei die Aufgabe der Freundin, sich um Verhütung zu kümmern.
- Das Mädchen traut sich nicht, in der entscheidenden Situation zu sagen, dass kein Schutz besteht.
- Beide verzichten bewusst auf Verhütungsmittel, da sie glauben, dass die verliebte Stimmung sonst gestört wird.
- Die sich bietende Gelegenheit (Eltern sind übers Wochenende verreist) wird spontan ausgenutzt, so sind beide total überrascht.
- Enthemmende Wirkung des Alkohols; so wird nicht an Verhütung gedacht.

Als „es" passierte

Jahrgangsstufe: ab 9

Die Schüler sollen in Einzelarbeit den folgenden Text lesen und bearbeiten:

1. Was gefällt dir am Verhalten von Jochen und Eva?
2. Warum haben die beiden wohl nicht an Verhütung gedacht?
3. Warum nahm Eva an, Jochen würde aufpassen?
4. Wie hätten die beiden den ganzen Stress vermeiden können?

Das „erste Mal"

Ich bin die Eva und möchte euch etwas aus meinem Tagebuch zu lesen geben, das ich eigentlich für mich behalten wollte. Aber jetzt, da alles aus ist mit Jochen, ist mir das auch egal!

Also ich war mit Jochen schon ziemlich lange befreundet, als „es" passierte: „Gestern am Freitag vor dem 3. Advent bin ich zu ihm gegangen. Jochen erzählte mir, dass seine Eltern für drei Tage verreist sind. Ich war schon vorher ganz schön aufgeregt, wusste nicht, was ich anziehen sollte, aber nun, da ich hörte, dass wir

ganz allein in der Wohnung sind, schlug mir mein Herz bis zum Hals. Als ich ihm so gegenüberstand, wusste ich einfach nicht, was ich machen sollte. Das ist mir noch nie passiert. Irgendwie war Jochen auch anders als sonst. So verlegen. Er hat dann eine CD aufgelegt, gerade die, auf die ich momentan so abfahre. Dann wollte er mit mir tanzen. Das war mir irgendwie peinlich. So habe ich mich einfach auf den Boden gesetzt und fing an, fürchterlich zu lachen. Warum weiß ich auch nicht. Jochen hat dann auch angefangen. Wie, weiß ich nicht mehr, aber auf einmal haben wir uns auf dem Boden gewälzt und ganz lange geschmust. Dann hat er gesagt, komm zieh dich aus, aber ich war ja sowieso schon fast ausgezogen und er hat mich die ganze Zeit über gestreichelt. Dann ging alles wie von selbst, dabei hatte ich vorher solche Angst gehabt. Er war auch plötzlich nackt. Ich habe gar nicht gemerkt, wie er sich ausgezogen hat. Ich glaub, ich hab die Augen zugemacht. Ich hab mich auch zuerst gar nicht getraut, ihn anzusehen. Er findet mich toll, hat er gesagt. Da hab ich ihn auch angesehen. Auch wenn alle sagen, der wär viel zu dünn und hätte O-Beine, na und, mir gefällt er eben! Erst hab ich mich nicht getraut, aber als er mich zwischen den Beinen angefasst hat und meine Muschi gestreichelt hat, habe ich auch seinen Pimmel angefasst. Fand das ganz toll. Aber als er sich dann auf mich drauf gelegt hat, hat er so laut gestöhnt, da hab ich mich erschrocken. Ich war plötzlich ganz nass zwischen den Beinen. Da hab ich wieder Angst gehabt und auch gedacht, der hat irgendwas. Und irgendwie hat er gar nicht mehr auf mich gehört, als ich ihn gefragt habe. Da hab ich ihn einfach runtergeschmissen und mich hingesetzt. Der Jochen ist liegen geblieben. Ich wollte nicht, dass er sauer ist. Aber ich konnte einfach nichts machen.
Er hat dann gefragt, haste Schiss? Da bin ich ganz rot geworden und hab mit den Schultern gezuckt. Ich konnte einfach nichts sagen. Am liebsten hätte ich geheult. Ich hab auch gedacht, jetzt ist alles aus. Ich wusste überhaupt nicht mehr, wieso ich das alles angefangen hatte. Dann hab ich meinen Slip geschnappt und angezogen. Aber wie der mich angeschaut hat, hab ich plötzlich gemerkt, der hat ja selber Schiss. Und da musste ich grinsen. Er auch. Plötzlich haben wir dann gekichert und dann konnte ich auch wieder reden. Wir haben Stunden um Stunden gequatscht und gequatscht und uns dabei gestreichelt. Ich hatte keine Angst mehr. Ich hab ihn dann auf mich drauf gezogen. Ich hatte einfach Lust, das zu spüren. Ich hab den Pimmel angefasst und ihn einfach reingesteckt. Alles war ganz glitschig. Ob das bei allen so ist? Wie der Jochen sich dann bewegt hat, hats schon ein bisschen wehgetan. Aber an einer Stelle, ganz weit oben – ich weiß nicht genau, da wars ganz toll. Das wollte ich immer wieder haben, ich hab richtig gezittert.
Später, am nächsten Tag hat mir Petra vielleicht einen Schrecken eingejagt. Ich hab überhaupt nicht mehr daran gedacht, dass was passieren könnte. Ich hatte eigentlich auch gedacht, der Jochen passt auf. Hat er aber nicht. Ich auch nicht. Das war auch alles so schnell und eigentlich auch nicht geplant, und so. Hoffentlich ist nichts passiert. Das mach ich nicht noch mal. Ein Kind, um Himmels willen, meine Eltern, die Schule und die anderen alle. Aber was ich genau mache, weiß ich auch noch nicht."

Auswertung: Wichtig ist, dass Fragen zum Text gestellt werden können. In der Aussprache sollten Argumentationshilfen zur Sprache kommen, wie eine Verhütung erreicht werden könnte.

Die Leibesfrucht spricht

Jahrgangsstufe: ab 10

Für mich sorgen sie alle: Kirche, Staat, Ärzte und Richter. Ich soll wachsen und gedeihen. Ich soll neun Monate schlummern. Ich soll es mir gut sein lassen. Sie wünschen mir alles Gute! Behüten mich. Sie wachen über mich. Gnade Gott, wenn meine Eltern mir etwas antun; dann sind sie alle da.

Wer mich anrührt, wird bestraft; meine Mutter fliegt ins Gefängnis, mein Vater hintennach. Der Arzt, der es getan hat, muss aufhören, Arzt zu sein. Die Hebamme, die geholfen hat, wird eingesperrt.

Ich bin eine kostbare Sache. Für mich sorgen sie alle: Kirche, Staat, Ärzte und Richter, neun Monate lang.

Wenn aber diese neun Monate vorbei sind, dann muss ich sehen, wie ich weiterkomme.

Die Tuberkulose? Kein Arzt hilft mir. Nichts zu essen? Keine Milch? Kein Staat hilft mir. Qual und Seelennot? Die Kirche tröstet mich, aber davon werde ich nicht satt!

Fünfzig Lebensjahre wird sich niemand um mich kümmern. Niemand! Da muss ich mir selbst helfen.

Neun Monate bringen sie sich um, wenn mich dann einer umbringen will.

Sagt selbst:

Ist das nicht eine merkwürdige Fürsorge?

(KURT TUCHOLSKY, Gesammelte Werke. Copyright © 1960 bei Rowohlt Verlag GmbH, Reinbek b. Hamburg)

1. Die Schüler sitzen in Kleingruppen zusammen und lesen den Text.

2. Anschließend sollen sie zu diesen Statements Stellung nehmen.

3. Übertragt diese Feststellungen auf die Gegenwart, vor allem auf die Argumente für und wider die Abtreibungsdiskussion.

4. Ein Protokollant schreibt die Ergebnisse der Gruppenarbeit mit.

Auswertung: Die Gruppenergebnisse werden vorgetragen, die wichtigsten Argumente an der Tafel festgehalten und dienen als Grundlage für die nachfolgende Diskussion „Für und wider Abtreibung".

Literatur

ARBEITSGRUPPE NFP beim Malteser Hilfsdienst; Natürlich und sicher. Ein Leitfaden

BZGA (HRSG.): Sexualität und Kontrazeption aus der Sicht der Jugendlichen und ihrer Eltern. Köln 1995

BZGA (HRSG.): Über den Umgang mit Liebe. Köln 1991

BZGA (HRSG.): Kontrazeption, Konzeption, Kinder oder keine. Köln 1996

CZERWINSKI, C./SOTTONG, U.: Kinder kriegt man nur zusammen – keine auch ... München 2001

JUNG-HOFFMANN, C./KUHL, H.: Kontrazeption. Stuttgart 1999

7 Sexualität und Sprache

Sexuelle Handlungen, sexuelle Wünsche finden weitgehend in „Sprachlosigkeit" statt, meist fehlen die Worte oder es sind die falschen Worte. Vielen Menschen ist es unangenehm über die eigene oder fremde Sexualität zu reden. Umso wichtiger ist die Thematisierung von Sexualität und Sprache in der Schule. Allerdings gibt es hierfür kein Patentrezept.

Über Sexualität wird leise und schüchtern, aber auch medizinisch, technisch, vulgär, gemein, abstoßend, geil, distanziert, unbeteiligt, emotionslos, gefühlvoll, einfühlsam, belehrend, ernst, lustig, kindlich, neugierig gesprochen.

BORNEMANN (1974) stellte in seinen Untersuchungen fest, dass die sexuelle Ausdrucksweise der Deutschen stärker „anal" orientiert ist als die irgendeines unserer Nachbarn.

Allgemein werden drei Sprachebenen unterschieden:
- Die Hochsprache ist „neutral", z. B. Geschlechtsverkehr
- Die Umgangs- oder Vulgärsprache ist direkt, für viele auch verletzend, z. B. ficken
- die Medizinsprache ist distanziert, z. B. Coitus

Tabuisierung und Vieldeutigkeit erschweren Kindern und Jugendlichen bisweilen die sprachliche Aneignung des Themas Sexualität. Für das eigene Selbstverständnis, den Umgang mit anderen und im Hinblick auf die Fähigkeit, im eigenen wie im partnerschaftlichen Sinne gesundheitsförderlich handeln zu können, erscheint es notwendig
- sexualitätsbezogene Begriffe zu klären und
- situationsangemessene Sprachformen zu unterscheiden.

Schüler haben Gespräche über Sexualität unter Umständen in ganz unterschiedlichen Sprachformen erfahren. Die Verwendung ihrer Sprachformen sollte nicht vorschnell mit einem Werturteil belegt werden. Ebenfalls sollte die Tatsache nicht ignoriert werden, dass Wörter in uns allen bestimmte Assoziationen auslösen, und dies ganz besonders im Bereich der Sexualität. Wörter, die wir hören oder benutzen, beeinflussen unsere Haltungen und Gefühle in ganz erheblichem Maße. Die von der Sprache ausgehende Macht sollte daher nicht unterschätzt werden.

Im Unterricht kann einleitend ein Gespräch über folgende Fragen sinnvoll sein:

- In welchen Situationen wird die sexuelle Umgangssprache verwendet?
- Welche Funktion hat die Sprache beim Sexualverhalten?
- Wie weit sollten Hemmungen im Ausdrücken sexueller Sachverhalte abgebaut werden?

Ausgesprochen unaussprechlich

Jahrgangsstufe: ab 5

Intention: Bewusst werden, dass es vielen Menschen peinlich ist, offen über sexuelle Themen zu reden und nach Strategien suchen, wie dies abgestellt werden kann.

Die Karikatur macht deutlich, dass es dem Vater sehr peinlich ist, über die Menstruation zu reden. Da das Bild zugleich amüsiert und eine gelöste Stimmung schafft, fällt es den Schülern leichter, über das normalerweise „Unaussprechliche" zu reden.

1. Auf welches Problem will die Karikatur aufmerksam machen?
2. Wie sollte der Vater reagieren?
3. Welche Erfahrungen haben die Mädchen mit dem Thema Menstruation?

Auswertung: wie kann man es lernen, offener über sexuelle Themen zu reden?

Schweinchen Dick

Jahrgangsstufe: ab 5

Intention: Bewusst werden, dass es für viele sexuelle Bereiche unterschiedliche Ausdrücke gibt, wodurch es leicht zu Missverständnissen kommen kann.

Die Karikatur macht das sprachliche Missverständnis zwischen dem Vater und seinen Kindern deutlich: Die Kinder wollen im Fernsehen „Schweinchen Dick" sehen, der Vater hingegen meint, sie wollen seinen Penis ansehen. Dieses Missverständnis soll in der Diskussion herausgearbeitet werden.

1. Wodurch entsteht das Missverständnis zwischen dem Vater und seinen beiden Kindern? (Antwort: Der Vater benutzt andere – meist offizielle – Wörter für den Penis als seine Kinder und meint nun, dass die Kinder ihre eigenen, meist direkten und anschaulichen, oft auch witzigen Wörter benutzen.)
2. Wie kann man solche Missverständnisse vermeiden?
3. Welche Missverständnisse habt ihr im (sexuellen) Bereich selbst schon erlebt?

Wie ich über Sex rede

Jahrgangsstufe: ab 5
Auf einem Arbeitsbogen soll jeder Schüler über seine eigene Sprachebene reflektieren.

Welche sexuellen Begriffe über den Geschlechtsverkehr und über die Geschlechtsorgane …

- verwende ich selbst?
- kenne ich darüber hinaus?
- würde ich nicht verwenden?

Auswertung: Es werden unterschiedliche Beiträge vorgelesen. Die drei Sprachebenen werden benannt und ihre gefühlsmäßige Wirkung beschrieben.

Dichtung und Wahrheit

Jahrgangsstufe: ab 5
Die Schüler sollen ein kleines Gedicht zum Thema „Liebe" (oder „mein Freund/meine Freundin", „Partnerschaft" usw.) erfinden. Die Gedichtsform nennt sich „Elfchen", da das Gedicht nur aus elf Wörtern bestehen darf, und zwar

- in der 1. Zeile nur ein Wort, z. B. Liebe
- in der 2. Zeile zwei Wörter
- in der dritten Zeile drei Wörter
- in der vierten Zeile vier Wörter
- in der fünften Zeile wieder nur ein Wort

Es werden verschiedene Beispiele vorgelesen, die Gedichte werden in der Klasse aufgehängt.

Wörter und Symbole

Jahrgangsstufe: ab 9

Intention: Assoziationsspiel zum Bewusstmachen, wie unterschiedlich sexuelle Begriffe auf Menschen wirken

Material: Filzstifte unterschiedlicher Farbe und Strichbreite

Ausgangssituation: Auf dem Packpapier sind unter einander sexuelle Begriffe aus unterschiedlichen Sprachebenen nach folgendem Muster zusammengestellt:

- Liebe
- Orgasmus
- Frau
- Mann
- Ficken
- Muschi
- Erektion
- Streicheln
- Schwanz
- Miteinander schlafen
- Küssen
- Geschlechtsverkehr
- Vagina
- Koitus interruptus

Die Schüler gehen in loser Reihenfolge nach vorn und ordnen den Begriffen mit den Filzstiften treffende Symbole, Zeichen oder Strichzeichnungen zu. Der Lehrer weist darauf hin, dass die gewählte Größe und Farbe der Darstellung eine besondere Wirkung verleihen kann. Achtung: Während der Übung darf nicht gesprochen werden.

Auswertung: Welche Gefühle und Wertungen kommen durch die verwendeten Symbole, Zeichen und Strichzeichnungen zum Ausdruck?

Alternative: Die Schüler sitzen in Gruppen zusammen, wobei jeder Teilnehmer die Wortliste vor sich hat. Jeder trägt seine Symbole ein, danach werden die Zettel kommentarlos weitergereicht.

Der obszöne Wortschatz der Deutschen

Jahrgangsstufe: ab 9

Material: Ausriss aus dem Band von E. BORNEMANN „Sex im Volksmund", z. B. die Seiten über Vagina, Penis oder Geschlechtsverkehr

Scheide

... Acker, Armatur, Arsch, Bahnhof, Balalaika, Banfeige, Banfutteral, Bart, Basmeichel, Batterie, Bauch, Bauchfleck, Bauchtasche, Bauplatz, Beff, Beuschel, Bimsladen, Bimsrutsche, Bitschigogerl, Bletz, Blümchen, Blume, Bocherei, Bohrloch, Borke, Bremsrutsche, Bresche, Brunnen, Brunstbusch, Brunstbutte, Brunster, Brunsterl, Brunstrutsche, Brunstwinkel, Brunstzeug, Büchse, Bumsetui, Büro, Bürste, Busch, Buscha, Butscherl, Butschgerl, Butte, Dattel, Ding, Dingerl, Distel, Dose, Dreispitz, Düse, Duf, Eine, Einfahrt, Einstiegluke, Empfänger, Engpass, Entschleimer, Etui, Falle, Falte (...) Paradies, Pauke, Pfanne, Pfefferdose, Pflaume, Pimperle, Pißchenpee, Pussi ...

Penis

... Damenstift, Daumen, Deckel, Deichsel, Dietrich, Dietz, Ding, Ding mit Pfiff, Dingerich, Dingus, Dorn, Dosenöffner, Dosenpolierer, Dosenspanner, Dremel, Drillbohrer, dritter Fuß, Düsenputzer, Echolot, Eichelmast, Eierschläger, Eierschwamm, Eierstab, Einer, Einspritzmotor, Eisen, das dicke Ende, Er, der rote Fasen, Fahne, Fahnenstange, Familienstrumpf, Familientröster, Faser des Herzens, Fensterleder, Feuerbohrer, Feuerlöscher, Feuerquirl, Feuerspritze, Fidibus, Fiedelbogen, Fiesel, Fikus, der elfte Finger, Fisch, Fisel, Flachse, Flaschenöffner, Flinte, Flöte, Fortpflanzungsventil, Fotzenstriegel, Fotzhobel, Franz, Frauenlob, Freund, Freund Hugo, Fritz, der alte Fuchs ...

Bekanntlich stoßen viele Menschen bei sexuellen Bezeichnungen im täglichen Sprachgebrauch auf sprachliche Grenzen, z. B. die Scheide, in die der Mann sein Schwert steckt, wird oft als gewaltsam empfunden.

Die angeführten Begriffe werden der Reihe nach vorgelesen (oder projiziert) und die Schüler äußern sich (u. U. auch schriftlich) über die vermittelte Aussage des jeweiligen Begriffes sowie über Gefühle und Empfindungen, die in den Begriffen mitschwingen.

Auswertung: Welche Ausdrücke würdet ihr (mit wem?) verwenden, welche nicht (warum nicht?)? Welche drücken eine Männersichtweise aus? Welche sind frauenfeindlich, diskriminierend, aggressiv, verletzend?

(*Alternative:* Begriffe nach Wahl der Schüler aussuchen)

PVC-Spiel

Jahrgangsstufe: ab 7
Intention: Miteinander über ein tabuisiertes Thema ins Gespräch
                        kommen
Material: Farbige Kreide (drei Farben, z. B. Rot, Blau, Rosa), jeweils
                        etwa 60 Zettel in denselben Farben im Format DIN-A6
                        (oder mit Filzstiften farblich kenntlich gemacht) – (Es geht
                        auch ohne Farben, dann müssen jedoch andere Unter-
                        scheidungsmerkmale verwendet werden.)
An der Tafel werden die drei Begriffe *Penis, Vagina, Koitus* als Überschriften
nebeneinander geschrieben, wobei jeder Begriff durch eine Farbe gekennzeichnet wird.

1. Die Schüler sollen nun alle ihnen bekannten Bezeichnungen für Penis, Vagina und Coitus auf die ausgegebenen, farblich gekennzeichneten Zettel
schreiben (pro Begriff ein Zettel!), ohne darauf zu achten, ob ihnen die
Worte gefallen oder nicht.
2. Anschließend werden die Zettel gemischt und unter die jeweiligen Ober-
begriffe geheftet. Der Lehrer (oder ein Schüler) liest alle Begriffe einmal
laut vor, um möglicherweise bestehende Hemmungen der Schüler weiter
abzubauen.
3. Schließlich können die Schüler diejenigen Begriffe, die ihnen nicht gefallen, abhängen.

Warum habt ihr bestimmte Begriffe abgehängt? Welche Begriffe werdet ihr
in Zukunft mit wem verwenden?

Akrostichon zur Sexualität

Jahrgangsstufe: ab 9
Ein sexueller Begriff wird in Großbuchstaben untereinander an die Tafel geschrieben, z. B. Vagina, Muschi, Schwanz, Vögeln
    Die Schüler sollen sechs Sätze erfinden, die mit dem Ausgangswort „Vagi-
na" in Beziehung stehen, wobei die einzelnen Buchstaben dieses Wortes jeweils den Anfangsbuchstaben des Satzes bilden. Hierbei sollen sie stets mit
den Worten beginnen: „Ich schreibe dir ein (jetzt kommt der entsprechende
Buchstabe) wie ..." Dann folgt der erdachte Begriff. Beispiel:

V – Ich schreibe dir ein V wie verheiratet
A – Ich schreibe dir ein A wie aufregend
G – Ich schreibe dir ein G wie großartig
I – Ich schreibe dir ein I wie irrsinnig
N – Ich schreibe dir ein N wie neckisch
A – Ich schreibe dir einen Brief wie Astrid
Alternative: Die Schüler können das Akrostichon auch für sich auf einen Zettel schreiben. Wer liest vor?

Das ist geil

Jahrgangsstufe: ab 5
Intention: mit Wortfeldübung die Sprachkompetenz erweitern
Material: Stuhlkreis, Softball oder Massage-Igel
Phase 1: A nimmt den Softball und wirft ihn zu B, indem er ausruft: „Das ist geil". B übernimmt den Ball und gibt dem Satz einen Inhalt, z. B. „Skateboard fahren ist geil". Dann wirft B den Ball zu C, sagt wiederum „Das ist geil" und C benennt einen neuen Inhalt.

Phase 2: Der Lehrer weist altersangemessen auf das Wort „geil" hin berichtet über den Bedeutungswandel (fröhlich, üppig – sexuell anregend – wild auf … – super) sowie über die Verwendung von Gossensprache und Umgangssprache. Er bietet eine Variation der Übung an: „Ersetzt nun das Wort „geil" durch ein anderes, positiv besetztes Eigenschaftswort eurer Wahl (wahnsinnig, super, toll, …). Wem ein neues Wort einfällt, darf es benutzen und hören, was die anderen gut finden." Der Ball fliegt weiter zur nächsten Person.

Obstsalat mit „schmutzigen Wörtern"

Jahrgangsstufe: ab 5
Intention: Bewegung in die Gruppe bringen und sprachliche Tabus
                     abbauen
Phase 1: Die Schüler sitzen im Stuhlkreis und werden zunächst in drei Gruppen eingeteilt. Jede Gruppe steht für eine Obstsorte (z. B.: Apfel, Banane, Birne).

Phase 2: Ein Stuhl wird aus dem Kreis entfernt, so dass ein Stuhl zu wenig vorhanden ist. Dieser Schüler stellt sich nun in die Mitte und nennt eine Obstsorte. Die Schüler, deren Obstsorte genannt wird, müssen dann ihren Platz wechseln. Bei der Bezeichnung „Obstsalat" müssen alle rotieren. Die Aufgabe der Person in der Mitte ist es, einen Platz im Stuhlkreis zu bekommen.

Phase 3: Diese Runde wird beliebig oft wiederholt.

Phase 4: Die Schüler sollen jeweils drei sexuelle Begriffe für Penis, Scheide und Geschlechtsverkehr nennen, die sie nicht so gerne benutzen, aber worauf sich die Gruppe einigen sollte. Der Spielverlauf bleibt gleich. Der Begriff „Schweinerei" ersetzt den „Obstsalat".

Auswertung: Wie habe ich mich bei der Benutzung „schmutziger Wörter" gefühlt? Ist mir das im Spielverlauf bewusst geworden oder erst jetzt?

Wie wir darüber sprechen

Jahrgangsstufe: ab 5

Die Schüler sammeln und notieren jeweils alle Wörter, die ihnen einfallen, für weibliche und männliche Geschlechtsorgane sowie Geschlechtsverkehr

Anschließend werden die Wortsammlungen untersucht, geordnet, bewertet. Ansatzpunkte:

- Welche Begriffe gefallen mir/gefallen mir nicht? Warum?
- Welche Begriffe verwenden Erwachsene/Fachleute? Warum?
- Welche Begriffe werden allgemein anerkannt/nicht anerkannt? Warum?
- Welche Begriffe möchten wir in der Klasse/im Unterricht verwenden? Warum?

Die Wortsammlung kann in Gruppenarbeit erfolgen (ggf. Begriffe jeweils einzeln auf Karten notieren lassen), abschließend werden die gefundenen Begriffe zusammengetragen. Möglich ist es auch, größere Plakate auszulegen und die Schülerinnen und Schüler von Plakat zu Plakat gehen zu lassen.

Literatur

Bornemann, E.: Sex im Volksmund. Der obszöne Wortschatz der Deutschen. 2 Bände. Reinbek 1974

Trömel-Plötz, S. (Hrsg.): Gewalt durch Sprache: Die Vergewaltigung von Frauen in Gesprächen. Frankfurt am Main 1992[11]

8 Geschlechtsrollen

Rolle – ein Wort, das Bewegung und Dynamik ausdrückt: Der Ball rollt, der Verkehr rollt, das Flugzeug rollt über das Rollfeld, der Schauspieler übernimmt eine Rolle, spielt seine Rolle, füllt sie aus. Eine Rolle wird zugeteilt und übernommen. – Und Menschen erfüllen ihre Rollen, männliche oder weibliche.

Die besten Schauspieler sind im Allgemeinen diejenigen, die ihre eigene Persönlichkeit zurücknehmen, in die Rollen hineinschlüpfen und sie überzeugend darstellen. So wie ihnen geht es nicht selten den meisten Menschen. Sie unterliegen oft ähnlichen Kriterien. Der angenehmste Mensch, der netteste Freund ist gelegentlich derjenige, der seine Rolle ohne größere Probleme und zur Zufriedenheit seiner Umgebung ausfüllt.

Da die Übernahme von Geschlechtsrollen und die Entwicklung von Identität ein kognitiver Prozess sind, haben gerade in der kindlichen Entwicklung Rollenklischees und Rollenerwartungen häufig eine größere Bedeutung als das den erziehenden Personen möglicherweise bewusst ist. Damit das Kind, die Heranwachsenden sich aber in ihrer Persönlichkeit entwickeln und zu ihrer eigenen Identität finden können, ist es notwendig, dass sie lernen, sich von Rollenerwartungen freizumachen, indem sie Selbstbewusstsein und Selbstwertgefühl erwerben und ein Gespür für die ihnen eigene Rolle entwickeln.

Bereits in den ersten Lebensjahren eignen sich Kinder die für sie zutreffende Geschlechtsrolle an. Schon Zwei- bis Dreijährige kennen und praktizieren geschlechtsspezifische Verhaltensweisen, z. B. die Mädchen spielen mit Puppen, helfen ihrer Mutter, prügeln sich nicht, bitten explizit um Hilfe, wenn sie nicht weiter wissen. Jungen helfen dem Vater, schlagen sich, sind laut.

Die folgende Übersicht von Geschlechtsrollenstereotypen, die in Nordamerika und Europa, einem einheitlichen durch christliche Tradition geprägten Kulturkreis, vorherrschend sind, kann auch im Unterricht als Diskussionsanstoß dienen:

Mann	Frau
konkurrierend	passiv
kontrolliert	emotional
weint nicht	unlogisch
gefühlsreduziert	natürlich
technisch veranlagt	sensibel
dominierend	fürsorglich
kompetent	geduldig
logisch	sanft und warm
beim Sex die Initiative ergreifend	launisch
Autorität	romantisch
sportlich	künstlerisch
stark	schwach

Angesichts dieser in unserer Gesellschaft verbreiteten Rollenerwartungen ist es umso wichtiger, den Schülern angenommene Geschlechtsrollen bewusst zu machen und ihnen zu helfen, diese zu problematisieren und – wenn die Geschlechtsrollen die Gleichberechtigung von Mädchen und Frauen behindern oder gar das weibliche Geschlecht diskriminieren – sie zumindest in Frage zu stellen.

Ziel dieses Kapitels ist es deshalb:

- Geschlechtsrollenstereotypen bewusst zu machen, wie sie in der Gesellschaft vorgelebt bzw. dargestellt (Elternhaus, Schulen, Medien) werden,
- Möglichkeiten zu einer kritischen Reflexion des allgemeinen Rollenverständnisses und der eigenen Rollenübernahme zu eröffnen,
- das eigene Rollenverständnis zu reflektieren,
- eigene Verhaltensspielräume zu entdecken,
- die Auswirkungen von Rollenübernahmen auf den eigenen Lebensraum, auf Freundschaft, Liebe und Sexualität bewusster wahrzunehmen und gestaltend damit umzugehen .

Redensarten und Behauptungen

Jahrgangsstufe: ab 5

Arbeitsanleitung: Diskutiere mit deinem Banknachbarn, welche der nachfolgenden Aussagen richtig und welche falsch sind? Wie sind einige Behauptungen historisch zu erklären?

richtig/falsch

- Die Atemzüge der Männer sind tiefer. ✘☐ ☐
- Frauen haben längere Beine als Männer. ☐ ✘☐
- Wenn Frauen im Wasser liegen, tauchen sie weniger ✘☐ ☐
  tief ein als Männer.
- Männer leben länger als Frauen. ☐ ✘☐
- Männer haben mehr Blut als Frauen. ✘☐ ☐
- Frauen brauchen weniger Kalorien als Männer. ☐ ✘☐
- Frauen vertragen weniger Alkohol als Männer. ☐ ✘☐
- Männer haben breitere Schultern als Frauen. ✘☐ ☐
- Frauen haben häufiger blaue Augen als Männer. ☐ ✘☐
- Männer haben ein größeres Lungenvolumen als ✘☐ ☐
  Frauen.
- Frauen atmen tiefer als Männer. ☐ ✘☐
- Frauen haben ein kleineres Gehirn als Männer. ☐ ✘☐
- Frauen speichern grundsätzlich mehr Fett in ihrem ✘☐ ☐
  Körpergewebe.
- Schon der Anblick der weiblichen Gestalt lehrt, dass ☐ ✘☐
  das Weib weder zu großen geistigen noch körperli-
  chen Arbeiten bestimmt ist. Das Weib ist ein von Na-
  tur aus minderwertiges Geschöpf, das auch geistig
  ebenso tief unter dem Manne steht und ebenso mo-
  ralisch. (Schopenhauer)
- Ein Unterschied in der Intelligenz von Frau und ☐ ✘☐
  Mann lässt sich wissenschaftlich nicht nachweisen.
  Erhalten Frauen deshalb eine schlechtere Ausbildung und minderwertigere Jobs und Berufe?
- Frauen haben eine Scheide und einen Eierstock. Sind ☐ ✘☐
  sie deshalb besser geeignet, Staubsauger zu bedie-
  nen, abzuwaschen und Wäsche zu waschen?
- Männer haben ein Glied und Hoden. Sind sie deshalb ☐ ✘☐
  weniger gut geeignet, Kinder zu erziehen und zu ver-
  sorgen?
- Das Gesamtgewicht der Muskeln ist beim jungen ✘☐ ☐
  Mann um die Hälfte größer als bei jungen Frauen.
- Ein Frauenzimmer, das denkt, ist ebenso ekelig, wie ☐ ✘☐
  ein Mann, der sich schmückt. (Lessing)

Wer ist wer?

Jahrgangsstufe: ab 5

Arbeitsanleitung: Nachfolgend werden einige typische Familiensituationen beschrieben. Entscheide jeweils, ob die Personen männlich oder weiblich sind. Vergiss nicht deine Entscheidung zu begründen!

1. A sagt zu B: „Hilfst du mir beim Wagenwaschen?"
2. „Au ja", sagt B, „dann kannst du mir gleich zeigen, wie die Batterie aufgeladen wird."
3. „Darf ich auch mitkommen?", fragt C, „das möchte ich auch gern wissen."
4. „Nein!", sagt A, „hilf du lieber D. Das Geschirr muss gespült werden und du kannst abtrocknen!"
5. „Ja", sagt D, „das ist gut. Außerdem kannst du noch die Spielsachen aufräumen!"

A ist.....................   C ist.....................

B ist.....................   D ist.....................

Weil ich ein Mädchen bin, … –
Wenn ich ein Junge wäre, …

Jahrgangsstufe: ab 5

Material: Overheadprojektor, entsprechend beschriftete Folien (s. u.)

Die Klasse teilt sich in reine Jungen- und Mädchengruppen auf. Es werden Zettel verteilt, auf denen jeder für sich die folgenden Sätze ergänzen soll, die für alle sichtbar auf einer Overhead-Folie präsentiert werden:

Für die Mädchengruppen   **Für die Jungengruppen**

„Weil ich ein Mädchen bin,   „Weil ich ein Junge bin,

- muss ich…   - muss ich…
- darf ich…   - darf ich…
- darf ich nicht…"   - darf ich nicht…"

„Wenn ich ein Junge wäre,   „Wenn ich ein Mädchen wäre,

- könnte ich…   - könnte ich…
- würde ich…   - würde ich…
- würde ich nicht…"   - würde ich nicht…"

Auswertung: Die vervollständigten Zettel werden an die Tafel geklebt, vorgelesen und verglichen. Mehrfachnennungen und Widersprüche werden deutlich und können diskutiert werden. Eine Auseinandersetzung über Geschlechtsrollen und ihre Chancen, Grenzen und gesellschaftlichen Dimensionen kann stattfinden.

Typisch Junge!? Typisch Mädchen!?

Jahrgangsstufe: ab 5
Material: Vorbereitete Wortkarten
Die Schüler sitzen im Sitzkreis. An der Tafel sind mit einem Tesafilmstreifen Wortkarten im Format A6 angeheftet. Auf diesen Karten stehen verschiedenen Adjektive, z. B. klein, leise, schwach, mutig, aktiv, groß, passiv, wild, schön, hässlich, dünn, laut, traurig u.a. m. Die Schüler können nun nach vorne gehen und den beiden an der Tafel stehenden Überschriften „Typisch Junge" und „Typisch Mädchen" diese Wortkarten zuordnen.
Auswertung: Wenn alle Karten zugeordnet sind, schließt sich eine Diskussion über die vorgenommenen Zuordnungen an. Ursachen der Geschlechtsrollen werden thematisiert.

Junge oder Mädchen?

Jahrgangsstufe: ab 5
Material: Arbeitsbögen in der Anzahl der Schüler
Auf einem Arbeitsbogen machen geschlechtsneutrale Personen unterschiedliche Aussagen. Die Schüler sollen in Einzelarbeit entscheiden, ob diese eher zu einem Jungen oder einem Mädchen passen (siehe S. 152).
Arbeitsanleitung:
1. In dieser Bilderreihe sagen zwei Personen etwas über Liebe, Sexualität und Partnerschaft. Du sollst für jede Situation entscheiden, welche Sätze eher zu einem Jungen, welche eher zu einem Mädchen passen.
2. Schreibe in die leeren Zeilen jeweils unter die Person deine Entscheidung: Junge oder Mädchen? Wenn du dich nicht entscheiden kannst, dann schreibe ein „x" unter das Bild.
Alternative: In sechs unterschiedlichen Situationen äußern sich jeweils zwei Personen. Die Schüler sollen entscheiden, wer der Junge und wer das Mädchen ist.

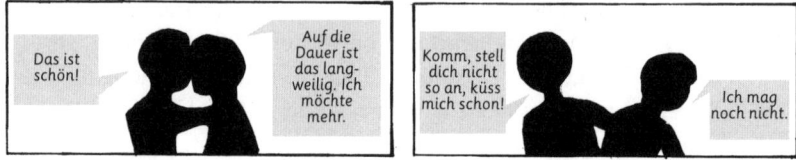

Die Ergebnisse eines 7. Schuljahres (13 Jungen und 14 Mädchen) sahen wie folgt aus:

Bild-Nr.	Zugeordnetes Geschlecht		
	männlich	weiblich	unentschieden
1	2	15	10
2	0	19	8
3	21	1	5
4	0	22	5
5	3	18	6
6	26	0	1
7	8	8	11
8	20	2	5
9	4	10	13

Einschätzungsprofil von Mann und Frau

Jahrgangsstufe: ab 9

Arbeitsanleitung:

1. Die Abbildung enthält 12 Paare gegensätzlicher Eigenschaftswörter. Du sollst nun für jedes Eigenschaftspaar entscheiden, welcher Begriff eher zu einem Mann passt.

2. Wenn die Eigenschaft z. B. ganz eindeutig zutrifft, mache mit einem blauen Stift ein Kreuz direkt unter der 1 bzw. 7. Wenn sie einigermaßen zutrifft, kreuze 2 bzw. 6 an. Wenn sie nur ein bisschen zutrifft, kreuze 3 bzw. 5 an. Kannst du dich nicht entscheiden, kreuze 4 an. Achtung: Pro Zeile nur ein Kreuz und dieses bitte genau unter die Ziffern.

3. Wenn du deine Einschätzungen fertig hast, verbinde die Kreuze miteinander zu einer blauen Linie. So erhältst du ein Profil für „Mann".

4. Ordne nunmehr die Eigenschaften einer Frau zu. Gehe so vor, wie unter 2. beschrieben. Verwende jedoch einen roten Stift.

5. Verbinde zum Schluss alle Kreuze miteinander zu einer roten Linie. So erhältst du ein Profil für „Frau".

Einschätzungsprofil von Mann und Frau

	1	2	3	4	5	6	7	
klein	□	□	□	□	□	□	□	groß
schwach	□	□	□	□	□	□	□	stark
rund	□	□	□	□	□	□	□	eckig
feig	□	□	□	□	□	□	□	mutig
wild	□	□	□	□	□	□	□	sanft
traurig	□	□	□	□	□	□	□	froh
aktiv	□	□	□	□	□	□	□	passiv
kalt	□	□	□	□	□	□	□	warm
rau	□	□	□	□	□	□	□	glatt
leise	□	□	□	□	□	□	□	laut
schön	□	□	□	□	□	□	□	hässlich
jung	□	□	□	□	□	□	□	alt

Auswertung: Die Profile für Mann und Frau werden verglichen und kommentiert. Warum sind die Ergebnisse für Mann und Frau unterschiedlich?

Alternative: Die zahlenmäßigen Ergebnisse für jedes Adjektivpaar werden – getrennt für Mann und Frau – z. B. von 5 Schülern addiert und anschließend der Durchschnittswert errechnet. (Je mehr Schüler in die Berechnung eingehen, umso länger dauert die Auswertung!) So erhält man Durchschnittsprofile für Mann und Frau. Was sagen diese im Vergleich zu den Einzelergebnissen aus? Interpretiert die Befunde!

Kalter Fisch und schlaue Katze

Jahrgangsstufe: ab 5

Intention: Bewusst werden über männliche und weibliche Rollenstereotype und Vorurteile

Material: Unterschiedliche Tierbilder aus Zeitschriften, Zeitungen, Spielkarten

Der Reihe nach ziehen die im Stuhlkreis sitzenden Schüler ein Tierbild mit der Aufgabe, dem abgebildeten Tier eine Eigenschaft zuzuordnen, die sie anschließend auf das männliche bzw. weibliche Geschlecht beziehen.

Tierbeispiele	Zugeordnete Eigenschaften
Hase	zärtlich
Hamster	verfressen
Fisch	kalt
Schimpanse	fürsorglich
Schlange	falsch
Schwein	schmutzig
Hund	aggressiv
Katze	schlau

Auswertung: Welche Zuordnungen haben die Schüler vorgenommen? Geschlechtsspezifische Vorurteile und Rollenklischees werden herausgearbeitet.

Männer und Frauen in der Werbung

Jahrgangsstufe: ab 7

Intention: Kritische Auseinandersetzung mit typischen Rollenklischees der Werbung

Material: Abbildungen aus Illustrierten, Verlagen, Verbänden, evtl. Ausdrucke aus dem Internet, Videomitschnitte von Werbespots, Fotos von Plakatwänden (s. u.)

Die Schüler erstellen in Einzel-, Partner- oder Gruppenarbeit eine Collage zum Thema: „Männer und Frauen in der Werbung".

Auswertung: Die Arbeiten werden ausgehängt und dienen als Ausgangspunkt für die Diskussion. „Welche Typen von Männern und Frauen finden sich in der Werbung? Wie sehen sie aus? Was machen sie? Gibt es Unterschiede in den Darstellungen? Welche Botschaft ist mit der Darstellung verknüpft? Wie kommen diese Botschaften an? Stimmen die Bilder mit der eigenen Lebenswelt überein?"

Verkehrte Welt

Jahrgangsstufe: ab 7
Jeweils zwei (drei) Freiwillige stellen in einem szenischen Spiel die nachfolgenden Situationen der Klasse vor:

- Zwei Mädchen machen einen schüchternen Jungen an.
- Frau kommt von der Arbeit zu ihrem Hausmann nach Hause.
- Mann kann den Reifen an seinem Wagen nicht wechseln und hält eine Autofahrerin an.
- Chefin flirtet mit ihrem Sekretär.

Auswertung: Wie haben sich die Spieler gefühlt? Was haben sie empfunden? Wie wirkten die Szenen auf die Zuschauer?

Männer! – Frauen!

Jahrgangsstufe: ab 7

Intention: Sich der eigenen Vorstellung zu Geschlechtsrollenstereotypen bewusst werden und im Gespräch mit anderen reflektieren.

Material: Große Bogen Papier (Abdeckrollen vom Maler oder große
Bogen Packpapier) und dicke Malstifte, evtl. Schere

In geschlechtsgetrennten Gruppen (3-5 Schüler je Gruppe) werden die Vorstellungen der Schüler zu der Frage: „Was ist ein richtiger Mann? Was zeichnet ihn aus?" bzw. „Was ist eine richtige Frau? Was zeichnet sie aus?" gesammelt und schriftlich festgehalten.

Um den Austausch möglichst lebendig zu gestalten, erhält jede Gruppe einen großen Bogen Papier. Ein Gruppenmitglied legt sich mit dem Rücken auf
diesen Bogen Papier, die anderen zeichnen die Körperkonturen vollständig
nach und schneiden bzw. reißen die Figur aus. Anschließend schreiben alle
Gruppenmitglieder in diese Figur die Begriffe hinein, die ihnen zu der obigen
Frage einfallen, also Eigenschaften, Merkmale, Begabungen, Stärken, Wünsche und Fertigkeiten. Die Jungen arbeiten an der Fragestellung „Was ist ein
richtiger Mann?", die Mädchen an „Was ist eine richtige Frau?". Anschließend werden alle Figuren mit Tesakrepp an den Wänden befestigt. Die
Schüler und Schülerinnen erhalten Gelegenheit, die Ausstellung zu besuchen
und sich mit den eingetragenen Beschreibungen vertraut zu machen.

In einer zweiten Runde wird verglichen, welche Beschreibungen ausschließlich auf Frauen bzw. Männer angewandt werden können. Die Begriffe werden an der Tafel zusammengetragen. In der anschließenden Diskussion werden die ausschließlichen Zuweisungen noch einmal daraufhin
geprüft, ob sich nicht Beispiele dafür finden lassen, dass auch diese Aspekte
beiden Geschlechtern zuzuordnen sind. Abschließend fasst der Lehrer die
Ergebnisse zusammen.

Wer sich nicht wehrt, landet am Herd!

Jahrgangsstufe: ab 7

Intentionen: Entdeckung geschlechtsgebundener Fertigkeiten, Stärkung des Selbstwertgefühls

Material: Poster und Stifte

Die Klasse wird in eine Mädchen- und eine Jungengruppe aufgeteilt. Jede der beiden Gruppen erhält die Aufgabe, auf einem Poster die wesentlichen Aussagen über das andere Geschlecht zu sammeln. Im Vorfeld hat der Lehrer bereits entsprechende Poster vorbereitet mit der Überschrift: „Männer sind ...“ bzw. „Frauen sind ...“ Er verteilt diese Poster an die Gruppen und bittet das Wort „sind“ ggf. durch andere Hilfsverben wie können, müssen, sollen, dürfen zu ersetzen und die Liste zu komplettieren.

Im Anschluss an die Gruppenarbeit werden die Ergebnisse ausgehängt und beide Gruppen erhalten Gelegenheit ihr Ergebnis zu präsentieren. Entweder präsentiert zuerst diejenige Gruppe ihr Ergebnis, die sich freiwillig meldet oder aber ein Sprichwort wird ironisch genutzt wie: „Ladies first“, „Frauen immer drei Schritte hinter mir“, oder Ähnliches mehr.

Nach der jeweiligen Präsentation befragt der Lehrer die Jungen bzw. Mädchen, ob sie sich in der Darstellung wieder finden, welche Aspekte fehlen bzw. welche sie ablehnen. Diese Anmerkungen und Korrekturen werden mit einer anderen Farbe als Kommentare zu den jeweiligen Begriffen auf dem Poster eingetragen. Der Lehrer bittet die Gruppen die Ergebnisse als Vorlage für die nächste Stunde zu protokollieren. Außerdem sollen die Schüler weitere Einschätzungen bei ihren Freunden und Eltern einholen.

In der folgenden Stunde werden zu Beginn die Protokolle ausgeteilt und durch Aspekte aus den Gesprächen mit Freunden, Eltern, Verwandten und Bekannten ergänzt.

Absurdes Theater

Jahrgangsstufe: ab 9

Intention: Durch die paradoxe Darstellung von Männer- und Frauenrollen das eigene Bewusstsein für die unkritische Übernahme von Rollenklischees schärfen und eigene Spielräume eröffnen.

Material: Klassische Literatur, Erzählungen oder Märchen wie „Romeo und Julia“, „Effie Briest“, „Dornröschen“, „Rapunzel“ usw.

Texte der klassischen Literatur, Märchen o. Ä. werden in kurzen Szenen von Schülern und Schülerinnen dargestellt. Dabei übernehmen die männlichen Schüler die weiblichen Rollen und umgekehrt. Je klischeehafter die Texte, desto kontrastreicher die Darstellungen des jeweils anderen Geschlechts.

Im Anschluss daran werden die Rollen mit den entsprechenden Geschlechtern besetzt und noch einmal vorgespielt. Abschließend kann die Gruppe diskutieren, warum ihnen bestimmte Szenen absurd vorkamen und welche Handlungen und Aktionen der einzelnen Rollen problemlos auch von Männern bzw. Frauen ausgefüllt werden können.

Alternative: Die Schüler schreiben ein kurzes Theaterstück, in dem sie zunächst bewusst Rollenklischees ausformulieren, Szenen anlegen und Texte zuweisen, um dann diese typischen Rollen mit der gegengeschlechtlichen Person zu besetzen (z. B. die wartende Mutter vor dem Kreissaal, der kochende Vater im Kreis seiner schreienden Kinder, der mit der Frau telefoniert, die Mutter mit ihren Töchtern auf dem Fußballplatz, der Vater im Wellness Center). Diese kurzen Szenen werden aufgeführt und von einer Jury bewertet und kommentiert. Zuvor werden aber von der Klasse oder der Jury die Beurteilungskriterien festgelegt und allen erläutert. Preise für die drei besten Stücke werden vergeben. Alle anderen erhalten Trostpreise in Form von Pralinen, Schokolade o. Ä.

Im Anschluss an die Aufführung tauschen sich alle beteiligten Schüler darüber aus, was ihnen warum am besten gefallen hat, welche Szenen komisch waren, was sie sich nie als männliche oder weibliche Rollenübernahme vorstellen können und welche Rollen ihren eigenen Lebenserfahrungen am nächsten kommen.

Beispieltexte
1. Dornröschen (frei nach Gebr. Grimm)
Vor langen Zeiten war der größte Wunsch eines Königs und einer Königin, ein Kind zu bekommen. Und als dieser Wunsch eines Tages erfüllt wurde und die Königin ein Mädchen gebar, gaben sie voller Freude ein großes Fest. Sie luden alle Bewohner des Königreichs ein, auch die weisen Frauen. Von ihnen gab es dreizehn im Königsreich. Weil es aber nur zwölf goldene Teller gab, wurden auch nur zwölf eingeladen. Als das Fest in all seiner Pracht seinen Höhepunkt erreichte und alle weisen Frauen ihre Wünsche für das Leben der Prinzessin in die Wiege legten, erschien plötzlich die dreizehnte und sagte: „Die Königstochter soll sich an ihrem 15. Geburtstag an einer Spindel stechen und tot hinfallen." Alle waren erschrocken. Weil aber die zwölfte weise Frau einen Wunsche frei hatte, sagte sie: „Es soll kein Tod sein, aber ein hundertjähriger tiefer Schlaf, in den die Königstochter fällt."
Aus lauter Sorge um die Prinzessin ließ der König alle Spinnräder und alle Spindeln in seinem Land verbieten. An ihrem 15. Geburtstag aber entdeckte die Prinzessin in einem Turm des Schlosses eine alte Frau mit einer Spindel. Sie versuchte die Spindel zu benutzen, stach sich und fiel wie tot hin. So ging der Zauberspruch in Erfüllung.
Mit der Prinzessin fiel das gesamte Königreich in einen tiefen Schlaf. Um das Schloss wuchs eine riesige Dornenhecke und Jahr für Jahr versuchten Königssöhne, die von der schlafenden Prinzessin gehört hatten, diese Hecke zu durchdringen. Sie alle aber blieben hängen und schliefen ebenfalls ein. Als gerade hundert Jahre vergan-

gen waren, erschien wieder ein Königssohn vor dem Schloss. Als er sich der Dornenhecke näherte trat sie auseinander und ließ den Königssohn eintreten. Er fand Mensch und Tier schlafend vor. Als er im Turm die Königstochter entdeckte, gab er ihr einen Kuss. Sie erwachte und umarmte ihn.

Zum Dank für diese Tat gab der König dem Königssohn die Prinzessin zur Frau und das ganze Königreich feierte Hochzeit.

2. Pressemitteilung

Rettungssanitäter werden Paten von Hamburger Zwillingen

Dank des energischen Eingreifens zweier junger Rettungssanitäter konnte Renate Müller aus Hamburg noch rechtzeitig die Entbindungsklinik erreichen und einem gesunden Zwillingspärchen das Leben schenken.

Etwas überraschend hatten bei Renate Müller am Sonntagmorgen, drei Wochen vor Termin, die Wehen eingesetzt. Da ihr Mann geschäftlich unterwegs war, machte sie sich selbst mit ihrem Corsa auf den Weg. Unterwegs wurden die Wehen so heftig, dass sie nicht mehr in der Lage war, ihr Auto weiter zu bewegen. Herbeigeeilte Passanten riefen den Rettungsdienst und zwei tatkräftige Sanitäter packten die werdende Mutter in ihren Rettungswagen und fuhren sie unter Blaulicht ins nächstgelegene Krankenhaus. Dort stand schon das gesamte Entbindungsteam bereit, das gerade noch rechtzeitig die junge Mutter in den Kreissaal brachte, wo sie innerhalb von 30 Minuten zwei gesunden Mädchen das Leben schenkte. Der herbeigerufene Vater konnte nur noch glücklich zur Kenntnis nehmen, wie seine Zwillingsmädchen bereits entspannt an der mütterlichen Brust das Stillen genossen.

Hinweis: Diese oder vergleichbare Texte können von den Schülern so umformuliert werden, dass jeweils die weibliche Person im Text durch eine männliche ersetzt wird und umgekehrt. Der Fantasie der Schüler bleibt es überlassen, diese oder ähnliche Texte in kurze Szenen umzusetzen und sie entsprechend auszugestalten.

Männer können immer – Frauen wollen erobert werden

Jahrgangsstufe: ab 9

Intention: Auseinandersetzung mit männlicher und weiblicher Sexualität, Formulierung von Wünschen und eigenen Zielen

Material: Papier, Stifte

Ein Round-Table-Gespräch zum Thema „Männer können immer und Frauen wollen erobert werden" wird in vier Gruppen vorbereitet. Gruppe 1 erhält die Aufgabe, sich zum Statement „Männer können immer" Gedanken zu machen. Gruppe 2 erhält die Aufgabe, die Gegenposition vorzubereiten. Gruppe 3 befasst sich mit der Aussage „Frauen wollen erobert werden", Gruppe 4 bereitet die Gegenaussage vor.

Alle Gruppen erhalten 20 Minuten Zeit, ihre Argumente zu sammeln und einen Sprecher für ihren Standpunkt zu benennen.

Nach der Gruppenarbeit finden sich die Vertreter der vier Arbeitsgruppen zu einem Round-Table zusammen und stellen unter der Moderation des Lehrers oder eines Schülers ihre Statements vor. Jeder Delegierte hat 3 bis 5 Minuten Gelegenheit, den Standpunkt der Gruppe (z. B. Männer können immer) vorzutragen und auf Rückfragen zu antworten.

Nachdem alle ihre Statements abgegeben haben, erhalten alle Teilnehmer des Round-Tables Gelegenheit zur Diskussion. Sie erhalten Unterstützung durch ihre Gruppenmitglieder, die sich jeweils kurz hinter ihren Vertreter stellen können, um die Argumente zu ergänzen, usw. (Beschränkung auf einen Beitrag pro Schüler).

Der Moderator fasst abschließend die Ergebnisse zusammen und formuliert (allein oder gemeinsam mit den Teilnehmern des runden Tisches) Perspektiven für das zukünftige Miteinander der Geschlechter, vor allem auch im sexuellen Bereich.

„Dem Volk aufs Maul schauen"

Jahrgangsstufe: ab 8

Intention: Auseinandersetzung mit den gängigen Geschlechtsrollenzuweisungen und Bestimmung des eigenen Standpunktes

Die Schüler bereiten eine Umfrage in der Bevölkerung vor. Die Schüler formulieren Fragen, die sie später in der Fußgängerzone, im Einkaufszentrum oder an ähnlichen Orten den Passanten stellen wollen.

Im Unterricht wird besprochen, dass Fragen, die mit ja oder nein beantwortet werden können, zwar einfacher auszuwerten sind, aber nicht unbedingt die Meinung der befragten Menschen wirklich erfassen, da evtl. durch die Art der Fragen Meinungen manipuliert werden. Von daher werden offene Fragen, also Fragen nach dem Wie, Wer usw. vorbereitet.

Der Fragenkatalog könnte folgende Fragen enthalten:

- Was ist für Sie eine normale Frau?
- Was ist für Sie ein normaler Mann?
- Wie sollte eine Frau ihr Leben planen?
- Was sind typische Eigenschaften von Männern/Frauen?
- Wie sollten Mädchen/ Jungen auf das Leben vorbereitet werden?

Um die Auswertung zu erleichtern, können die Schüler auch im Vorfeld ihre eigenen Rollenerwartungen besprechen und vorgefertigte Antworten im Sinne eines Multiple Choice vorbereiten.

- Möglichkeit a: Interviews mit dem Kassettenrekorder
- Möglichkeit b: Fragebogen, die die Passanten ausfüllen und direkt wieder zurückgeben

Bei der Umfrage sollte in jedem Fall darauf geachtet werden, dass das Geschlecht der Befragten und die Altersgruppe festgehalten werden (bis 20, zwischen 20 und 30, 30 und 40 usw.).

Die Umfrage wird von den Schülern ausgewertet. Bei der Besprechung/ Präsentation in der Klasse wird Wert darauf gelegt, dass die Schüler auch darlegen, inwieweit die Ergebnisse mit ihren eigenen Ansichten übereinstimmen.

Alternative: Um die Meinung der Schüler dem allgemeinen Meinungsbild gegenüberstellen zu können, bietet es sich an, diese Umfrage auch in der Schule, in den verschiedenen Klassenstufen durchzuführen. Dabei kann man dann ggfs. auch sehen, wie die Erwartungen an die männliche und weibliche Rolle sich altersabhängig verändern. Dies ist allerdings eine umfangreiche Aufgabe und kann z. B. nur innerhalb einer Projektwoche aufbereitet und durchgeführt werden.

Die Ergebnisse der Umfrage werden abschließend pressemäßig aufbereitet und an die Lokalredaktion weitergegeben. Ggf. sollte diese Zusammenarbeit mit der Lokalredaktion bereits im Vorfeld abgestimmt werden, damit sichergestellt ist, dass die Umfrageergebnisse auch wirklich im Lokalteil der Tageszeitung erscheinen.

Neben der Ergebnissicherung kann damit gleichzeitig gezeigt werden, dass es möglich ist, Einfluss auf die Berichterstattung in den Medien zu nehmen. Die Lokalredaktionen haben durchaus Interesse an kontroversen Themen, die von Schülern sachgerecht aufbereitet werden.

Autorenwerkstatt

Jahrgangsstufe: ab 8

Intention: Förderung einer kritischen Auseinandersetzung mit Texten z. B. in Zeitungen usw. auf unterschwellig mitschwingende Rollenklischees hin

Material: Literarische Texte, Papier, Stifte

Die Schüler erhalten kurze Texte zu aktuellen Themen aus Zeitungen und Zeitschriften, in denen mehr oder weniger aus einer spezifischen Geschlechtsperspektive heraus berichtet wird (z. B. Treffen der Stillgruppen oder Einsatz der freiwilligen Feuerwehr usw.).

Die Schüler werden aufgefordert, diesen Text in die gegengeschlechtliche Perspektive zu bringen, indem jeweils das „Er" durch „Sie" bzw. umgekehrt ersetzt wird. Die Texte werden erfasst, als Reader zusammengeheftet und an die Klasse verteilt. In einer Autorenlesung werden die neuen Texte vor der Klasse verlesen.

Zur Auswertung dieser Dichterlesung werden drei Fragen bearbeitet:
1. Wie erlebt ihr diesen Text?
(Befremdlich, selbstverständlich, natürlich usw.)
2. Warum ist die Geschlechtsperspektive nicht direkt übertragbar?
3. Ist es erstrebenswert die im Text beschriebenen Verhältnisse zu verändern? Wenn ja, wie wäre das umsetzbar?
(Frauen bei der freiwilligen Feuerwehr, Männer als Teilnehmer von Stillgruppen usw.)

Beispieltexte

Pressemitteilung
Empfängnisverhütung – Die Last mit der Lust.
Von unserem Redaktionsmitglied Karsten Mäurer.
Kondom, Pille, natürliche Empfängnisregelung – welches Verhütungsmittel ist das richtige? – Viele Frauen und Männer tun sich mit der Auswahl der optimalen Varianten schwer. „Ein fünfzehnjähriges Mädchen wird beispielsweise die Pille bevorzugen, um eine Schwangerschaft nahezu sicher auszuschließen.", sagt eine Frauenärztin im Forschungszentrum an der Universität Halle. „Die Pille setzt Maßstäbe in Sachen Sicherheit: Alle anderen Methoden müssen sich daran messen lassen."
Viele Verhütungsmethoden wirken auf den Zyklus der Frau ein. Der natürliche Zyklus beginnt mit der Regelblutung und dauert meistens zwischen 28 und 32 Tage. Dabei reift im Eierstock eine Eizelle heran, die sich nach etwa 14 Tagen aus dem sie umgebenden Eibläschen befreit. Die Eizelle wandert anschließend durch den Eileiter in Richtung Gebärmutter. Sind jetzt Samenzellen im Eileiter, kann es zu einer Befruchtung kommen.
Durch die regelmäßige Einnahme der Pille wird ein Eisprung verhindert. Die Pille ist derzeit das sicherste Verhütungsmittel, das von etwa drei bis vier Millionen Frauen in Deutschland eingenommen wird. Viele Nebenwirkungen der Pille sind bekannt. Angenehme Nebeneffekte sind weniger Schmerzen bei der Regelblutung und eine bessere Gesichtshaut. Vor allem Raucherinnen ab 30 Jahren sollten auf die Einnahme verzichten. Die Einnahme von Hustensaft, Durchfall oder das Vergessen der Einnahme können die Wirkung der Pille aufheben. Ein Viertel aller deutschen Frauen werden trotz Verhütung ungewollt schwanger.

2. UNICEF: Zahl der Frauen sinkt dramatisch

Bonn, 5.3.1998 (KNA)

Die Zahl der Frauen nimmt nach Angaben des Kinderhilfswerks der Vereinten Nationen (UNICEF) dramatisch ab. Derzeit fehlen weltweit 100 Millionen Frauen. Grund dafür seien geschlechtsspezifische Abtreibungen, erklärte der Geschäftsführer von UNICEF Deutschland, Dietrich Garlichs, anlässlich des Weltfrauentages ab Donnerstag in Bonn. Ursache hierfür seien Mädchentötungen sowie massive gesellschaftliche Benachteiligungen von Mädchen. In Indien entstehe ein Defizit von 18 bis 49 Millionen Frauen, in Pakistan von 4 bis 8 Millionen.

3. 25 Jahre freiwillige Feuerwehr

Mit einem großen Dorffest beging die freiwillige Feuerwehr Mauersberg ihr Silberjubiläum. Eindrucksvoll demonstrierten die jungen Feuerwehrmänner das große Repertoire, das sie für ihre Einsätze vorhalten und auch regelmäßig trainieren: Ausfahren der Drehleiter, Ausrollen der Löschschläuche, Einkleiden in Bruchteilen von Minuten sowie Räumen von Häusern bei Gefährdung der Bewohner und Bewachung von Brandnestern.

Im Jubiläumsjahr ist zum ersten Mal eine Feuerwehrfrau dazugekommen. Nach langen Diskussionen hat sich die freiwillige Feuerwehr damit endlich auch den Frauen geöffnet. Bleibt abzuwarten, wie die Geschlechterverteilung zum goldenen Jubiläum aussehen wird.

4. Bericht/Stillgruppenjournal

Die Leitung in der Stillgruppe Regensburg hat gewechselt.

Nach sechsjähriger Tätigkeit hat die 37-jährige, erfahrene Stillmutter von drei Kindern nun das Zepter an ihre Nachfolgerin Petra Schneider weitergegeben.

Die Bonner Stillgruppe trifft sich regelmäßig in den Räumen der Volkshochschule und gibt Müttern und Kinder Gelegenheit in trauter Runde Probleme auszutauschen, einander näher kennen zu lernen und sich gegenseitig im Stillen zu bestärken.

Heiß diskutiertes Thema bei der letzten Sitzung der Bonner Stillgruppe war die Frage: Dürfen Frauen öffentlich in Cafés ihre Kinder stillen?

Die Regensburger Zeitung ruft ihre Leser zur Meinungsbildung auf. Schreiben Sie uns Ihre Meinung: Dürfen Frauen in der Öffentlichkeit stillen?

Bilder einer Ausstellung

Jahrgangsstufe: ab 6

Intention: Durch assoziatives Arbeiten das Bewusstsein für männliche und weibliche Rollenklischees schärfen

Material: Fotos, Krepppapier

Die Schüler werden aufgefordert, Fotos von Pflanzen, Tieren, Landschaften, Werkstoffen, Materialien, Gebäuden zu sammeln, die für sie bestimmte Eigenschaften von Frau und Mann symbolisieren (z. B. Stahl als Zeichen der männlichen Stärke, eine Rose für den weiblichen Liebreiz usw.).

Im Klassenraum werden an zwei unterschiedlichen Wänden diese Fotos unter der Überschrift „Männlich" bzw. „Weiblich" ausgestellt. Alle Schüler erhalten Gelegenheit, sich die Fotos anzusehen und gemeinsam darüber zu diskutieren, ob sie selbst auch diese Zuordnungen getroffen hätten.

Im Anschluss wird im Plenum diskutiert, warum die meisten Menschen eine Reihe dieser Zuordnungen auch so formulieren würden, welche eigenen Erfahrungen mit diesen Zuordnungen gemacht wurden, ob dies ihrer eigenen Erfahrungswelt entspricht, ob sie gerne etwas ändern möchten und welche Chancen sie sehen, neue Bilder in den Köpfen der Menschen entstehen zu lassen.

Typisch männlich	Typisch weiblich
stark	zart
cool	mütterlich
Beschützer	liebebedürftig
Eroberer	anschmiegsam
Verführer	zickig
ausdauernd	schutzbedürftig
sportlich	eitel
brutal	weich

Unsere Welt

Jahrgangsstufe: ab 8
Intention: Bewusste Auseinandersetzung mit Rollenklischees, Entwickeln von eigenen Ideen von möglichen Veränderungen
Material: Große Bogen Papier, Illustrierte usw., Scheren, Kleber
Im Klassenraum entsteht eine große Wandkollage. Auf einem Bogen Papier (Abdeckrolle o. Ä.) mit dem Ausmaß von ca. 120 x 160 cm (quer) wird eine Weltkugel aufgezeichnet, in der Mitte durch einen Strich halbiert und je eine Hälfte dem männlichen bzw. weiblichen Geschlecht zugeordnet.

Alle Schüler und Schülerinnen werden aufgefordert, in Zeitungen, Zeitschriften, Fotoalben, Internet etc. nach Bildern, Schriftzügen, Werbetexten o. Ä. mehr zu suchen, die etwas über das männliche oder weibliche Geschlecht aussagen. Alle diese unterschiedlichen Texte, Bilder und Fotos werden auf die zugehörige Erdhalbkugel geklebt.

In einem weiteren Schritt können die Schüler eine neue Welt frei gestalten, bei der sie selbst festlegen, wie ihren Wünschen nach die Welt von morgen für Männer und Frauen aussehen sollte. Für diese Weltkugel wird keine Teilung vorgegeben, auch müssen nicht zwangsläufig Bilder verwendet werden, sondern die Schüler und Schülerinnen können diese Weltkugel als gemeinsames Gemälde gestalten.

Wer bin ich? – Mehr als meine Rolle!

Jahrgangsstufe: ab 6

Intention: Stärkung des Selbstbewusstseins, der Selbstwahrnehmung und des Selbstwertgefühls, Erkennen der eigenen Stärken und Fähigkeiten, Erkennen der Bedeutung von Gemeinschaft für die persönliche Entwicklung

Die Schüler werden aufgefordert, sich paarweise im Klassenraum bzw. über den Schulhof zu verteilen und sich gegenseitig zu sagen, was sie am anderen schätzen, was sie gut finden und welche Fähigkeiten sie am Gegenüber bewundern (ggf. kann dies auch schriftlich festgehalten werden).

In einer zweiten Runde sagen sich dann die „Beurteilten", was sie an sich selbst an weiteren Fähigkeiten und Stärken wahrnehmen. In einem dritten Schritt werden die Paare aufgefordert, miteinander darüber ins Gespräch zu kommen, wie sie sich dabei unterstützen können, ihre Fähigkeiten und Stärken weiterzuentwickeln, neue zu entdecken und zu fördern. Für dieses Gespräch bekommt jedes Schülerpaar einen Aufgabenzettel mit den Leitfragen.

Nach ca. 15 Minuten finden sich jeweils zwei Paare zu einer Vierergruppe zusammen und stellen gegenseitig ihre Ergebnisse vor. Nach weiteren 15 Minuten treffen sich jeweils 2 Vierergruppen zu einer Achtergruppe und stellen eine Hitliste auf mit allen Fähigkeiten, die in dieser Achtergruppe vertreten sind. Anschließend treffen sich alle Schüler wieder im Plenum mit ihren Hitlisten, lesen sie vor, heften sie an die Tafel oder übertragen sie auf Overheadfolie und Tafel.

Sind Frauen die besten Werbeträger?

Jahrgangsstufe: ab 9
Intention: Prüfen der sexuellen Ausbeutung der Frau durch die Medien (Fernsehen, Internet, Printmedien, Werbeträger), Erarbeitung von Möglichkeiten der Distanzierung
Material: Videomitschnitte, Internetausdrucke, Broschüren mit Frauen, aus der Autowerbung, aus der Zigarettenwerbung usw.

Als Vorbereitung werden die Schüler aufgefordert, Beispiele zu sammeln (Videomitschnitte von Werbespots, Zeitungsausschnitte, Internetseiten), auf denen Frauen als Sexualobjekt für die Werbung benutzt werden. Alternativ kann der Lehrer selbst bestimmte Spots auswählen und z. B. auf Video ziehen, wenn er bestimmte Aspekte betonen will.

Zur Beurteilung des Materials wird eine Kommission von „Gutachtern" eingesetzt, die über das Material zu urteilen hat. Eine weitere Kommission vertritt die Werbebranche. Eine dritte Gruppe ist sehr stark feministisch orientiert und vertritt die Fraueninteressen.

Alle drei Gruppen erhalten Gelegenheit, das Material zu sichten und sich ihr Urteil darüber zu bilden.

Auf Antrag der Frauengruppe wird eine Anhörung zum Thema „Missbrauch der Frauen in der Werbung" einberufen, die ein Schüler leitet. Die Klage der Frauen beruht auf der Aussage, dass in diesen Darstellungen die Frauen einseitig auf ihre Sexualrolle festgelegt, als Objekt der männlichen Begierde missbraucht und in ihrer Würde verletzt werden. Sie fordern sofortiges Verbot dieser Art Werbung.

Die beiden anderen Gruppen tragen ihre Argumente vor, mit denen sie darlegen, dass kein Missbrauch vorliegt.

Damit nicht alle Schüler in der Sitzung wild durcheinander diskutieren, werden die Gruppen aufgefordert ihre Argumente zu sammeln und einen Anwalt (Sprecher) zu benennen, der ihre Interessen vertritt.

Nach den Plädoyers gibt der Sitzungsleiter den Parteien Gelegenheit zur Diskussion. Es ergeht ein abschließender Beschluss, der in seinem Inhalt den Diskussionsstand widerspiegelt.

Der Lehrer befragt anschließend die Schüler, wie sie mit diesem Beschluss zufrieden sind, was sie geändert sehen wollen, wie und warum.

Ich bin gerne ein Mädchen/ein Junge, weil …

Jahrgangsstufe: ab 6

Dieser (oder ein vergleichbarer) Satzanfang wird vorgegeben. Fortsetzungen in Text oder Bild durch die Schüler führen zu individuellem Ausdruck der eigenen Rollenempfindung und können zur vertiefenden Diskussion und Bearbeitung einzelner Aspekte führen:

- Wo liegen Unterschiede in den Darstellungen?
- Wo liegen Gemeinsamkeiten?

Mädchen und Jungen – gleich oder verschieden?

Jahrgangsstufe: ab 5

Die Schüler stellen in Gruppen Beiträge zusammen zu folgenden Impulsen:

- Das ist gleich bei Mädchen und Jungen
- Das ist verschieden bei Jungen und Mädchen

Dazu beschriften sie z. B. Plakate oder notieren einzelne Aspekte auf Karten, die dann an der Tafel zugeordnet werden. Die Ergebnisse werden verglichen, Überlegungen werden angestellt, ob zusammengehörende Beiträge gefunden werden können, z. B. körperliche Merkmale, Bedürfnisse, Eigenschaften, Freizeitgestaltung.

Neben den biologischen Unterschieden können Rollenklischees und Vorurteile angesprochen werden. Anstelle der eigenen Sammlung lassen sich auch Thesen oder Stichwörter zum Thema vorgeben, die zugeordnet werden sollen.

Typisch Mädchen, typisch Junge?!

Jahrgangsstufe: ab 5

Die Schüler erhalten die Aufgabe, 3 Collagen zu erstellen (mit Texten, Bildern, Gegenständen), eine für Mädchen, eine für Jungen, eine für beide Geschlechter zutreffend, jeweils z. B. zu folgenden Gesichtspunkten:

- Das tun …
- So sind …
- Das passt zu …

- Kleidung …
- Berufswünsche
- Zukunftswünsche

Als Materialien eignen sich z. B. Zeitschriften, Kataloge, Fotos, andere Abbildungen, Gedichte, kurze Textausschnitte, eigene Zeichnungen, Texte, Produkte zur Körperpflege, Sportartikel.

Mögliche Gesprächsaspekte/Impulse:

- Einverständnis mit den Zuordnungen? Akzeptanz?
- Austausch über angenommene allgemeine Erwartungen an Mädchen und Jungen, über eigene Gefühle und Einstellungen
- Austausch über wahrgenommene und eingeschätzte Vor- und Nachteile der eigenen Geschlechterrolle

Typisch Mann, typisch Frau!?

Jahrgangsstufe: ab 5

Die Schüler formulieren Einschätzungen, Erwartungen, Wahrnehmungen, Wünsche ... im Hinblick auf die Männer- und Frauenrolle z. B. zu folgenden Aspekten:

- Aufgaben innerhalb der Lebensgemeinschaft
- Kleidung
- Berufe
- Das tun ...
- So sind .../So sollten ... sein

Verfahrensmöglichkeiten bieten sich an analog zum vorangegangenen Vorschlag „Typisch Mädchen, typisch Junge".

Ergänzende Gesprächsaspekte: Wie möchtest du als Mann/Frau einmal sein?

Die Bilder von Männern, Frauen, Mädchen und Jungen

Jahrgangsstufe: ab 5

Wie werden Mädchen, Frauen, Männer, Jungen in Büchern, Filmen, Comics, der Werbung, ausgewählten (Jugend-)Zeitschriften, Fernsehserien, ... dargestellt?

Ausgewählte Vorlagen werden gelesen und/oder betrachtet und z. B. nach folgenden Fragestellungen ausgewertet:

- Wie werden Frauen/Mädchen/Jungen/Männer jeweils dargestellt?
- Wie sind sie? Wie sehen sie aus? Was tun sie?
- Sind die Mädchen/…, die du kennst, auch so?
- Wie unterscheiden sie sich? Was ist gleich?
- Was findest du gut? Was findest du nicht gut an den Mädchen/…?

Stars und Idole

Jahrgangsstufe: ab 5

Die Schüler zeichnen und/oder beschreiben ihre Lieblingsstars und berichten darüber: Wen findest du gut? Warum?

Eigenschaften und Verhaltensweisen können im Rollenspiel nachgestellt und nachempfunden werden, Rollen können weiterentwickelt werden, indem z. B. auch andere Eigenschaften und Verhaltensweisen der Stars erdacht werden (der Rock-Star kocht für seine Freunde, besucht seine Eltern, …).

Gemeinsame Aufgaben

Jahrgangsstufe: ab 5

Zur Thematisierung der Aufgabenverteilung im Haushalt kann z. B. folgendermaßen verfahren werden:

In einem ersten Schritt sammeln die Schüler Aufgaben, die innerhalb einer Lebensgemeinschaft anfallen (z. B. Betten machen oder beziehen, Tisch decken, Mahlzeiten bereiten, einkaufen, spülen, Müll wegbringen, Reparaturen erledigen, …).

Die Aufgaben werden geordnet (täglich/wöchentlich/regelmäßig/unregelmäßig/häufig/selten). Anschließend werden die Mitglieder der eigenen Lebensgemeinschaft aufgelistet. Folgende Fragen werden (z. B. in Gruppen) erörtert:

- Wer ist grundsätzlich in der Lage, welche Aufgaben zu übernehmen?
- Wer übernimmt welche Aufgaben sinnvollerweise/gerechterweise?
- Gibt es Gründe für eine sinnvolle Verteilung der Aufgaben?
- Welche Möglichkeiten der Absprache kann es geben, welche der Abwechslung bzw. gerechten Verteilung?

Ein Arbeitsplan für eine Woche bzw. einen Monat wird erstellt. Darüber informiert man die Eltern oder bezieht sie vorab in die Arbeit ein.

Haushaltspass

Jahrgangsstufe: ab 5

Im Unterricht werden Tätigkeiten im Haushalt gesammelt, die täglich, regelmäßig oder bisweilen verrichtet werden müssen und die auch von Jugendlichen übernommen werden können.

Theoretisches Wissen wird erarbeitet und Übungen werden durchgeführt (gut geeignet: Stationenlernen). Dies geschieht ggf. nicht nur im Unterricht, sondern auch zu Hause, im „Ernstfall". Dazu sind die Information und die Mitarbeit der Erziehungsberechtigten nötig.

Abschließend können „Prüfungen" abgenommen werden, nach deren Bestehen der „Haushaltspass" erworben wird.

Haushaltspass	
„Schlafen"	■ Betten machen
	■ Betten beziehen
„Waschen, Bügeln, Nähen"	■ Socken mit der Hand waschen
	■ Schuhe putzen
	■ Kleidungsstücke bügeln
	■ Wäsche zusammenlegen
	■ Knopf annähen
„Putzen"	■ Staub wischen
	■ Staubsaugen
	■ Treppe putzen
	■ Tisch, Regal, Schrank abwischen
„Essen und Trinken"	■ Tisch decken und abräumen
	■ Einkaufszettel/Einkaufsplan für die Familie erstellen
	■ Einkaufen für ein Gericht
	■ ein Gericht (nach Rezept) zubereiten
	■ Spülen und abtrocknen
„Reparaturen"/Wartungsarbeiten	■ Glühlampe wechseln
	■ Nagel einschlagen
	■ Schraube eindrehen
	■ Etwas kleben
Bedienung von Haushaltsgeräten	■ Bedienung von Wasch- oder Spülmaschine
	■ Tee kochen

Was wir gut finden und was uns stört

Jahrgangsstufe: ab 5

Wenn sich im Schulalltag Beschwerden und Unsicherheiten im Umgang miteinander häufen, Mädchen und Jungen ihre Verhaltensdispositionen immer wieder thematisieren, können folgende Unterrichtsideen erprobt werden:

- Wiederkehrende Streitanlässe werden im Rollenspiel nachgestellt. Ein Rollentausch sollte jeweils stattfinden und unterschiedliche Lösungen sollten erprobt werden.
- In gleichgeschlechtlichen Gruppen sammeln Mädchen und Jungen zunächst, was sie am anderen Geschlecht mögen/schätzen und was sie nicht mögen/was sie stört. Die Aspekte werden auf einem Plakat oder jeweils einzeln auf Karten gesammelt. (Letzteres ermöglicht eine leichtere Sortierung.)

Mögliche Auswertungsgesichtspunkte:

- Werden die Nennungen akzeptiert?
- Wozu möchte jemand Stellung beziehen? (Aspekte sammeln)

Auf dieser Grundlage können auch Diskussionsrunden (Rollenspiele) durchgeführt werden. Dabei bietet es sich an, Argumente zunächst in Gruppenarbeit sammeln zu lassen. Eine abschließende Diskussion kann zu einem Plakat mit Verhaltensregeln für den Umgang in der Klasse führen.

Literatur

BZGA (HRSG.): Jugendsexualität. Köln 1998

ETSCHENBERG, K.: Sexuelle Sozialisation und Sexualerziehung, in: N. KLUGE, Handbuch der Sexualpädagogik, Bd. 1. Düsseldorf 1984, S. 281–288

KITZINGER, S.: Sexualität im Leben der Frau. München 1984

MINISTERIUM FÜR SCHULE UND WEITERBILDUNG, WISSENSCHAFT UND FORSCHUNG DES LANDES NRW (Hrsg.): Richtlinien der Sexualerziehung in NRW. 1999

MÜLLER, W.: Skeptische Sexualerziehung. Möglichkeiten und Grenzen schulischer Sexualerziehung. Weinheim 1992

PFISTER, G./VALTIN, R. (Hrsg.): Mädchenstärken. Probleme der Koedukation in der Grundschule. Frankfurt 1993

SCHULZ VON THUN, F: Miteinander reden, Bd. 1–3. Reinbek 2001

WENZEL, S.: Jungensexualität – Mädchensexualität. Gibt es das?, in: KLUGE, N. (HRSG.): Jugendsexualität. Frankfurt am Main 1990, S. 79–90

9 Sexuelle Selbstbestimmung

Nach einer von der Deutschen Forschungsgesellschaft geförderten Studie der Bundeszentrale für gesundheitliche Aufklärung (KRAHÉ 1999, S. 93 ff.) berichteten 25,1 % der befragten Frauen von strafrechtlich relevanten heterosexuellen Gewalterfahrungen. Der Anteil der Frauen, die durch Drohungen zum Geschlechtsverkehr gezwungen wurden, lag bei 6,3 %. Befragt wurden 304 junge Frauen, Durchschnittsalter 18,5 Jahre, in Berlin und Potsdam. Diese Zahlen stimmen mit anderen Studien überein.

„Stell dich doch nicht so an!" Sanfte oder brutale Gewalt im Bereich der Sexualität ist ein Thema, dessen Behandlung in der Sekundarstufe I sehr wichtig ist. Die Gesetze zur sexuellen Selbstbestimmung und zum Schutz von Kindern vor Übergriffen durch Erwachsene finden sich im Strafgesetzbuch unter den § 173 – § 185.

In der Pädagogik hat das Thema zwei Seiten: Auf der einen Seite steht die Prävention von sexueller Gewalt von Erwachsenen gegen Jugendliche und ebenso unter Jugendlichen. Auf der anderen Seite stehen die Fähigkeiten zum lustvollen und respektvollen Umgang mit sich selbst und seinen Sexualpartnern, zu gleichberechtigter Kommunikation, zur Fähigkeit Grenzen zu setzen und zu respektieren. Zum Thema Prävention von sexueller Gewalt gibt es eine Fülle von Literatur und Unterrichtsmaterialien (vgl. z. B. LAPPE u. a. 1993, BÖHMER u. a. 1995, MARQUARDT-MAU 1995, MAY 1997). Dabei ist zu bedenken, dass es sich in den schulischen Bemühungen ebenso um Täter- wie um Opferprävention zu handeln hat.

Gefühle und Wünsche bei (nicht nur) körperlichen Begegnungen wahrzunehmen und auszudrücken lässt sich im Rahmen der Schule nur begrenzt erreichen. So richtig schwierig wird es ja meist nur in der echten Situation und über diese nachzudenken, dafür ist die Schule ein geeigneter Raum. Dabei ist zu vermeiden, Sexualität ausschließlich positiv darzustellen, denn so würden gerade wieder die Gewalterfahrungen tabuisiert. Es gibt helle und dunkle Seiten der Sexualität (vgl. MÜLLER 1992 oder auch BATAILLE 1985 sowie Kap. 5 in diesem Band). Die Jugendlichen wissen dies. Ziel kann deshalb nur sein, Kriterien für das eigene Handeln zu finden, die auch das Leidenschaftliche, Dunkle und Abgründige angemessen integrieren.

Wenn man sexuelle Gewalt thematisiert, muss man davon ausgehen, dass möglicherweise Mädchen oder Jungen in der Klasse sind, die selbst sexuelle Gewalt erlebt haben. Falls sich jemand Hilfe suchend an den Lehrer wendet, sollten daher Hilfsmöglichkeiten angeboten werden (siehe hierzu S. 233 ff.).

Viele Arten von Beziehungen

Jahrgangsstufe: ab 7

Intention: Die Schüler sollen erkennen, dass alle Beziehungsformen in homo- wie in heterosexueller Variante vorkommen.

Material: Karteikarten

Arbeitsanleitung: Denkt einmal für euch selbst nach und schreibt auf, welche Arten von Beziehungen/Partnerschaften ihr kennt. Denkt dabei an Paare eures Alters aber auch an eure Eltern und ältere Verwandte und Bekannte.

Falls die Schüler das nicht von selbst thematisieren sollten, wäre vertiefend zu fragen: Kennt ihr „echte Liebespaare"? Was ist bei denen besonders?

Die Lehrkraft sammelt die Antworten auf Karteikarten, die dann angeheftet und in der Diskussion paarweise verschieden kombiniert werden können, wenn besprochen wird, dass oft Partner nicht das Gleiche füreinander empfinden.

Kategorien für das Ordnen der Karteikarten: Reine sexuelle Beziehungen, Erfahrungen sammeln, Zweckgemeinschaften, Notgemeinschaften, von Eltern geschlossene Ehen, Liebesbeziehungen.

Auswertung: Es sollte deutlich werden, dass sich die Qualität einer Beziehung im Laufe des Lebens bei verschiedener Partnerwahl und innerhalb einer Partnerschaft im Lauf der Zeit verändern kann.

Stell dich doch nicht so an!

Jahrgangsstufe: ab 7

Intention: Grenzen erkennen und respektieren, Schamgefühle akzeptieren.

Während Schüler heute schon in der Grundschule die BRAVO lesen und damit eine Menge Information über Sexualität erhalten, liegt das Durchschnittsalter des ersten Geschlechtsverkehrs für Mädchen und Jungen doch immer noch bei etwa 16 Jahren. Obwohl die Erziehung in vielen Familien sehr offen ist, entwickeln Jugendliche normalerweise Schamgefühle, Mädchen z. B. wegen der Menstruation, manche auch wegen der sich entwickelnden Brüste, Jungen wegen spontaner Erektionen oder weil sie sich nicht schön finden.

Die neu entwickelten Körperfunktionen haben etwas Neues, Unkontrollierbares an sich. Schamgefühle sind ein Schutzraum, um sich erst mal selbst kennen zu lernen, bevor andere zu stark Einfluss nehmen. Lebenslang sind Schamgefühle der Schutz von Intimität.

Die Schüler erhalten den folgenden Text:

Manon erzählt:
„Früher war ich immer mit meinen Eltern gemeinsam im Badezimmer. Wir haben alle zusammen gebadet und so. Sogar auf dem Klo waren wir, wenn andere in der Wanne lagen. Heute finde ich es total schrecklich, wenn mein Vater in die Tür guckt, wenn ich nackt im Badezimmer bin. „Raus!", schreie ich dann. ‚Stell' dich doch nicht so an!' Er kommt herein, holt sich irgendwas raus und guckt mich an. Ich hasse es. Ich hasse es auch, dass meine Eltern immer an diese FKK-Strände gehen. Früher war mir das egal. Heute ist mir das alles peinlich."

In Gruppen sollen sie den Text mit Hilfe der nachfolgenden Fragen diskutieren und Lösungsansätze entwickeln:

Wie findet ihr das? Darf der Vater ins Bad kommen? Darf er Manon angucken? Was würdet ihr an Manons Stelle tun? Ist Manon zu empfindlich? Früher fand sie es doch auch nicht schlimm?

Gefühle wahrnehmen, deuten und mitteilen

Jahrgangsstufe: ab 7
Nach KRAHÉ (1999) ist eines der häufigsten Kommunikationsmuster im Zusammenhang mit sexueller Gewalt unter Jugendlichen die Uneindeutigkeit der Signale. Es ist ein Allgemeinplatz, dass eine Frau, die „nein" sagt, noch lange nicht „nein" meinen muss. Das gilt übrigens auch für Männer und ist ein allgemein beliebtes Muster im ritualisierten Werbeverhalten beim *homo sapiens*.

Das, was bisweilen harmloses Spiel ist, kann sich zu einem erheblichen Risiko verkehren, wenn der Mann sich auf dieses Muster als Legitimation für sexuelle Gewaltanwendung beruft: „Sie hat es doch eigentlich gewollt." Der Begriff „Token resistance" bezeichnet diese Kommunikationsvariante, nämlich „Nein sagen, aber Ja meinen".

Der Begriff „Compliance" bezeichnet den umgekehrten Fall: „Ja sagen und nein meinen", mitspielen, gute Miene zum bösen Spiel machen. Für dieses Verhalten gibt es viele Gründe. Bei Mädchen ist es oft so, dass sie die Beziehung zu dem Partner nicht durch ein Nein auf das Spiel setzen möchten. Sie haben Angst Zuneigung zu verlieren, wenn sie ihre tatsächlichen Gefühle mitteilen würden (vgl. hierzu CAROL GILLIGAN und LYN MIKEL BROWN: Die verlorene Stimme 1997).

Bei Jungen sind es oft Ängste als „Weichei oder Warmduscher" zu gelten, wenn sie sich nicht trauen, sexuelle Angebote abzulehnen, also etwas mitmachen, was sie eigentlich nicht möchten.

Immer diese ewige Küsserei

Jahrgangsstufe: ab 7
Für Heranwachsende ergeben sich Probleme, wenn Freunde/Freundinnen etwas anderes wollen als man selbst. Man muss lernen, wie man anderen freundlich – aber dabei deutlich vermitteln kann, was man möchte und was nicht.

Der nachfolgende Text wird den Schülern vorgelesen. Im Anschluss sollen die Schüler im Plenum oder in der Gruppe die folgenden Fragen diskutieren und Lösungsvorschläge entwickeln.

- Was sollte Laura am besten tun?
- Wie würde Janine das finden?

„Ich finde es ekelhaft! Ewig diese Küsserei! Hoffentlich kommt die nicht auch auf mich zu!" Laura drückt sich in die Ecke und hofft, dass Janine bei Claudio und Michaela stehen bleibt. Janine hat gerade beide mit den typischen Küsschen rechts und links begrüßt, neuerdings macht sie es sogar dreimal. Sie lacht dabei und findet sich wohl unheimlich cool. Eigentlich findet Laura Janine ja ganz interessant. Aber die Küsserei fand Laura schon immer furchtbar. Hände geben, das ist das Höchste, was sie mit den Leuten aus der Klasse machen möchte. Aber jetzt kommt Janine auf sie zu und …

Alternative: Die Szene kann man diskutieren und spielen.

Der Lehrer erklärt die Begriffe „Token resistance" und „Compliance". Anschließend werden reine Jungen- und reine Mädchengruppen gebildet.

Arbeitsanleitung:
1. Findet oder erfindet Beispiele für diese Formen der zweideutigen Kommunikation.
2. Diskutiert die Vor- und Nachteile der zweideutigen Kommunikation.
3. Protokolliert eure Ergebnisse.

Nicht sehr attraktiv!

Jahrgangsstufe: ab 9

Es wird immer wieder in Studien belegt, dass weibliche Opfer von sexueller Gewalt im Kindesalter überdurchschnittlich oft als erwachsene Frauen erneut Opfer sexueller Gewalt werden und dass sie es überdurchschnittlich oft zulassen, dass ihre Kinder Opfer werden. Das nennt man „Reviktimisierung". Um aus diesem Teufelskreis von Identitäts- und Verhaltensmustern aussteigen zu können, braucht man Mitgefühl, neue Möglichkeiten und Lernchancen sowie Verständnis und Hilfe. Der Lehrer kann deutlich machen, dass es sich bei sexueller Gewalt nicht um Einzelschicksale handelt, bei dem die Opfer „schuld" sind, sondern um ein sehr verbreitetes Problem.

Jungen, die als Kind Opfer von sexueller Gewalt – meist durch Männer – wurden, oder deren Selbstwertgefühl auf andere Weise extrem verletzt wurde, werden überdurchschnittlich oft als Täter auffällig (vgl. KRAHÉ, 1999, S. 116 f.). Der Lehrer projiziert den folgenden Text:

Nicht sehr attraktiv!
25,8 % der männlichen Befragten einer repräsentativen Studie (KRAHÉ 1999, S. 109) gaben an, dass sie schon einmal eine Frau dazu gebracht haben, mit ihr zu schlafen, indem sie ihr Dinge gesagt haben, die sie nicht ehrlich meinten.
29,3 % der männlichen Befragten einer repräsentativen Studie (KRAHÉ 1999, S. 109) gaben an, dass sie schon einmal Geschlechtsverkehr mit einer Frau hatten, die eigentlich nicht wollte oder es zumindest versucht haben, indem sie die Frau mit Alkohol oder Drogen dazu gebracht haben.
Das Durchschnittsalter der Männer betrug 18,5 Jahre.

Arbeitsanleitung: Nach der Aufteilung der Klasse in geschlechtshomogene Gruppen sollen die Schüler die folgenden Fragen diskutieren:
- Wie findet ihr das?
- Was glaubt ihr, woher diese hohen Zahlen kommen?
- Warum haben Männer das nötig?

Auswertung: Das „Opferverhalten" vieler Frauen und der „Erfolgsstress" vieler Männer sollte in Frage gestellt werden.

Ethik der sexuellen Selbstbestimmung

Jahrgangsstufe: ab 10

Viele Aspekte der sexuellen Selbstbestimmung sind nur mit ethischen Kategorien zu beurteilen. Die Frage, ob bestimmtes Verhalten eine Grenzverletzung, unter Umständen sogar sexuelle Gewalt darstellt, ist oft nicht leicht zu beantworten. Sexualstraftäter neigen zu Entlastungsstrategien wie z. B. „Sie hat es ja auch gewollt. Sie hat sich ja nicht gewehrt". Diese Argumentation ist umso unmenschlicher, wenn es sich um Manipulationen an kleinen Kindern handelt, die oft kognitiv noch gar nicht erfassen, was passiert. Vergewaltigungen werden damit gerechtfertigt, dass das Kind es ja angeblich gar nicht gemerkt habe bzw. sich später nicht daran erinnern könne.

Um solch zynischen Argumentationen vorzubeugen hat sich folgende Definition bewährt: *Ethisch zulässig sind Begegnungen nur, wenn ein Kind/ein Jugendlicher einer Handlung selbstbestimmt, gleichberechtigt und <u>informiert</u> zustimmen kann.*

Der Lehrer definiert die drei Begriffe „selbstbestimmt", „gleichberechtigt" und „informiert". Anschließend wird den Schülern der nachfolgende Text ausgehändigt, den sie in Gruppen diskutieren sollen:

Ethik sexueller Kontakte

Selbstbestimmt, gleichberechtigt und informiert zustimmen können

Wenn dies richtige Kriterien sind, wie sind dann die folgenden gesellschaftlichen Realitäten zu beurteilen?

- **Sex für Geld:** Bordelle, unterschiedliche Organisationsformen von Prostitution
- **Sex anonym:** Darkrooms, Klappen usw. in der schwulen Szene
- **Vergewaltigung:** Vergewaltigung in der Ehe
- **Pädophilie:** Sexuelle Handlungen an Minderjährigen

Auswertung: Was müsste geändert werden und welche Möglichkeiten gibt es dazu in unserer Gesellschaft?

Ein Geheimnis

Jahrgangsstufe: ab 8
Intention: Nein sagen können, sich abgrenzen können, den anderen in seinen Gesprächs- und Kontaktmöglichkeiten kennen lernen, Vertrauen bilden können, aber auch Misstrauen ernst nehmen.

Schüler sitzen sich zu zweit gegenüber.

Phase 1: „Jeder von uns hat mehr oder weniger große Geheimnisse, Dinge, die man anderen nicht gern erzählen möchte. Wer sie nicht erzählen möchte, muss dies auch nicht tun. Keiner kann einen dazu zwingen. Es gibt aber Menschen, denen man unter Umständen ein Geheimnis verraten würde. Es kommt darauf an, wie viel Vertrauen ich zu diesem Menschen entwickeln kann und wo meine Grenzen sind. Wir wollen ausprobieren, wie man so eine Situation meistern könnte."

Phase 2: A denkt sich ein Geheimnis aus und sagt zu B: „Ich habe ein Geheimnis." B versucht, mit A ins Gespräch zu kommen und das Geheimnis zu lüften. A findet im Dialog heraus, wie er/sie über das Geheimnis sprechen möchte und ob er/sie B das Geheimnis anvertrauen möchte.

Phase 3: A und B sprechen darüber, wie sie das Gespräch erlebt haben, warum das Geheimnis verraten werden konnte oder warum das Geheimnis nicht verraten wurde. Beide Entscheidungen sollten von B akzeptiert werden.

Phasen 4 + 5: Weiter mit Rollenwechsel und Besprechung

Phase 6: Reflexion

Sag nein!

Jahrgangsstufe: ab 5

Es gibt Menschen, die wollen es allen recht machen, um bei allen beliebt zu sein. Sie glauben, das geht, wenn sie immer zu allem „ja" sagen.

Wenn wir aber immer überall beliebt sein wollen, dann müssen wir häufig etwas gegen unseren eigenen Willen tun. Deshalb müssen wir gelegentlich auch „nein" sagen. Neinsagen ist manchmal gar nicht so einfach.

Sag   nein, wenn du dich nicht auf's Glatt-eis wagst,
Sag   nein, wenn der On - kel schon mal ver - gißt,

wenn du kei - ne   stin- ken- den Zwie-beln magst, sag nein,
daß dir sein Ge-schmu-se   zu - wi - der   ist, sag nein,

sag nein.   Sag nein, wenn dir et - was
sag nein.

nicht ge- fällt, du lebst ja   nur ein- mal auf die- ser Welt. Sag

nein,   sag nein!

Sag nein, wenn du Abscheu vor Hunden hast,
wenn du sie nun einmal nicht streicheln magst,
sag nein, sag nein.
Sag nein, wenn dir Radfahren nicht behagt,
weil dich Angst vor den rasenden Autos plagt,
sag nein, sag nein.
Refrain
Sag nein, wenn du dir nicht sicher bist,
ob 'ne Mutprobe nicht zu gefährlich ist,
sag nein, sag nein.
Sag nein, wenn du findest, dass Prügelei'n
für dich nicht die richtigen Spiele sei'n,
sag nein, sag nein.
Refrain
Sag nein, wenn dir graust, weil die Tante leicht
ihre schweißnasse Hand durch das Haar dir streicht,
sag nein, sag nein.
Sag nein, wenn es dir überhaupt nicht passt,
dass du kaum noch Freizeit zum Spielen hast,
sag nein, sag nein.
Refrain

Selbstverteidigung für Mädchen und Frauen oder die hohe Kunst durch Nachgeben zu siegen

Jahrgangsstufe: ab 7

Ein Mädchen versucht ein anderes von hinten zu würgen. Die Angegriffene wehrt sich, dreht sich auf dem rechten Bein und setzt ihr linkes Bein neben das rechte der Angreiferin. Dann schlägt sie zu. Mit einem linken Handflächenschlag trifft sie den Rücken und mit einem rechten Fauststoß den Magen der Angreiferin. Der Angriff ist abgewehrt.

Die Angreiferin heißt Svenja, ist sechzehn Jahre alt und trainiert gemeinsam mit ihrer dreizehnjährigen Schwester Tanja im Hagener Judo-Center. Zweimal in der Woche versuchen die beiden Mädchen unter Anleitung eines erfahrenen Trainers die Techniken der Selbstverteidigung Jiu-Jitsu zu vervollkommnen.

Svenja und Tanja sind Teilnehmerinnen eines Mädchen-Selbstverteidigungs-Kurses, den der Leiter der Hagener Judo-Schule, Jochen Klose, bereits seit 1970 anbietet. Auf die Frage, warum er einen, speziell auf Mädchen und junge Frauen zugeschnittenen Selbstverteidigungs-Kurs anbietet, antwortet er: „Es ist wichtig, dass Mädchen und Frauen sich in Notsituationen verteidigen können. Untersuchungen gehen davon aus, dass in Deutschland alle 4-7 Minuten sexuelle Gewalt an Mädchen und Frauen ausgeübt wird. Es ist für die Opfer furchtbar, sexueller Gewalt ausgeliefert zu sein. Welche Demütigung bedeutet es für sie, in solchen Situationen wehrlos zu sein. In unserem Selbstverteidigungs-Kurs lernen sie, wie sie sich gegen solche Angriffe wehren können."

Jiu-Jitsu heißt die Selbstverteidigung, die Mädchen ab zwölf in einem einjährigen Kurs von erfahrenen Trainern vermittelt wird. Wie alle asiatischen Kampf- und Verteidigungssysteme basiert auch Jiu-Jitsu auf Naturgesetzen. In ihm sind Techniken der Distanzsportarten, des Nahkampfs, des Aikido, des Ringens und des Boxens enthalten. Es enthält Verteidigungsformen gegen bewaffnete Angriffe, einfache Angriffe oder auch das Abwehren von Angriffen mit einer Waffe.

Jiu-Jitsu entwickelte sich als Grifftechnik aus der indischen Massagekunst, gelangte nach China und nach Japan. In Japan wurde es von den Samurai-Rittern weiterentwickelt und schließlich auch außerhalb Asiens bekannt. „Jiu" heißt sanft oder nachgiebig und „Jitsu" Kunst. Jiu-Jitsu ist also die Kunst, durch Nachgeben zu siegen.

Die Kursteilnehmerinnen der Hagener Schule trainieren Fall-, Griff- und Schlagtechniken des Jiu-Jitsu.

Welche Voraussetzungen sollten die Mädchen für einen solchen Kurs mitbringen?

Jochen Klose sagt dazu: „Die Anfängerinnen müssen nicht unbedingt besonders sportlich oder kräftig sein. Sie trainieren ja in unterschiedlichen Leistungsgruppen. Leistungsprüfungen werden halbjährlich durchgeführt. Dann kann ein neuer Leistungsgürtel erworben werden. Je dunkler die Farbe des Gürtels, desto höher ist die Leistungsklasse.

Auch ein Kampfanzug ist für eine Anfängerin noch keine Pflicht. Sie kann ihn später anschaffen und zunächst in normalen Joggingsachen trainieren."

Die beiden Schwestern Svenja und Tanja sind keine Anfängerinnen mehr. Nach ihrem Training war ich natürlich neugierig und habe ihnen einige Fragen gestellt.

Klaus W. Hoffmann: Svenja, Tanja! Was ihr hier vorführt, sieht sehr gekonnt aus. Wie lange macht ihr schon Jiu-Jitsu?
Svenja: Seit zwei Jahren!
Tanja: Vorher haben wir Judo gemacht!
Klaus W. Hoffmann: Viele Mädchen spielen Tennis oder machen Aerobic. Warum habt ihr euch für Jiu-Jitsu entschieden?
Svenja: Wegen der Selbstverteidigung. Ich fühle mich sicherer, wenn ich weiß, wie ich Angriffe abwehren kann.
Tanja: Ich sehe das auch so.
Klaus W. Hoffmann: Wie seid ihr auf den Kurs aufmerksam geworden?
Svenja: Durch meine Eltern!
Tanja: Ich kann mich nicht erinnern. Ich war damals erst drei.
Klaus W. Hoffmann: Seid ihr selbst schon einmal von einem Mann belästigt worden?
Tanja: Ich nicht, aber meine Schwester!
Svenja: Ich wurde als ich sechs war, auf dem Schulweg von einem Mann überfallen. Er hat mich mit dem Riemen meines Schulranzens gewürgt. Ich konnte aber weglaufen. Als meine Eltern davon erfuhren, haben sie sich nach einer Judo-Schule erkundigt. Sie haben mich und Tanja dann im Hagener Judo-Center in der Eilper Straße angemeldet. Wir wollten das auch.
Klaus W. Hoffmann: Ihr habt ja nun durch jahrelanges Training gelernt, Angriffe abzuwehren. Seid ihr selbstsicherer geworden?
Svenja: Unsere Eltern finden, dass wir selbstsicherer geworden sind. Ich auch! Ich fühle mich sicherer!
Tanja: Ich sehe da keinen Unterschied. Vielleicht weil ich schon seit meinem dritten Lebensjahr hier trainiere.
Klaus W. Hoffmann: Was gefällt euch an dem Kurs ganz besonders gut?
Svenja: Dass das Training so wirklichkeitsnah ist.
Tanja: Das finde ich auch!
Klaus W. Hoffmann: Bei welchen Übungen habt ihr die größten Probleme?
Svenja: Bei Übungen mit Waffen – mit Holzmessern, Stöcken oder Spielzeugpistolen. Ich habe große Hemmungen, meine Trainingspartnerin mit einer Waffe anzugreifen.

Tanja: Ich auch!

Klaus W. Hoffmann: Wie reagieren eure Freundinnen und Freunde auf euer Jiu-Jitsu-Training?

Svenja: Die finden das gut! Ein Junge aus meiner Schulklasse hat sich auch schon angemeldet.

Tanja: Für meine Clique ist das nichts Besonderes. Die wissen ja, dass ich seit meinem dritten Lebensjahr zur Judo-Schule gehe. Aber sie haben kein Interesse an Jiu-Jitsu.

Klaus W. Hoffmann: Nehmen nur deutsche Mädchen am Kurs teil?

Svenja: Ja!

Klaus W. Hoffmann: Haben sich unter den Kursteilnehmerinnen schon Freundschaften entwickelt?

Svenja: Nein! Vielleicht weil andere Mädchen schon eine höhere Stufe der Ausbildung erreicht haben und nicht mit uns trainieren. Die Leistungsklassen trainieren getrennt.

Klaus W. Hoffmann: Wann ist der Kurs für euch beendet und was möchtet ihr dann alles können?

Svenja: Der Kurs dauert ja nur ein Jahr. Kann aber beliebig lange fortgesetzt werden. Wir machen nun schon zwei Jahre Jiu-Jitsu. Wir wollen uns aber noch weiter verbessern und weitere Prüfungen machen. Zweimal im Jahr gibt es eine Gürtelprüfung.

Klaus W. Hoffmann: Welche Farbe hat euer Leistungsgürtel?

Tanja: Gelb! Wir schaffen aber auch noch den grünen Gürtel.

Klaus W. Hoffmann: Dann wünsche ich euch weiterhin viel Spaß und Erfolg mit der Selbstverteidigung und bedanke mich für das Gespräch.

Adressen:

Dachverband für Judo-Techniken NRW e. V., Friedrich-Alfred-Str. 25

  47055 Duisburg, Tel. 02 03/73 81 01

Judo-Center-Hagen, Jochen Klose, Eilper Str. 121, 58091 Hagen,

  Tel. 0 23 31/1 35 23

Literatur

BATAILLE, G.: Das obszöne Werk. Reinbek bei Hamburg 1985

BÖHMER, A./EGGERT, M./KRÜGER, A.: Fühlen – Wahrnehmen – Handeln. Materialien zur Prävention von sexuellem Missbrauch für die Grundschule. Reihe Unterrichtsideen. Klett Leipzig 1995

BÖHMER, A./RIEGER, U.: „... schärfer als das Patriarchat?" Ein Reisebericht im Unterricht zum Thema Miteinander von „echten" Männern und Frauen. S. 33–38: in Ethik und Unterricht 9. Jg., 2/98, Themenheft Feministische Ethik

BUNDESZENTRALE FÜR GESUNDHEITLICHE AUFKLÄRUNG, ABTEILUNG SEXUALAUFKLÄRUNG (Hrsg.) Red.: Wissenschaftliche Grundlagen Teil 1 – Kinder – Angelika Heßling. Reihe: Forschung und Praxis der Sexualaufklärung Bd. 13.1 Köln 1999 (bei der BzgA kostenlos zu bestellen)

ENDERS, U. (Hrsg.): Zart war ich, bitter war's. Sexueller Missbrauch an Mädchen und Jungen. Erkennen – Schützen – Beraten. Köln 1990 (überarbeitete Neuauflage erscheint 2003)

GILLIGAN, C./BROWN, L. M.: Die verlorene Stimme. Wendepunkte in der Entwicklung von Mädchen und Frauen. München 1997

KIPER, H.: Sexueller Missbrauch im Diskurs. Eine Reflexion literarischer und pädagogischer Traditionen. Weinheim 1994

KRÜGER, A.: Ich bin ich, Du bist Du. Rollenspiele. (zu bestellen bei www.donnavita.de, Donna Vita, Kaiserstr. 139–141, 53113 Bonn)

KOCH, H./KRUCK, M.: „Ich werd's trotzdem weitersagen!" Prävention gegen sexuellen Missbrauch in der Schule (Klassen 1-10). Theorie, Praxisberichte, Literaturanalysen, Materialien. Münster 2000

KRAHÉ, B.: Sexuelle Aggression zwischen Jugendlichen: Prävalenz und Prädikatoren. Eine Untersuchung gefördert von der Deutschen Forschungsgemeinschaft (DFG). S. 93-122 in: Wissenschaftliche Grundlagen Teil 2 – Jugendliche. Bundeszentrale für gesundheitliche Aufklärung, Abteilung Sexualaufklärung (Hg.), Red.: Angelika Heßling. Reihe: Forschung und Praxis der Sexualaufklärung Bd. 13.2. Köln 1999 (bei der BzgA kostenlos zu bestellen)

LAPPE, K./SCHAFFRIN, I./TIMMERMANN, E. u. a.: Prävention von sexuellem Missbrauch. Handbuch für die Pädagogische Praxis. Ruhnmark 1993

MARQUARDT-MAU, B. (Hrsg.): Schulische Prävention gegen sexuelle Kindesmisshandlung. Grundlagen, Rahmenbedingungen, Bausteine und Modelle. Weinheim 1995

MAY, A.: Nein ist nicht genug. Prävention und Prophylaxe. Inhalte, Methoden und Materialien zum Fachgebiet Sexueller Missbrauch. Ruhnmark 1997

MÜLLER, W.: Skeptische Sexualpädagogik. Möglichkeiten und Grenzen schulischer Sexualerziehung. Weinheim 1992

10 Homosexualität

Für hetero-, bi- oder homosexuelle Lehrkräfte, die nicht ihre eigene Person in das Zentrum des Unterrichts stellen möchten, ist es besonders empfehlenswert, sich Kolleginnen und Kollegen aus Beratungsstellen oder Projekten für Homosexuelle als Experten in den Unterricht einzuladen (Adressen s. S. 231 ff.). In den meisten Bundesländern gibt es Empfehlungen der Kultusministerien, solche Experten einzubeziehen.

Um Ausgrenzungen von homosexuellen Jugendlichen zu vermeiden, ist es wichtig, dass das Thema Homosexualität nicht nur einmalig in einer einzigen Unterrichtseinheit behandelt wird, sondern die Aspekte und Fragen gleichgeschlechtlicher Lebensweisen bei allen Themen, die menschliche Beziehungen und Sexualität betreffen, integriert werden.

Für die heterosexuellen Jugendlichen ist es wichtig, alle Fragen, Vorurteile und Ängste aussprechen zu können, damit es wirklich normal wird über gleichgeschlechtliche Lebensweisen zu reden.

Etwa 5 % bis 10 % der Bevölkerung ist homosexuell. Die Zahlen variieren geringfügig je nach Zeit, Ort, Erhebungsmethode und Definition. In jedem Fall ist es statistisch wahrscheinlich, dass in jeder Klasse Jugendliche sind, für die das Thema Homosexualität sehr bedeutsam ist, weil entweder sie selbst oder ihre Eltern homosexuell sind. Wichtig ist eine respektvolle Unterrichtsatmosphäre, in der die Offenheit besteht, auch über die eigenen Gefühle sprechen zu können, es aber nicht zu müssen. Auf keinen Fall sollte die Stimmung für ein „Zwangsouting" provoziert werden.

Homosexuelle Identitätsentwicklung

Geschlechtsidentität und sexuelle Orientierung entwickeln sich unabhängig voneinander. Wie „weiblich" oder „männlich" Jugendliche sich fühlen, sagt nichts aus über ihre sexuelle Orientierung. Wenn auch die Vielfalt von Entwicklungsmöglichkeiten heute offener gesehen wird, so ist es doch immer noch für viele homosexuell liebende Jugendliche ein echtes Problem, so zu leben wie sie möchten. Daraus können sich viele psychosoziale Probleme ergeben, im schlimmsten Fall Isolation und Suizidgefährdung.

Das Schwierige am Thema Homosexualität ist, dass sich Jungen so gut wie nie trauen, über ihre Unsicherheiten zu sprechen. Eltern kommen als Ansprechpartner oft nicht in Frage, weil die Beziehung zwischen Eltern und Jungen zu nah ist, als dass ein solches Thema unbeschwert besprochen werden könnte. Überdies fürchten viele Jungen, von den Eltern für schwul gehalten zu werden. Ein Gespräch mit Mitschülern gestaltet sich ähnlich schwierig, da die Gefahr recht groß ist, von den anderen als potenzieller Schwuler geoutet zu werden. Das Klima in Schulklassen unter Jungen ist oft derart schwulenfeindlich, dass ein Gespräch ohnehin von vielen Schülern untereinander gemieden wird. Die Suche nach der sexuellen Orientierung machen die meisten Jungen daher mit sich alleine aus.

Die Kluft zwischen dem Interesse, das Homosexualität hervorruft und der Schwierigkeit, sich darüber mitzuteilen, muss für viele Jungen bedrückend sein. Dabei könnte eine konstruktive Auseinandersetzung mit Homosexualität und mit den eigenen schwulen Anteilen, sofern sie vorhanden sind, eine große Unterstützung auf dem Weg zur Heterosexualität sein. Es ist offensichtlich, dass es bei dem Interesse an homosexuellen Lebensformen nicht unbedingt um die eigentliche gleichgeschlechtliche Orientierung geht, sondern vielmehr um die Frage, wie viel weibliche Fantasien und Anteile ein Junge zulassen darf, um ein Mann zu werden. Je angstfreier sich ein Junge mit seinen weiblichen Anteilen befassen darf, je weniger er ein rigides Männerbild nach außen vertreten muss, desto einfühlsamer, sicherer und beziehungsfähiger wird er später im Kontakt zu Frauen.

Auch Mädchen befassen sich mit ihrer sexuellen Orientierung, jedoch weitaus weniger ängstlich, abwehrend und aggressiv als Jungen. Das im Vergleich zu Jungen eher durchschnittliche Interesse an Homosexualität hat vermutlich auch etwas damit zu tun, dass der Begriff „Homosexualität" gesellschaftlich noch immer eher mit männlicher Homosexualität gleichgesetzt wird als mit weiblicher. Es sind mehr die schwulen Politiker, Popstars und Schauspieler, die uns in der Öffentlichkeit begegnen, als die lesbischen. Es sind die Schwulen, die jahrzehntelang gegen einen Paragrafen ankämpfen mussten, nicht die Lesben. Insofern ist eine mögliche Entwicklung zur lesbischen Frau noch nicht gleichermaßen ins öffentliche Bewusstsein gerückt wie eine mögliche Entwicklung zum schwulen Mann. Lesbischsein wird von vielen noch nicht als gleichwertige Alternative zu weiblicher Heterosexualität wahrgenommen. Dies wiederum ermöglicht es manchen Mädchen, sich einer inneren Auseinandersetzung leichter zu entziehen, als Jungen das mit männlicher Homosexualität tun können.

Angesichts der Sprachlosigkeit, die die Suche der Jugendlichen auf ihrem Weg zu ihrer sexuellen Orientierung begleitet, könnte der Lehrer eine Schlüsselfunktion übernehmen. Durch Wissensvermittlung und geeignete pädagogische Übungen und Methoden sollten Jugendliche mit den verschiedenen sexuellen Orientierungen konfrontiert werden und die Möglichkeit erhalten, angstfrei sich zu informieren und zu diskutieren.

Man sollte übrigens darauf vorbereitet sein, dass man auf eine große innere Abwehr bei den Schülern, besonders bei den Jungen, stoßen kann. Es kommt immer wieder vor, dass die Jugendlichen betonen, wie uninteressant das Thema doch sei, wie wenig es doch mit ihnen selbst zu tun habe. Diese Bemerkungen sollten nicht einfach übergangen oder hingenommen werden, sondern sie dienen oft einem Selbstschutz. Sie haben die Funktion, vor allem die Klassenkameraden davon zu überzeugen, selbst nicht schwul oder lesbisch zu sein. Dieser Selbstschutz ist sehr ernst zu nehmen. Insofern ist bei allen folgenden Übungen darauf zu achten, dass sich niemand gegen seinen Willen outet.

Unterrichtshilfe und Übungsteil

Es kann sehr unterstützend sein, den Jugendlichen ein möglichst umfangreiches, detailliertes Wissen über sexuelle Orientierungen vorzustellen. Informationen haben den Vorteil, dass eine emotionale Distanz gewahrt bleiben kann, die so wiederum einen angstfreien Zugang zum Thema ermöglicht. Als Themen bieten sich an (vgl. BRAUN/MARTIN 2000):

Geschichte: Heterosexualität und Homosexualität in Deutschland vom 19. Jahrhundert bis heute

Gesellschaft: Die politische Situation verheirateter Paare im Vergleich zu unverheirateten hetero- und homosexuellen Paaren

Andere Kulturen: Der Umgang mit Homosexualität in der islamischen Kultur

Homophobie: Was ist Homophobie, und was veranlasst vorwiegend Männer zu homophobem Verhalten.

Psychologie: Gibt es Zusammenhänge zwischen Frauen- und Schwulenfeindlichkeit?

Coming-out: Was ist ein Coming-out? Erleben Heterosexuelle auch so etwas wie ein Coming-out?

Kontakte: Wo und wie lernen sich Heterosexuelle kennen? Wo und wie lernen sich Homosexuelle kennen?

Beziehungen: Mit welchen Themen beschäftigen sich heterosexuelle Paare, mit welchen Themen beschäftigen sich homosexuelle Paare?
Rollen: Wie empfinden Bisexuelle? Was ist Transsexualität?

Platon und das Geheimnis „echter Liebespaare"

Jahrgangsstufe: ab 9

Was ist das Geheimnis „echter Liebespaare"? Man kann sich den richtigen Partner für eine „Liebespartnerschaft" nicht „backen", wie früher Großmütter sagten. Man kann ihn oder sie nur finden. Das wusste schon der griechische Philosoph Platon (427–347 v.Chr.), der diesen Zusammenhang in ein treffliches Bild fasste. Wir haben hier die in Form eines Mythos vor über zweitausend Jahren formulierte, bislang beste „Theorie" der Entstehung von Homosexualität.

Der nachfolgende Text kann als Einführung in die Thematik „Homosexualität" verwendet werden.

Platon: Das Gastmahl (Symposion)
Eine Tischgesellschaft im alten Griechenland unterhält sich über das Wesen des Eros, der wahren Liebe. Ein Gast namens Aristophanes erklärt die Ursache der schmerzlichen Sehnsucht, die die Menschen nacheinander empfinden. Alles hat seine Ursache am Beginn der Welt.
Die ersten Menschen waren Doppelwesen. Als Kugelmenschen waren sie immer zu zweit. Sie hatten einen dicken Leib, vier Beine und vier Arme und auf einem Halse einen Kopf mit zwei Gesichtern. Sie bewegten sich radschlagend fort, kugelten sich durch das Leben. Es gab zu der Zeit drei Geschlechter, eine Sorte Kugelmensch bestand aus Mann und Frau, eine bestand aus zwei Frauen, die dritte aus zwei Männern. Den Menschen in dieser Gestalt ging es hervorragend. Sie waren guter Dinge und an Kraft und Stärke waren sie gewaltig. Sie waren so mächtig, dass die Götter fürchteten, dass sie ihnen gefährlich werden könnten. So beschlossen Zeus und die anderen Götter, ihnen zu schaden, ohne sie ganz umzubringen, denn man wollte ja schließlich noch Menschen behalten, die den Göttern nützlich sein könnten.
So zerschnitt man den Menschen in zwei Hälften. Damit die Bauchseite nicht ungeschützt blieb, zog man die Haut über dem Bauch zusammen und band sie im Bauchnabel fest. Nun stand der Mensch allein da und verlor seine ursprüngliche Kraft und Sicherheit.
Seit der Zeit sehnt sich jeder Mensch nach seiner anderen Hälfte und wenn er sie trifft, schlingen sie sich ineinander, umarmen sich fest und spüren, dass sie eigentlich eins sind. Mann und Frau, Frau und Frau oder Mann und Mann.
Nacherzählt von A. Böhmer

Im Anschluss an diese Kurzform kann bei Interesse der Text von Platon im Original vorgelesen werden (Platon: Das Gastmahl. Stuttgart (Reclam) 1999, S.55 ff.).

Hetero, Homo, Bi: Vorteile, Nachteile, Vorurteile

Jahrgangsstufe: ab 5

Eine Übung, die sich in der Arbeit mit allen Altersgruppen als sehr produktiv erwiesen hat, ist die einfache Aufzählung von spontan in der Gruppe geäußerten Ansichten zu den Vorteilen und Nachteilen der jeweiligen Lebensform. Wenn von vornherein die drei Möglichkeiten sexueller Orientierung nebeneinander gestellt werden und von allen die Vorteile und Nachteile gesucht werden, so kann man leicht in der Diskussion über bekannte Stereotype hinauskommen.

Arbeitsanleitung: Die in Kleingruppen aufgeteilten Schüler erhalten die nachfolgende Tabelle, in die Sie nach gemeinsamer Diskussion die Vor- und Nachteile der jeweiligen Lebensform eintragen sollen. Anschließend sollen sie bekannte Vorurteile sammeln.

	Vorteile der Lebensform	Nachteile der Lebensform	Vorurteile über die Lebensform
Heterosexuelle Frauen			
Bisexuelle Frauen			
Lesbische Frauen			
Heterosexuelle Männer			
Bisexuelle Männer			
Schwule Männer			

Auswertung: Bei allen Äußerungen der Schüler kann häufig die Nachfrage: „Woher wisst ihr das?" sinnvoll sein. Die geäußerten Vorurteile sollten in jedem Fall korrigiert werden.

Hintergrundinformation

Can you see me? „Weibliche" Lesben, „männliche" Schwule, unweibliche Heteros, unmännliche Heteros

Es ist heute schwer, junge Lesben und Schwule an äußeren Merkmalen zu erkennen. Viele junge heterosexuelle Frauen orientieren sich an einem eher androgynen Schönheitsideal und geben sich so, wie Anfang der 80er-Jahre nur „Junglesben" ausgesehen haben. Und viele junge Lesben orientieren sich in ihrem äußeren Erscheinungsbild an sehr „weiblich attraktiven" Vorbildern. Viele Schwule wirken „machohafter" als heterosexuelle Männer, von denen heute viele ihre Emotionalität bejahen und leben können. Aber es gibt natürlich auch die eher gängigen Klischees entsprechenden männlich wirkenden lesbischen Frauen und die zart oder weiblich wirkenden homosexuellen Männer.

Spätestens die sozialwissenschaftlichen Debatten um die Verschiedenheit von „Sex" (dem biologischen Geschlecht) und „Gender" (dem Gesamt an sozial erworbenen Geschlechtsrollenmerkmalen, vor allem dem eigenen Erleben) haben verdeutlicht, dass sexuelle Orientierung und äußeres Erscheinungsbild nicht miteinander korrelieren müssen. Die Annahme, dass auch in homosexuellen Beziehungen immer eine/r „männlich" und eine/r „weiblich" agiert, ist ein heterosexueller Mythos, der fraglos voraussetzt, dass sich Begehren nur in der Polarität von aktiv – passiv, dominant – unterwürfig ereignet. Einmal für die Tatsache sensibilisiert, dass im biologischen Körper nicht immer eine entsprechende „normale" Geschlechtsidentität steckt, fallen z. B. die vielen sportlichen „schwulen Heteropaare" auf, vor allem beim Radfahren, Wandern und in rauen Bedingungen, wie z. B. im Winter an der Nordsee. Gemeint sind damit Paare, bei denen die Frau den gleichen Haarschnitt, den gleichen Anorak, die gleiche Hose, das gleiche „Kumpelverhalten" hat wie ihr männlicher Partner. Auf der „Gender"-Ebene handelt es sich um ein Männerpaar. Klischeehafte Weiblichkeit ist in solch einer Beziehung nicht vorhanden und wird anscheinend auch nicht vermisst.

Was ist eigentlich typisch?

Jahrgangsstufe: ab 5
Material: Abbildungen aus Zeitungen, Zeitschriften; Ansichtskarten
Arbeitsanleitung: Die Schüler sollen in Gruppen die vorhandenen Bilder in die Kategorien „typisch heterosexuelle Männer und Frauen", „untypische

heterosexuelle Männer und Frauen" sowie „Schwule" und „Lesben" einordnen und anschließend an der Tafel unter den entsprechenden Rubriken anheften.

Auswertung: Welche Informationen waren wichtig für eine Entscheidung? Für wen ist es überhaupt wichtig zu erkennen, welche sexuelle Orientierung jemand hat?

Homo- und bisexuelle Prominente

Jahrgangsstufe: ab 9

Im Deutschunterricht empfiehlt es sich das Werk (oder Teile davon) homosexuell lebender Schriftsteller/innen zu behandeln und über deren Lebensweise im Zusammenhang mit der Lektüre zu sprechen:

Klassiker ist z. B. „Das Bildnis des Dorian Gray" von Oscar Wilde. Empfehlenswert wäre auch, einmal etwas von Gertrude Stein, Jeanette Winterson oder Rita Mae Brown zu lesen. Weitere homosexuelle Autorinnen und Autoren, siehe „Out!" (FESSEL/SCHOCK 1998).

Sehr interessant ist das Buch „Die Trompeterin" von Jackie Kay. Berlin 1999 (auch als Fischer Taschenbuch erhältlich). Eine schwarze Frau verkleidet sich als Mann, Joss Moody macht eine Karriere als Jazz-Musiker und lebt verheiratet mit seiner Frau und seinem Adoptivsohn. Beim Tod von Joss Moody erfährt sein Sohn, dass sein Vater eine Frau war.

Sehr bekannt wurde das Buch „Aimee & Jaguar. Eine Liebesgeschichte, Berlin 1943" von Erika Fischer. Es beschreibt die authentische Liebesgeschichte zwischen einer Jüdin und einer deutschen Soldatenehefrau und Mutter. Der Film ist inzwischen als Video im Handel. Man kann Film und/oder Buch gut im Zusammenhang mit der Geschichte des Nationalsozialismus behandeln.

Hintergrundinformation

Berühmte homo- und bisexuelle Stars in Vergangenheit und Gegenwart
Berühmte homosexuelle Filmstars, die besonders als männliche und weibliche Ikonen galten, waren Rock Hudson und Greta Garbo. Die haben allerdings nicht „out" gelebt. Inzwischen hat sich einiges geändert. Die berühmte Tennisspielerin Martina Navratilova und Judy Nelson waren ein weltbekanntes Frauenpaar. Ihre Trennung war in Amerika ein Medienereignis. Der Sänger der Gruppe R.E.M., Michael Stipe, ein Mädchenschwarm,

hat bei der Veröffentlichung seiner letzten CD bekannt gegeben, dass er seit drei Jahren mit seinem Freund zusammenlebt. Teil der deutschen Alltagskultur sind bekannte Homosexuelle wie Hella von Sinnen, die Tatortkommissarin Ulrike Folkerts und der Talkmaster und Hobbykoch Alfred Biolek oder der Schauspieler Hape Kerkeling. Inzwischen sind auch die Politikertöchter Cornelia Scheel und Miriam Müntefering als lesbisch bekannt. Sehr offen geht der Politiker Volker Beck mit seiner schwulen Lebensweise um. In dem Buch „Out!" (FESSEL/SCHOCK 1998, S. 315) wird auch die Homosexualität eines berühmten FDP-Politikers als „offenes Geheimnis" bezeichnet, allerdings eines, das nicht öffentlich zum Thema gemacht wird. Dieser hat nicht gegen dieses „Outing" geklagt. Anders der ARD-Nachrichtensprecher Jens Riva, der den Querverlag wegen Falschbezeichnung als Homosexueller verklagte. Der Verlag musste sofort eine Neuauflage drucken. Rivas Schritt hat Diskussionen ausgelöst. Ist es so schlimm als homosexuell bezeichnet zu werden, dass man jemanden auf Schadenersatz verklagen sollte? Ein anderes Beispiel ist die berühmte Filmschauspielerin Jodie Foster, die von ihrem Bruder und lesbischen Aktivistinnen immer wieder „zwangsgeoutet" wurde, sich selbst aber niemals zustimmend oder dementierend dazu äußerte. Im Juni 2001 gab es ein großes Medienereignis. In Berlin wurde ein offen homosexuell lebender SPD-Politiker zum Bürgermeister gewählt. Klaus Wowereit hatte sich kurz vor seiner Wahl auf dem SPD-Parteitag mit den Worten: „Ich bin schwul und das ist gut so" geoutet. In allen Medien wurde plötzlich das Thema „Outing" diskutiert. Der SPD-Politiker Müntefering, Vater einer lesbischen Tochter, sagte in einem Interview, dass Schwule und Lesben für alle Ämter geeignet seien. Es könnte sogar ein Schwuler Papst werden. Dem widersprach allerdings die katholische Kirche.

Darf oder soll man prominente Schwule und Lesben outen?

Jahrgangsstufe: ab 9

In Jugendzeitschriften und Zeitungen, die die Jugendlichen lesen, Meldungen über Homosexuelle und deren Outings sammeln lassen (wie z. B. im Juni 2001 über Klaus Wowereit, den ersten schwulen Bürgermeister von Berlin). *Auswertung:* Die Schüler stellen ihre Ergebnisse vor. Weiterführende Fragen:

Welche prominenten Schwulen, Lesben, Bisexuellen kennt ihr? Was wisst ihr über ihr Leben? Findet ihr es gut oder schlecht, dass sie offen ihre sexuelle Orientierung leben? Ist es feige, wenn berühmte oder andere Homosexuelle unerkannt leben wollen? Sollten Homosexuelle von anderen geoutet werden (dürfen)? In der Diskussion sollten Argumente pro und contra gesammelt werden.

Weitere Quellen für das Thema prominente Homosexuelle:

FESSEL, K.-S. und SCHOCK, A.: Out! 500 berühmte Schwule, Lesben und Bisexuelle. Berlin 1998 (2. Aufl.)

SCHUPP, K.: Angst vor den wilden Lesben. Skandale, Klatsch & Tratsch. Berlin 1998

Meine Oma ist lesbisch!

Jahrgangsstufe: ab 5

Der Lehrer liest den nachfolgenden Text vor oder händigt ihn als Arbeitsbogen den Schülern aus.

Meine Oma ist lesbisch!
Ich habe eine tolle Oma. Etwas ungewöhnlich. Meine Oma Ruth und Clara sind beide ungefähr 60 Jahre alt. Sie sind ein altes Ehepaar, eigentlich sogar wirklich ein Liebespaar. Sie lachen ganz viel miteinander und nehmen sich andauernd in den Arm. Mehr als meine Eltern.
Sie haben sich damals kennen gelernt, da waren sie ungefähr 30 Jahre alt. Ruths jüngste Tochter Betty war damals fünf Jahre alt. Clara kam aus einer anderen Stadt nach Berlin und fand für ihren damals vierjährigen Sohn Markus einen Platz in dem Kinderladen, in dem auch Ruth ihre Tochter hatte. Sie erzählen heute gern über die 70er-Jahre in Berlin. Sie haben damals viel Zeit miteinander verbracht, sich ineinander verliebt und sind dann zusammengezogen. Ruth musste sich noch von ihrem Mann trennen. Der war deshalb wohl sehr traurig. Clara war sowieso allein mit Markus.
Meine Oma Ruth hat drei Kinder und schon fünf Enkelkinder. Clara hat ein Kind und ein Enkelkind. Wir alle sind immer viel zusammen. Sogar der Opa, der Ex-Mann von Ruth, ist oft dabei. Der hatte zwischendurch mal eine neue Frau, aber die ist wieder weg. Wenn ich meinen Freunden davon erzähle, gucken sie oft ganz erstaunt oder blöd, aber irgendwie ist alles so stinknormal bei meiner Oma. Zu Oma sage ich Oma und zu Clara sage ich Clara.
Stefanie, 13 Jahre

Arbeitsanleitung:

■ Erzählt oder erfindet Geschichten von Familien, in denen schwule und lesbische Paare mit Kindern leben. Wie stellt ihr euch das vor?

- Stell dir vor, deine Eltern würden sich trennen:
- Wie wäre es für dich, wenn deine Mutter mit einer Frau ankäme?
- Wie wäre es für dich, wenn dein Vater mit einem Mann ankäme?

Sexualität in der Welt der Zeitungsannoncen

Jahrgangsstufe: ab 10
Material: Kontaktanzeigen aus Zeitungen
Die Schüler vergleichen und analysieren in geschlechtshomogenen Gruppen homo- und heterosexuelle Beziehungs- und Sexannoncen.
1. Was schreiben heterosexuelle Frauen?
2. Was schreiben heterosexuelle Männer?
3. Was schreiben Lesben?
4. Was schreiben Schwule?
5. Anzeigen für Prostitution: Welches Angebot gibt es für männliche Kunden?
6. Welches Angebot gibt es für Kundinnen?
7. Wie hängen schwule und lesbische Lebensformen mit männlichen und weiblichen Rollen überhaupt zusammen?

Hintergrundinformation

Homosexuelle Lebenskultur und Subkultur. Sind Schwule und Lesben noch verschiedener voneinander als Männer und Frauen?
Das folgende Thema setzt ein recht hohes Reflexionsniveau der Schüler voraus, damit es unter gesellschaftskritischem Blickwinkel und nicht (nur) unter dem Gesichtspunkt einer gewissen Sensationslust betrachtet werden kann. Alle Schüler interessieren sich für die Unterschiede zwischen den Geschlechtern. Diese wie auch immer politisch, sozial und/oder biologisch zu begründenden Unterschiede zeigen sich am deutlichsten, wenn man die Subkulturen von Schwulen und Lesben vergleicht.

Männliche Heterosexualität ist gekennzeichnet durch ein (mehr oder weniger) gesellschaftlich akzeptiertes Nebeneinander von Sexualität in einer Partnerschaft und Formen der Sexualität wie Bordell, Peepshow, Pornografie. Sexuelle Bedürfnisse werden bei Männern auch unabhängig von einer personalen Beziehung akzeptiert, in der Regel werden sie als „natürlich" bezeichnet. Am ausgeprägtesten ist das dort zu beobachten, wo Männer ganz unter sich bleiben. Die Lektüre von Annoncen in insbesondere schwulen Stadtzeitungen erschließt den Markt und die Möglichkeiten mehr oder weniger anonymer Ausübung von männlicher Sexualität: Sauna, Dark Room, Klappe, Sex-Partys, Sex-Kinos, Treffpunkte in Parks. Auch eine nicht unbeträchtliche Zahl verheirateter Familienväter besucht diese Szene. Im Gegensatz zur heterosexuellen Lust (Prostitution) muss hier meist nicht für den schnellen anonymen Sex gezahlt werden. Es gibt auch Prostitution unter Männern. Aber daneben und ganz unabhängig davon ist die Promiskuität unter Schwulen eine normale und verbreitete Variante der Sexualität, ganz im Gegensatz zur Lebensweise von Frauen.

Weibliche Heterosexualität bedeutet(e) die Zuständigkeit für Nähe, Gefühl, echte Liebe, tiefe Bindung. „Ich schlafe mit ihm, weil ich ihn liebe. Es macht mir nicht so viel Spaß, aber er braucht das ja …". Viele unserer (Ur-) Großmütter haben einen solchen Satz selbstverständlich gesagt. Heute ist einiges anders. Weibliche Sexualität hat seit der Erfindung der Antibabypille, der Thematisierung von klitoraler und vaginaler Lust und vor allem durch die wachsende ökonomische Unabhängigkeit von Frauen einen eigenen Stellenwert bekommen. Der weibliche Orgasmus ist nicht mehr Glückssache sondern ein Anspruch. In den letzten 20 Jahren entstand sogar ein kleiner Markt an männlichen und weiblichen Prostituierten für Frauen.

Dennoch ist weiterhin der wichtigste Ort für weibliche Sexualität die Beziehung. Schaut man nun in die lesbische Subkultur, so existiert in Bezug auf anonymen Sex nichts der schwulen Subkultur Vergleichbares. Ob die Ursachen nun sozialisationstheoretisch, politisch und/oder biologisch gesucht und gefunden werden, es ist so.

Popstars

Jahrgangsstufe: ab 7

Intention: Sensibilisierung für unterschiedliche sexuelle Orientierungen, Auseinandersetzung mit Vorurteilen und Klischees.

Die Namen von zehn weiblichen und männlichen Popstars werden an die Tafel geschrieben. Die Namen können auch zugerufen werden.

Die Schüler versuchen nun, den Popstars der Reihe nach eine sexuelle Orientierung (hetero-/homo-/bisexuell) zuzuordnen und ihre Entscheidung zu begründen.

Auswertung: Diskussion und Hinterfragung von Sinn und Unsinn, Wert und Unwert von derartigen Vorurteilen.

Sex, eine Gebrauchsanweisung für Jugendliche

Jahrgangsstufe: ab 7

Intention: Annäherung an das Thema Homosexualität

Material: Film – „Sex, eine Gebrauchsanweisung für Jugendliche",
18 Minuten, Farbe. Frei ab 12. Atlas Film. Zu beziehen
über die Landesbildstellen. Der Film behandelt in einigen
kurzen Sequenzen einfühlsam das Thema „Homosexualität" und eignet sich daher zur angstfreien Konfrontation.
Die meisten Schüler sehen diesen Film mit großer Auf-
merksamkeit und Spannung, beginnen aber zu kichern
oder zu brüllen, wenn Homosexualität thematisiert wird –
ein Indiz dafür, wie bewegend das Thema ist. Es kann zum
Nachdenken anregen, wenn die Lehrkraft die Reaktionen
den Jugendlichen spiegelt, denn den meisten ist oft gar
nicht bewusst, dass sie abwehrend reagieren.

Arbeitsanleitung:

1. Der Film ist ein allgemeiner Aufklärungsfilm. Hat das Thema Homosexualität da überhaupt etwas zu suchen?

2. Wie ging es euch, als das Thema Lesben/Schwule angeschnitten wurde?

3. Mir ist aufgefallen, dass es die ganze Zeit über recht ruhig im Raum war,
aber als das Thema Lesben und Schwule aufgegriffen wurde, wurde es
laut. Wie kommt das?
Oder umgekehrt: Es war die ganze Zeit laut, aber bei diesem Thema wurde es still.

4. Gab es etwas im Film, das euch besonders gut gefallen bzw. besonders
befremdet hat?

5. Welche Facetten des Zusammenlebens greift der Film auf?
Im Film wird behauptet, dass es völlig in Ordnung sei, auch Gefühle zum
eigenen Geschlecht zu haben. Wie seht ihr das?

12-Bilder-Übung

Jahrgangsstufe: ab 10

Intention: Reflexion eigener Vorurteile und Klischees

Material: je 6 Fotos von unbekannten Frauen und Männern (z. B.
aus Zeitschriften), Karteikarten, Stifte.

Der Lehrer hängt die Fotos an die Wand. Die Männerbilder werden gekennzeichnet mit A1 bis A6, die Frauenbilder mit B1 bis B6 oder umgekehrt.

Die Schüler sollen nun den jeweiligen Menschen auf den Fotos eine sexuelle Orientierung zuordnen, wobei sie auf ihr spontanes, erstes Gefühl hören sollen. Sollten sich einige Schüler weigern, weil sie dies als Stigmatisierung empfinden, so bedeutet dies kein Scheitern der Übung. Es kann zum Anlass genommen werden, Vorurteile und Klischees grundsätzlich in Frage zu stellen und zu diskutieren.

Auswertung: Bei einer anschließenden Diskussion sollte die Lehrkraft Vorurteile und Klischees zum einen in Frage stellen, zum anderen aber auch als Gedankenspiel erlauben. Denn jede Begegnung mit einem uns unbekannten Menschen aktiviert innere Vorurteile in uns. Einige davon werden bestätigt, andere müssen verworfen werden. Während es Lesben und Schwule gibt, die dem gängigen Klischee ganz und gar entsprechen wie Tunten oder Macholesben, gibt es wiederum eine Vielzahl derer, die sich Klischees widersetzen. Dasselbe gilt für Heterosexuelle. Nicht jeder heterosexuelle Mann ist ein grölender Fußballfan, nicht jede heterosexuelle Frau ein braves Hausmütterchen. Aber es gibt sie. Insofern darf es nicht darum gehen, den Schülern die eigene Sicht der Klischees und Vorurteile auszureden, denn das würde ihre Wahrnehmungsfähigkeit in Frage stellen und einschränken. Es geht darum zu erkennen, dass sexuelle Orientierungen mitunter deutlich sichtbar sein können, dass sie sich aber oft auch verbergen und oft auch das Gegenteil dessen sind, was wir sehen.

Der heiße Stuhl

Jahrgangsstufe: ab 7
Intention: Erleben von Vorurteilen
Material: Stifte, 3 „heiße" Stühle, vorbereiteter Arbeitsbogen mit nachfolgendem Schema

Heterosexuelle Frauen sind ...	Heterosexuelle Männer sind ...	Lesben sind ...	Schwule sind ...

Die Schüler stellen möglichst viele Stichworte in den einzelnen Rubriken zusammen. Anschließend werden die Zettel in die Mitte des Raumes auf einen Haufen gelegt. Die Schüler ziehen sich nun je einen Zettel aus dem Haufen. Jetzt setzen sich jeweils drei aus der Klasse in die Mitte des Raumes auf je einen „heißen Stuhl" und werden gebeten, sich für wenige Minuten mit einer sexuellen Orientierung, zum Beispiel Lesbischsein, zu identifizieren. Die Mitschüler rufen nun nacheinander all die Stichworte in den Raum, die – in diesem Fall zu Lesben – auf ihren Zetteln stehen. Anschließend setzen sich drei andere in die Mitte und hören sich die Stichworte zu einer weiteren sexuellen Orientierung an. Nach jeder Runde sollten die drei wieder aus ihren Rollen entlassen werden. Wichtig ist, dass nicht eine Person in der Mitte sitzt, sonst ist die Gefahr groß, dass zu großer Druck entsteht. Am Ende der Übung wird über die Empfindungen während der Übung gesprochen.

Vier-Ecken-Übung

Jahrgangsstufe: ab 9

Intention: Reflexion über eigene und gesellschaftliche Standpunkte

Material: 5 große Blätter pro These

Die folgenden Thesen in großer Schrift aufschreiben – eine These pro Blatt und in jede Ecke des Raumes ein Blatt legen.

- Niemand weiß, woher Heterosexualität eigentlich kommt!
- Lesben haben oft sehr negative Erfahrungen mit Männern gemacht!
- Im Grunde sind alle Menschen bisexuell!
- Ich habe überhaupt nichts gegen Schwule, aber es würde mich stören, wenn sie meinen besten Freund berühren würden!

Die Schüler sollen sich die einzelnen Standpunkte – ohne miteinander zu reden – der Reihe nach durchlesen und sich anschließend für einen Standpunkt entscheiden, der sie emotional entweder sehr stark anspricht oder extrem wenig anspricht. So bilden sich vier Gruppen heraus, die sich nun zusammensetzen sollen, um ihren jeweiligen Standpunkt zu diskutieren. Die Gruppenergebnisse werden protokolliert.

Auswertung: Im Plenum werden die Ergebnisse vorgetragen und diskutiert. Als Ergebnis der These „Im Grunde sind alle Menschen bisexuell" könnte Folgendes herauskommen:

In einer Gruppe kann die Ambivalenz deutlich werden, die dieser Satz bei Einzelnen auslöst, nämlich: einerseits den Satz richtig zu finden (weil man das ja irgendwo schon einmal gehört hat), andererseits jedoch mit eigenen Vorurteilen zu kollidieren, oder zu spüren, dass man selbst überhaupt keine homo(hetero-) sexuellen Empfindungen hat. Die innere Widersprüchlichkeit zum Thema „Sexuelle Orientierung" könnte als Ergebnis bei jeder Aussage deutlich werden. Es kann aber auch herauskommen, dass die Gruppe sich einigt: Ja, alle Menschen sind bisexuell, oder: Nein, die Aussage trifft überhaupt nicht zu.

Ich darf, ich darf nicht, ich muss

Jahrgangsstufe: ab 7
Intention: Auseinandersetzung mit unterschiedlichen sexuellen Orientierungen
Material: Stoffe, vorbereitete Arbeitsbögen

Als Lesbe ...
darf ich: _____
darf ich nicht: _____
muss ich :   _____

Als heterosexuelle Frau ...
darf ich: _____
darf ich nicht: _____
muss ich :   _____

Als Schwuler ...
darf ich: _____
darf ich nicht: _____
muss ich :   _____

Als heterosexueller Mann ...
darf ich: _____
darf ich nicht: _____
muss ich :   _____

Die Schüler ergänzen jeweils die Sätze.
Auswertung: Fakten, Fiktionen, Vorurteile werden benannt.

Fragen zur sexuellen Orientierung

Jahrgangsstufe: ab 7
Intention: Informationen über homo- und heterosexuelle Lebensformen in unserer Gesellschaft erhalten.
Material: vorbereitete Fragekarten
Die einzelnen Arbeitsgruppen erhalten eine bestimmte Anzahl von Fragekarten, die sie gemeinsam beantworten sollen.

- Was schätzt du, wie viel Prozent der deutschen Bevölkerung heterosexuell sind?
- Kennst du lesbische Popstars oder Schauspielerinnen?
- Was ist der Christopher-Street-Day?
- Woran erkennt ein Junge oder ein Mädchen, ob er oder sie heterosexuell, bisexuell, lesbisch oder schwul ist?
- Bei welchen Sexualpraktiken wird das HIV-Virus übertragen?
- Was ist der Unterschied zwischen Transvestiten und Transsexuellen?

Alternative: Für jede richtig beantwortete Frage gibt es einen Punkt, für jede falsch beantwortete wird ein Punkt abgezogen. Die Siegergruppe erhält als Gewinn Kondome.

Literatur

BRAUN, J.: Ich will keine Schokolade. Das Coming-out Buch für Schwule. Reinbek 2001

BRAUN, J./MARTIN, B.: Gemischte Gefühle. Ein Lesebuch zur sexuellen Orientierung. Rowohlt 2000. www.gemischte-gefuehle.de

BUNDESZENTRALE FÜR GESUNDHEITLICHE AUFKLÄRUNG: Mein Kind fällt aus der Rolle. Kostenlos zu bestellen bei der BzgA. www.bzga.de

BUTLER, J.: Das Unbehagen der Geschlechter. Frankfurt 1991

DE WAAL, F.: Wilde Diplomaten. Versöhnung und Entspannungspolitik bei Affen und Menschen. München 1991

ETGETON, S./HARK, S.: Freundschaft unter Vorbehalt. Chancen und Grenzen lesbisch-schwuler Bündnisse. Berlin 1997

FESSEL, K.-S./SCHOCK, A.: Out! 500 berühmte Schwule, Lesben und Bisexuelle. Berlin 1998[2]

FREI, A./KLIMKE, C.: Lieb doch die Männer und die Frauen. Bisexualität – Der zweite siebte Himmel. Reinbek 1998

GISSRAU, B.: Die Sehnsucht der Frau nach der Frau. Psychoanalyse und weibliche Homosexualität. Zürich 1997

GROSSMANN, T.: Schwul – na und? Reinbek 1994

In jeder Klasse. Lesbische und schwule Jugendliche in der Schule – Eine Studie aus den Niederlanden. Berlin 1997 (zu bestellen: Gewerkschaft Erziehung und Wissenschaft, Ahornstr. 5, 10787 Berlin)

KAY, M.: Diese Liebe nehme ich mir. Der Lesbenratgeber. Rowohlt 2001

LESBENBERATUNG BERLIN (Hrsg.): „Lesbisch. Wenn Frauen Frauen lieben. Eine Broschüre für alle, die mehr über Lesben wissen wollen", Berlin 1991

LÄHNEMANN, L.: Lesben und Schwule mit Kindern – Kinder homosexueller Eltern, Dokumente Schwul-lesbischer Emanzipation Nr. 16, Senatsverwaltung für Schule, Jugend und Sport, Referat für gleichgeschlechtliche Lebensweisen Berlin (Hrsg.) 1996

MADSEN, A.: Der Nähkreis. Hollywoods größtes Geheimnis: Die Diven und ihre Liebe zu Frauen. München 1998

MORGENTHALER, F.: Homosexualität, Heterosexualität, Perversion. Frankfurt a. M. 1994

SCHUPP, K.: Angst vor den wilden Lesben! Skandale, Klatsch & Tratsch. Berlin 1998

SOMMER, V.: Wider die Natur? Homosexualität und Evolution. München 1990

Geschichten über homosexuelle Jugendliche

BAUER DANE, M.: „AM I BLUE? Geschichten von der anderen Liebe", Hamburg 1996
Die Sammlung von vierzehn lebensnahen, unspektakulären, oft humorvollen Alltagsgeschichten über die Erfahrungen von lesbischen und schwulen Jugendlichen ist für den Unterricht sehr geeignet. Zielgruppe: 12–16 Jahre

Kommentierte Literaturempfehlungen für Jugendromane über junge Lesben und Schwule gibt es in allen Lesben- und Schwulenberatungsstellen, in Frauen- und Schwulenbuchläden und über „KomBi. Kommunikation und Bildung vom anderen Ufer", z. B. Kluckstr. 11, 10785 Berlin-Tiergarten, Telefon: 0 30/2 15 37 42

11 Sexualerziehung in der multikulturellen Schule

„Ich heiße Roza Bilbas und komme aus dem Irak. Ich bin zufrieden und habe auch noch nichts Schlechtes erlebt. Es gibt ja manche Deutsche, die uns als Ausländer angucken, aber das sind ganz wenig. Solche Menschen gibt es überall in der Welt, deshalb ist es nicht so schlimm. Es ist schwer, die Deutschen kennen zu lernen und auch schwer für die Deutschen, uns kennen zu lernen, weil wir andere Kulturen und andere Religion haben. Da, wo ich wohne, gibt es viele Ausländer, und in der Schule bin ich in einer ausländischen Klasse. Ich wohne seit drei Jahren in Lichtenberg und hab trotzdem keinen Kontakt mit Deutschen, deshalb fühle ich mich immer fremd hier und habe Heimweh."
(Ein Berliner Schüler über seine Situation, im Tagesspiegel vom 30.5.2001)

Sexualität und Partnerschaft sind zentrale Bedingungen der menschlichen Existenz. Bei ihrer Gestaltung üben die von der Herkunftskultur vorgegebenen sowie durch die Erziehung verinnerlichten Normen und Werte einen großen Einfluss aus. Die Sexualerziehung in einer multikulturellen Schule berücksichtigt dies, indem sie die verschiedenen religiösen und weltanschaulichen Überzeugungen, die in der heutigen Gesellschaft vorhanden sind, *aufzeigt*, sie für alle Kinder und Jugendlichen *erläutert* und ihnen die Möglichkeit bietet, sich konstruktiv mit eigenen und fremden Sichtweisen bezüglich Sexualität, Lebensweisen und Familienplanung auseinander zu setzen.

Kinder und Jugendliche nichtdeutscher Herkunft sowie von Spätaussiedlerfamilien erhalten durch diesen Ansatz – der *interkulturellen Sexualerziehung* – einen Zugang zu dem in Deutschland verbreiteten Norm- und Wertesystem. Interkulturelle Sexualerziehung ermöglicht es ihnen, vorhandene Normsysteme in einem geschützten Rahmen kritisch zu hinterfragen und Kenntnisse über die eigene Herkunfts- und über die Aufnahmekultur in Fragen des Erwachsenwerdens und des menschlichen Zusammenlebens zu erhalten (z. B. körperliche Veränderungen in der Pubertät, Ablösung von zu Hause, Wünsche und Vorstellungen von Partnerschaft und erster Liebe, Erstes Mal, Verhütung, Rollenverständnis und Rechte und Pflichten von Frau und Mann).

Diese Erfahrung hilft den Beteiligten zu verstehen, weshalb sich gerade *diese* und nicht andere kulturelle Umgangsformen in der jeweiligen Gesellschaft gefestigt haben. Sie können so feststellen, ob und aufgrund welcher Vorstellungen von ihnen eine Veränderung gewünscht wird.

Lehrer treffen im Bereich der interkulturellen Sexualerziehung häufig auf folgende Hindernisse:

■ Für viele Lehrer ist es häufig nicht einfach, zwischen den eigenen emanzipatorischen Überzeugungen – basierend auf sexueller Selbstbestimmung und Gleichberechtigung – und zum Teil geforderter Kulturtoleranz einen gangbaren Weg zu finden. Viele sind sich unsicher, inwieweit sie andere kulturelle – vor allem traditionell-religiös bedingte – Sichtweisen von Sexualität und Partnerschaft zulassen sollen und ab wann emanzipatorische Wertvorstellungen im Unterricht „durchgesetzt" werden müssen. Aus unserer Praxis sind folgende Themen konfliktreich und führen oft zu Verunsicherungen:
  - das Jungfräulichkeitsgebot
  - traditionell-religiös bedingte Geschlechterbeziehungen (patriarchal-hierarchische Familienstrukturen, Fokussierung auf – vorzugsweise männlichen – Nachwuchs, arrangierte Heirat, Heirat als soziale Pflicht und Familie als einzig vorstellbare Lebensform usw.)
  - Homosexualität
  - Beschneidung des Mannes und Genitalverstümmelung der Frau
■ Die Kinder und Jugendlichen befinden sich auf unterschiedlichem emotionalen und kognitiven Niveau bezüglich der Körper- und Sexualaufklärung. Es bestehen Unterschiede in der Kultur des Wortwechsels. Verantwortlich dafür sind vor allem traditions- und kulturbedingt
  - geringe Erfahrungen mit Rede und Gegenrede,
  - Unterschiede in der Bereitschaft und in der Fähigkeit, über Sexualität und sexuelle Inhalte zu kommunizieren
■ Die Legitimation für Sexualerziehung ist für viele Eltern nichtdeutscher Herkunft – vorwiegend aus dem islamischen Kulturkreis aber auch bei Spätaussiedlern – aus ihrer Biographie heraus nicht nachvollziehbar. Sexualität in der Öffentlichkeit und zwischen den Geschlechtern zu thematisieren, gilt für viele als unsittlich. Ebenso ist es nicht üblich, in der Familie darüber zu reden. Viele dieser Eltern befürchten, dass eine (schulische) Sexualerziehung ihre Kinder zu frühzeitiger (autonomer) sexueller Aktivität verführt und sie vom „Weg der Tugend" abkommen, indem sie die traditionell-religiösen Wertvorstellungen der Familie nicht mehr befolgen. Sie versuchen deshalb, diesem Thema auszuweichen, indem sie ihre Kinder während dieser Unterrichtsphase nicht in die Schule schicken.

Die Schule hat den Auftrag, den Unterricht so zu gestalten, dass sich alle Schülerinnen und Schüler angesprochen fühlen. Es ist daher wichtig, dass die Lehrpersonen sich mit den vielen widerstreitenden Werten und Normen dieser Herkunftskulturen bezüglich Sexualität, Lebensweisen und Familienplanung auseinander setzen, um ihren Schülerinnen und Schülern einen Zugang zu ihnen fremden Sichtweisen eröffnen zu können.

Interkulturelle Sexualerziehung beruht auf dem Pluralitätsgebot. Wer den interkulturellen Dialog ernst nimmt, sollte Ambivalenzen und unterschiedliche kulturelle *Bewertungen* verschiedener Lebens- und Verhaltensweisen aushalten können. Dies gilt es auch Jugendlichen in der sexualpädagogischen Arbeit zu verdeutlichen.

Folgende Fähigkeiten der Lehrer gilt es zu stärken:

- **Selbstreflexion:** Die persönliche Auseinandersetzung mit *dem Eigenen* und *dem Fremden* schafft die Voraussetzung für den interkulturellen Dialog. Sie schützt die Lehrkraft und ihr Gegenüber vor idealisierenden bzw. abwertenden Projektionen.

- **Eigene Positionierung:** In der sexualpädagogischen Arbeit kann es nicht um die pauschale Beurteilung kultureller Muster gehen. Mögliche vorhandene kulturelle Konflikte sollen für alle Beteiligten transparent gemacht werden, indem die Lehrperson alternative Lebensentwürfe einbringt und bei Nachfrage ihre eigene Sicht der Dinge darlegt.

- **Aneignung von kulturspezifischem Wissen** über die Herkunftsländer der Jugendlichen bezüglich Sexualität, Lebensweisen und Familienplanung, um gesellschaftliche Zusammenhänge und Verhaltensmuster besser zu verstehen bzw. entsprechende Fragen stellen zu können. Vorurteile können so aufgenommen und bearbeitet werden, z. B.:
  - Was glaubt ihr, wie ist es gekommen, dass für viele deutsche Frauen und Männer das Jungfräulichkeitsgebot nicht mehr bedeutend ist?
  - Viele Deutsche denken, dass türkische Frauen in der Beziehung nichts zu sagen haben. Was sagt ihr dazu?

Der Lehrer sollte jedoch nicht vergessen, dass „Kultur" nie etwas Statisches ist und deshalb angeeignetes Wissen nicht immer mit dem tatsächlichen Leben übereinstimmt. Dies gilt es, an der Lebenssituation der Schüler zu überprüfen.

Rahmenbedingungen für eine erfolgreiche multikulturelle Sexualerziehung:

- Wertschätzende Atmosphäre innerhalb der Lerngruppe schaffen.
- Fächerübergreifende Thematisierung verschiedener kultureller Sichtweisen (z. B. in Deutsch, Geschichte, Kunst, Musik) suchen. Anregungen finden sich in der Literatur zur interkulturellen Pädagogik.
- Arbeiten in geschlechtshomogenen Gruppen mit einer Lehrperson des gleichen Geschlechts
- Ressourcenorientiertes „Abholen" der Jugendlichen, d.h. die jeweiligen kulturellen Muster nach ihren Stärken anschauen und sie durch Befragung (nicht Ausfragen!) zu „authentischen Vertretern" ihrer Kultur machen. Hilfestellung mit „W-Fragen", z. B.:
  - Was für Erfahrungen habt ihr mit Verlobung und Heirat?
  - Worüber wird wie erzählt (z. B. über Homosexualität)?
- Gemeinsame kulturelle Muster transparent machen, ohne Differenzen zu überdecken, d. h. denkbare universalistische Werte und Normen auf der Grundlage der Menschenrechte gemeinsam im Unterricht erarbeiten
- Einbeziehen von muttersprachlichen Umschreibungen und Fachausdrücken aus dem Bereich Sexualität und Partnerschaft, um den emotionalen Zugang zum Thema zu erleichtern, z. B.:
  - Was heißt „Penis" auf Russisch?
  - Welche Wörter für „Scheide" gibt es im Arabischen?
- Vorbilder und Alltagshelden der Herkunftskultur der Jugendlichen einbeziehen
- Bei sprachlichen Verständigungsschwierigkeiten können nonverbale und gestalterische Methoden eingesetzt werden (Zeichnen, Malen, Kneten)
- Wissen und Erfahrungen spezieller Beratungsangebote für Migrantinnen und Migranten nutzen

Auf Elternversammlungen sollte für die Sexualerziehung geworben werden, z. B. durch

- Einordnung des Themas in den Bereich Gesundheitsförderung, deren Bedeutung meist auch von allen Eltern anerkannt wird;
- Zeigen von Unterrichtsmaterialien, um zu verdeutlichen, dass Sexualerziehung nicht das Gleiche ist wie die oftmals sexualisierte Darstellung in Werbung, Film und Fernsehen.

Ballonreise

Jahrgangsstufe: ab 5

Ausgangsposition: Großer Raum, Wandtafel, evtl. Weltkarte

Die Schüler kommen in der Mitte des Raumes zusammen, fassen sich an den Händen und bilden einen Kreis, der den „Ballon" symbolisieren soll. Der Lehrer beschreibt den Reiseverlauf und informiert bei der Landung, wo sich die Schülerinnen und Schüler gerade befinden. Er macht vor, wie man sich dort in Sprache und Gestik begrüßt. Die Schüler verlassen den Kreis, gehen im Raum umher und wiederholen solange das vorgemachte „Bild" untereinander, bis der Lehrer zur Weiterreise ruft. Die Schüler bilden wieder einen Kreis, also steigen wieder – bildlich gesprochen – in den Ballonkorb.

Um Bewegung in das Spiel zu bringen, klärt der Lehrer die Reisegruppe auch über das aktuelle Reisewetter auf. Je nach Wetterlage und Wetterprognose, z. B. Böen, Sturm, Kälte, Hitze, Regen, usw. bewegt sich der Kreis, langsamer oder schneller, auf sich zu und wieder weg, nach rechts oder nach links herum. Dabei kann der Lehrer die Wetterlage mit der Stimme kommentieren und die „Reisenden" können das Geräusch verstärken.

Als Beispiel können folgende Stationen auf der Reise angeflogen werden:

a) Indien

Wir sind in Indien gelandet. Es ist sehr heiß. Wir begrüßen die Menschen, die uns begegnen auf landesübliche Art. Dazu falten wir die Hände. Wir legen die Handflächen zur indischen Grußhaltung zusammen und verbeugen uns leicht nach vorn und sagen: *„Namaste"*, wobei die Betonung auf der letzten Silbe liegt.

b) Japan

Wir gehen eine Strasse entlang in ein Dorf und grüßen die Menschen dort. Wir legen die Hände flach auf die Oberschenkel, knicken in der Hüfte etwas ein und verbeugen uns nach vorn mit geradem Oberkörper. Wir lächeln dazu und sagen *„Konichiwa"* .

c) Südafrika

Wir hören schon von weitem die rhythmischen Trommeln. Die fröhliche Musik reißt uns mit und wir bewegen uns im Rhythmus der Musik. Wenn wir auf andere Menschen treffen, dann spielen wir ausführlich das Begrüßungsritual, das sehr vielfältig und variabel ist durch. *Wir schütteln die Hände, verhaken unsere Finger und schlagen uns dann gegenseitig auf die Handflächen.* Das Ganze wird wiederholt.

d) Arabische Halbinsel

Wir landen in der arabischen Wüste, nicht weit von einer Stadt entfernt. Wir reisen weiter in die Wüste hinein, bis wir auf eine schattige Oase stoßen. Dort grüßen wir die Leute einer Karawane mit *„Salam"*, indem wir die rechte Hand nacheinander an die Stirn, unseren Mund und die Brust führen und dann den Arm in einer weit ausholenden Bewegung seitlich nach hinten führen und uns verbeugen.

e) Türkei

Wir landen nahe bei einer türkischen Hochzeit und schauen den Tänzerinnen und Tänzern zu. Wir gehen in den nächsten Ort und grüßen mit *„Merhaba"*, wenn es Bekannte oder Gleichaltrige sind. Ältere grüßen wir mit dem türkischen Handkuss. Dazu nimmt man die Hand des anderen und führt diese erst an die Lippen und dann an die Stirn.

f) Italien

Wir sind mitten in Rom, in der Nähe des Kolosseums gelandet. Hier treffen wir auf die unterschiedlichsten Menschen. Je nachdem wie wir uns gerade fühlen, begrüßen wir uns mit *„Ciao"* oder *„Buon giorno"*. Wer mag, kann die verbale Begrüßung mit einer Umarmung und/oder einem angedeuteten „Küsschen" auf die Wangen unterstreichen.

g) Ort der Schule

Die Reise geht zu Ende und wir kommen wieder nach Deutschland zurück. In wenigen Minuten landen wir auf dem Pausenhof der Schule. Die Reise um die Welt ist zu Ende. Jede und jeder verabschiedet sich so vom anderen, wie sie bzw. er es kennt und am liebsten macht.

Anmerkungen: In multikulturellen Gruppen bietet es sich an, dass der Ballon in den Herkunftsländern der Schüler vorbeikommt und diese anstelle des Lehrers ein ihnen bekanntes „Begrüßungsritual" ihres Herkunftslandes selber vorstellen, das dann von allen anderen wieder nachgemacht wird. Hilfreich für den Spielablauf kann es auch sein, die Begrüßungsworte in der jeweiligen Landessprache für alle sichtbar auf eine Wandtafel oder auf Karten zu schreiben und auf eine Weltkarte zu heften. Bei der Anmoderation kann darauf hingewiesen werden, dass die Menschen sich in den jeweiligen Ländern, je nach Region, Alter, Geschlecht, Grad der Beziehung zueinander und Region unterschiedlich begrüßen und im Spiel nur *eine Form* der Begrüßung vorgestellt wird.

Namensspiel

Jahrgangsstufe: ab 5
Material: Wandtafel oder Packpapier, evtl. Namensbücher
Alle stellen sich zunächst vor:

- Was weiß ich über meinen Vornamen?
- Was bedeutet er?
- Woher stammt er?

Die Bedeutungen der Vornamen werden gesammelt und an die Wandtafel geschrieben oder – wenn die Ergebnisse eine längere Unterrichtsphase begleiten sollen – auf einer Wandzeitung festgehalten und im Klassenzimmer aufgehängt.

Anmerkungen: Viele Vornamen haben eine Bedeutung; nicht nur bei uns, auch in anderen Kulturen. Dies zeigen die vielfältigen und verschiedenen Namensbücher.

Wenn der Lehrer ebenfalls etwas über die Herkunft ihres Namens erzählt, regt er auch die Schüler zum Mitmachen an. Um die Schüler auf diese Übung besser vorzubereiten, kann die Hausaufgabe vorausgehen, die Eltern zu befragen, warum sie diesen Namen ausgewählt haben.

Woher komme ich?

Jahrgangsstufe: ab 7
Material: Karten für jede Gruppe: aktueller Wohnort, Bundesland, Deutschland und wenn notwendig, von Europa und der Welt. Sehr geeignet vom Maßstab sind Fotokopien aus einem Straßenatlas oder Karten von der Landeszentrale für politische Bildung; verschiedenfarbige Stifte

Die Gruppenmitglieder zeichnen auf den verschiedenen Karten ihre bisherigen Wohnorte und Umzüge (Lebensroute) ein und unterhalten sich über ihre Herkunft. Folgende Fragen können dabei als Unterstützung dienen:

- Wo bin ich geboren worden?
- Wo lebe ich heute?
- Mögliche Umzüge und wie habe ich diese erlebt?

Auswertung: In der Auswertung im Plenum soll es in erster Linie darum gehen, dass alle einen Eindruck von den Lebensrouten der anderen erhalten (Wer kommt woher?).

Fragen an die Gruppen können sein:
- Wie ist es euch mit der Übung ergangen?
- Was für Gemeinsamkeiten und Unterschiede habt ihr festgestellt?

Anmerkungen: Zur besseren Verdeutlichung – auch für die Auswertung in der Gesamtklasse – ist zu empfehlen, dass jeder Schüler eine andere Farbe zum Aufzeichnen der Lebensroute benutzen soll.

Im Anschluss an diese Übung kann eine Einheit über das Thema „Einheimische und Fremde" gestaltet werden. Wo finden sich Schüler nichtdeutscher Herkunft, die seit Geburt in Deutschland leben, wieder? Was sagen sie dazu? Wie werden sie von den anderen gesehen? Ab wann, woran und von wem wird festgestellt, ob man in einer Gesellschaft dazugehört, also Einheimischer ist? Wie erleben deutsche Schüler ihre kulturelle Herkunft?

Formen der Geschlechtsorgane mit Knetmasse

Jahrgangsstufe: ab 6

Intention: Bildhaftes Darstellen der weiblichen und männlichen Geschlechtsorgane, erklären von Beschaffenheit und Funktion, Zyklus und Zeugung, thematisieren des sexuellen Empfindens und Erlebens von Frau und Mann, u. a. Selbstbefriedigung, partnerschaftliche Sexualität, erogene Zonen, Orgasmus von Frau und Mann

Material: Ausreichend bunte Knete, Buntstifte, Packpapier

Diese Übung ist den herkömmlichen Modellen in der Sexualerziehung überlegen, weil sie einen erlebnisorientierten, spielerischen Zugang bietet. Viele Schüler empfinden Modelle oder Schautafeln als zu abstrakt und unübersichtlich. Außerdem werden dreidimensionale Modelle bzw. Fotos in der Regel besonders von den Mädchen als viel zu eindeutig empfunden. Sie können sich daher den damit verbundenen Inhalten aus Überforderung nicht öffnen.

Zudem ist die Übung insbesondere auch für Schüler geeignet, die die deutsche Sprache nur wenig beherrschen; sie bietet ihnen die Möglichkeit abstrakte Zusammenhänge zu verstehen und schwierige Worte kennen zu lernen und anzuwenden.

Das Packpapier wird als Unterlage auf zwei aneinandergestellten Tischen oder auf dem Fußboden ausgebreitet. Die Schüler sitzen um das Packpapier herum. Nach Anleitung der Lehrperson erhalten sie in Größe und Farbe unterschiedliche Knete und kneten die vorgegebenen Elemente des weiblichen oder männlichen Geschlechtsorgans. Diese Elemente werden unter Einbeziehung aller Schüler zu einem Ganzen zusammengefügt.

a) Das weibliche Geschlechtsorgan (siehe Abb. S. 211):

Knetfarbe	Elemente des weiblichen Geschlechtsorgans	Form
Innere Geschlechtsorgane		
Weiß	Umriss von Gebärmutter, 2 Eileiter, 2 Eierstöcke, 2 Fransentrichter und Scheide	Kneten von langen, dünnen „Schlangen". Für Fransentrichter: Kneten kurzer dünne „Schlangen"
Rot	Gebärmutterschleimhaut	Kneten von kurzen, dicken „Schlangen"
Gelb	Eizellen	Kneten vieler kleiner Kügelchen (größer als Spermien)
Äußere Geschlechtsorgane (dreidimensionale Ansicht)		
Violett	Vulva mit großen und kleinen Schamlippen	Kneten einer mandelförmigen Schale (Harnröhre mit Vertiefung andeuten). Öffnungen für Scheideneingang und Harnröhre nicht vergessen!
Grün	Jungfernhäutchen	Ankneten eines dünnen, perforierten „Blättchens".
Rosa	Kitzler	Kneten einer perlengroßen Kugel

b) Erklären des weiblichen Zyklus

Die Gebärmutterschleimhaut, die die Gebärmutter (Uterus) auskleidet (rote Knete), wird nach der nicht stattgefundenen Befruchtung abgestoßen, indem Teile der roten Knete zerzupft werden (Menstruationsblut), das durch die Scheide ausgeschieden wird.

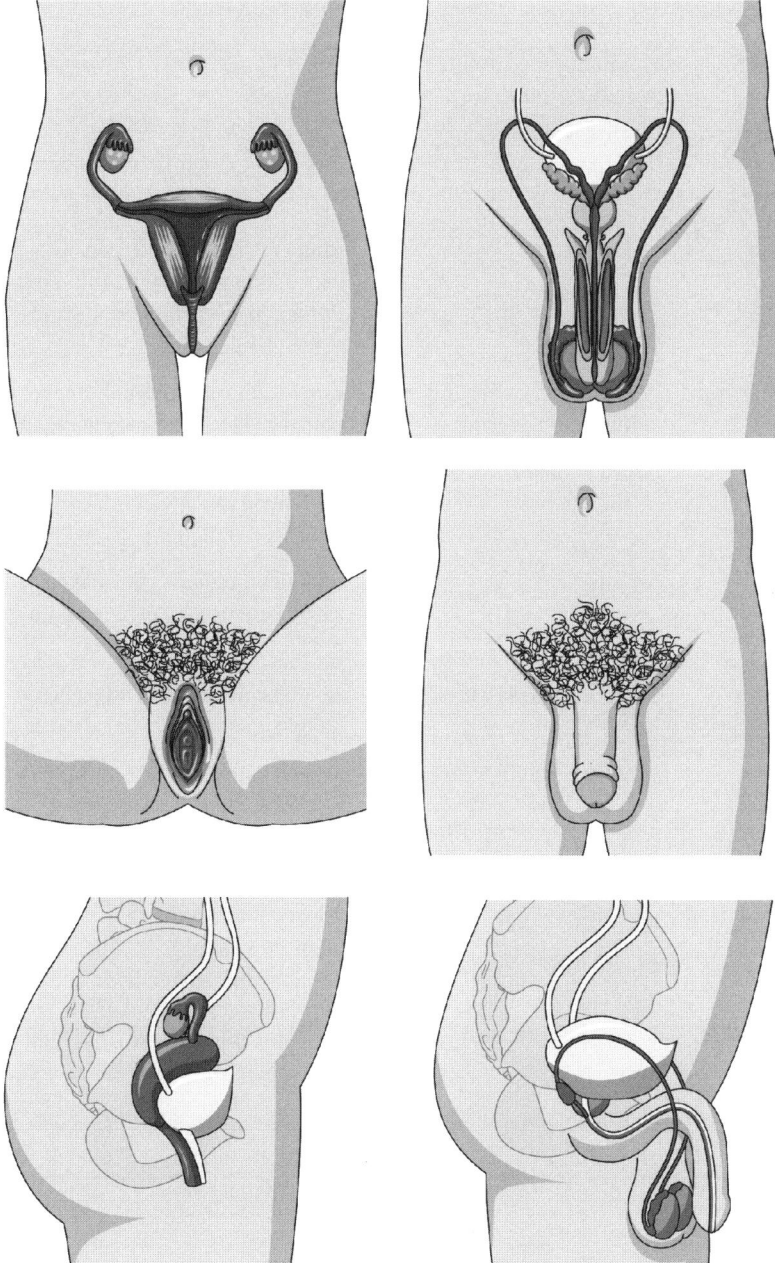

c) Das männliche Geschlechtsorgan (siehe Abb. S. 211)

Knetfarbe	Elemente des männlichen Geschlechtsorgans	Form
Innere Geschlechtsorgane		
Gelb	Harnblase	Kneten eines handtellergroßen flachen Stücks
Gelb	2 Harnleiter (2 Nieren)	Kneten von zwei längeren, dünnen Schlangen. Nieren können in Form von zwei Halbmonden angedeutet werden.
Gelb	1 Harnröhre, oberer und unterer Muskelring	Kneten einer längeren dünnen und zwei sehr kurzen Schlangen
Grün	2 Samenleiter, inklusive der Nebenhoden	Kneten zweier dünner langen Schlangen mit jeweils dickerem Ende (Nebenhoden)
Weiß	Prostata	Kneten einer flach gedrückten Kugel von der Größe einer 2-Euro-Münze
Weiß	2 Cowpersche Drüsen	Kneten von zwei erbsengroßen Kügelchen
Blau	Samenzellen (Spermien)	Kneten vieler kleiner spermienförmigen Kügelchen
Äußere Geschlechtsorgane		
Violett/ Rosa	Penis, Eichel	Zum besseren Verständnis der Funktion des Penis kann dieser halbiert werden (z. B. Andeuten der Schwellkörper). Evtl. Eichel mit rosa Knete andeuten; er kann erigiert oder schlaff modelliert werden
Rot/ Rosa	2 Hoden und Nebenhoden	Formen von zwei flach gedrückten ca. walnussgroßen Kugeln (rot) und darauf flach gedrückt die Nebenhoden (rosa)

d) Befruchtung/Zeugung

Nach dem Samenerguss des Mannes in die Scheide der Frau wandern die Samenzellen (spermienförmige Kügelchen) durch den Muttermund und die Gebärmutter in die Eileiter. Dort befindet sich eine Eizelle (gelbes Kügelchen). Diese gelangte nach dem Eisprung mit Hilfe der Fransentrichter in die Gebärmutter. Es kommt zu einer Befruchtung (Verschmelzung der beiden Kügelchen). Die befruchtete Eizelle erreicht innerhalb von vier bis fünf Tagen die Gebärmutter, nistet sich in der Gebärmutterschleimhaut ein (rote Knete) und entwickelt sich weiter. Eine Schwangerschaft hat begonnen, usw.

Anmerkungen: Es ist wichtiger, dass die Schüler die einzelnen Elemente gut sichtbar unterscheiden können, als dass eine maßstabgetreue Abbildung der einzelnen Organe vorliegt.

Die Übung verlangt eine gute Vorbereitung des Lehrers (sämtliche Modelle sollten wenigstens einmal vorher geprobt werden), aber sie bietet dafür die Möglichkeit zu intensiver Kommunikation in der Gruppe. Ein großer Vorteil ist, dass die Fragen der Schüler sich im gemeinsamen Tun beantworten lassen. Folgende Fragen können die Auseinandersetzung unterstützen und anregen:

- Welche Funktionen haben die einzelnen Teile der Geschlechtsorgane der Frau/des Mannes?
- Wo reifen die weiblichen Eizellen bzw. Samenzellen? Wo werden diese im Körper aufbewahrt?
- Wo liegt das Jungfernhäutchen und wie ist es beschaffen?
- Welche Öffnungen gibt es in den äußeren weiblichen Geschlechtsorganen?
- Tut es weh beim ersten Mal?

Mit Blick auf die geschlechtsspezifische Thematik sollte die Lehrkraft von Fall zu Fall darüber entscheiden, ob und inwieweit sowohl Mädchen als auch Jungen das Modell des anderen Geschlechts mit Knetmasse darstellen.

Thesen und Positionen

Jahrgangsstufe. ab 7

Intention: Bewusstwerden der persönlichen Haltung, Kennenlernen anderer Ansichten und deren Begründungen, Möglichkeit zur Überprüfung eigener Einstellungen

Die Tische und Stühle des Klassenzimmers werden an die Wand gestellt. Der Raum wird aufgeteilt in eine Ja- und eine Nein-Seite. Die Mitte ist den Unentschiedenen reserviert. Für den Spielablauf kann es hilfreich sein, wenn die Felder der drei Positionen deutlich gekennzeichnet werden (z. B. mit Kreide, Klebeband).

Die Schüler sollen sich für eine der zur Diskussion stehenden Thesen entscheiden. Dafür stellen sie sich auf die Ja- oder Nein-Seite. Die Unentschiedenen bleiben in der Mitte stehen. In einem ersten Schritt geht es darum, dass alle die Möglichkeit erhalten, ihre Entscheidung darzulegen. In einem zweiten Schritt wird versucht, die Unentschiedenen für die eigene Position zu gewinnen. Es kann natürlich vorkommen, dass im Verlauf der Diskussion auch die bereits Entschiedenen ihre Haltung nochmals ändern bzw. anfänglich Unentschiedene sich erst durch das Gesagte eine Meinung bilden.

Folgende Thesen können zur Diskussion gestellt werden:

- Jungfräulichkeit ist eine Garantie für eine gute Ehe.
- Überall auf der Welt (in allen Kulturen) leben homosexuelle Frauen und Männer.
- Liebe ist bei einer Heirat weniger wichtig als wirtschaftliche Sicherheit.
- Ich heirate die Frau/den Mann, den/die mir meine Eltern ausgesucht haben.

Anmerkungen: Die Schüler haben sich für eine der drei Positionen zu entscheiden. Viele Menschen tun sich schwer, in der Öffentlichkeit Entscheidungen zu fällen (Gruppendruck, sozial erwünschte Antworten, Überforderung usw.). Es ist deshalb wichtig, dass die Thesen einfach formuliert sind (keine Schachtelsätze). Um den Schülern die Entscheidung für eine Position zu erleichtern, kann der Lehrer auch darauf hinweisen, dass die Entscheidung „nur" heute Gültigkeit hat, diese morgen vielleicht wieder anders aussehen würde. Unentschieden zu sein, sollte als gleichwertige Position gelten.

Selbstverständlich können auch Fragen der Schüler als Thesen formuliert werden.

„Was meinen Sie?" – Befragung von Passanten

Jahrgangsstufe: ab 8
Intention: „pluralistische Gesellschaft" erlebbar machen
Material: Notizblöcke und Bleistifte

Zunächst erfolgt die Aufteilung der Klasse in Gruppen, die Besprechung und Festlegung der zu stellenden Fragen und der Auswertungsmodalitäten (evtl. Arbeitspapier), Proben der Interviewsituation, Verabredung des Ortes und der Dauer der Befragung.

Die Schüler gehen in Gruppen mit den vorbereiteten Fragen an belebte Orte in der Stadt (Fußgängerzone, Bahnhof, Einkaufszentrum, usw.). Dort interviewen sie Passanten zu den vorbereiteten Fragen und notieren deren Antworten. Im Plenum werden die Ergebnisse zusammengetragen, ausgewertet und diskutiert. Folgende Fragen können im Bereich *Geschlechterrollen* als Anregung dienen:

- Welche Vorstellungen haben Sie vom Frau/Mann sein?
- Was muss eine Frau/ein Mann darstellen?
- Dürfte Ihre Frau mehr verdienen als Sie?

Anmerkungen: Für eine gute Auswertung ist es sinnvoll, Merkmale des Interviewpartners zu notieren (z. B. ungefähres Alter, Geschlecht, evtl. Herkunft).

Damit die Schüler aussagekräftige Ergebnisse erzielen und die Befragung ihnen Spaß bereitet, sind Selbstvertrauen und Sicherheit im Umgang mit Passanten Grundvoraussetzungen. Es ist daher zu empfehlen, Interviewsituationen im Unterricht mit Hilfe von Rollenspielen ein paar Mal zu proben.

Filme, Bücher, Zeitungsartikel

Jahrgangsstufe: ab 5

Filme, Bücher und Zeitungsartikel eignen sich sehr, den Schüler neben dem kognitiven auch einen emotionalen Zugang zum Thema zu ermöglichen. In den Medien gibt es öfters aktuelle Berichte und Porträts über Jugendliche – auch über Deutschland hinaus –, in denen die Bereiche Sexualität, Lebensweisen und Familienplanung thematisiert werden.

Folgende Bücher und Filme sind im Unterricht gut einsetzbar:

a) Bücher

- AROLD, M.: *So frei wie ihr?* Loewe, 1998. Ein Buch, das um Verständnis für junge Menschen wirbt, die zwischen zwei Welten leben.
- FATMA, B.: *Hennamond*. Berlin. Ullstein-TB, 1999. Eine Erzählung einer jungen Frau, die in traditionellen Lebensverhältnissen aufwächst und sich entschließt, ihr Leben selbst in die Hand zu nehmen.

b) Filme: (Die Filme können in gut sortierten Videotheken ausgeliehen werden bzw. sind sie in regelmäßigen Abständen auch im Fernsehen zu sehen):

- *Yasemin* von Hark Bohm. Deutschland, 1987, 83 Min. Ein junger Deutscher verliebt sich in ein gleichaltriges Mädchen türkischer Herkunft. Als sie seine Liebe erwidert, muss sie feststellen, dass sie sich zu entscheiden hat: für ihn oder für ihre Familie ... (Der Klassiker!)
- *East is East* von Damien O'Donnell. England, 1999, 92 Min. Der Vater einer englisch-pakistanischen Familie will seinen Verpflichtungen als Familienoberhaupt nachkommen und seine Söhne – gegen deren Willen – verheiraten. Missverständnisse und Konflikte sind unter diesen Bedingungen vorprogrammiert ... (Turbulent, witzig-tragische Komödie!)
- *Mein wunderbarer Waschsalon* von Stephen Frears. England, 1986, 89 Min. Die Liebe zwischen einem jungen Pakistani und einem jungen Engländer auf dem Hintergrund der Einwanderungsthematik: Hass, Rassismus, Identitätskonflikt ... (Ebenfalls ein Klassiker!)

Literatur

ATTIA, I./MARBURGER, H. (Hrsg.): Alltag und Lebenswelten von Migrantenjugendlichen. Frankfurt: IKO, 2000

BEN JELLOUN, T.: Papa, was ist ein Fremder? Gespräch mit meiner Tochter. Reinbek 2000

BRAUN, J./KUNZ, D.: Weil wir Jungen sind. Reinbek 1997

BZGA (Hrsg.): Wie geht's – wie steht's? Wissenswertes für männliche Jugendliche und junge Männer. Köln 2000

DIETZ, B./ROLL, H.: Jugendliche Aussiedler. Porträt einer Zuwanderungsgeneration. Frankfurt 1998

KRAUCH, F./KUNSTMANN, A.: Mädchen. München 1996

KUNZ, D./WRONSKA, L.: Sexualpädagogik im Spannungsfeld der Kulturen – Zum Umgang mit Sexualität und Partnerschaft in multikulturellen Gruppen. In: Curriculum Sexualpädagogische Jahresfortbildung. Köln: BZgA (Hrsg.), 2001. E-Mail: order@bzga.de

Dies.: Interkulturelle Sexualpädagogik in der schulischen Sexualerziehung. In: Lebensformen und Sexualität. Hamburg: Behörde für Schule, Jugend und Berufsbildung, 2000. Tel. 0 40/4 28 01-37 14

LANGE, CHR./MÜLLER, I.: Weil wir Mädchen sind. Reinbek 1997

LOSCHE, H.: Interkulturelle Kommunikation. Sammlungen praktischer Spiele und Übungen. Alling: Sandmann, 1995

OMAR, K.: Sexualität im Islam und in der türkischen Kultur: Frankfurt: Landeck, 1989

SALMAN, R./MERAL, R.: Sexuell sprachlos? Sexualpädagogische Arbeit mit nichtdeutschen oder nichtdeutschstämmigen Jugendlichen. Tagungsdokumentation. Wuppertal: Medienprojekt der Stadt Wuppertal, 1998. Tel. 02 02/ 5 63 26 47

SENATSVERWALTUNG FÜR SCHULE, JUGEND UND SPORT: Lebenswelten von Migrantinnen und Migranten in Berlin. Berlin: Fachbereich für gleichgeschlechtliche Lebensweisen, 2001. Tel. 0 30/90 26 56 15

SUPPRIAN, A./NESPOR, M.: Keiner ist wie alle. Sexualpädagogik interkulturell. Hannover: Landesstelle Jugendschutz Niedersachsen (Hg.), 2001. Tel. 05 11/85 87 88

TROMMSDORF, G.: Kindheit und Jugend in verschiedenen Kulturen. Weinheim: Juventa, 1995

12 Sexualität und Gesellschaft

Die Behandlung von Pornografie (von griech. = Huren darstellend) im Unterricht ist nicht unproblematisch. Abgesehen von rechtlichen Aspekten – das Zeigen von pornografischen Darstellungen ist erst ab dem 18. Lebensjahr erlaubt –, erfordert die Thematisierung dieses Teilaspektes der Sexualität besonderes Fingerspitzengefühl. Trotzdem hat dieses Thema auch in der Schule seine Berechtigung angesichts der tagtäglichen Konfrontation mit pornografischen Abbildungen in der Medienöffentlichkeit (Fernsehen, Zeitschriften). Aber was gilt eigentlich als „pornografisch"? Die Abgrenzung ist nicht einfach; darin liegt jedoch auch die Chance für eine Behandlung im Unterricht! Der Bundesgerichtshof definiert Pornografie als „aufdringliche, vergröbernde, aufreißerische, verzerrende, unrealistische Darstellung, die ohne Sinnzusammenhang mit anderen Lebensäußerungen bleibt oder gedanklichen Inhalt zum bloßen Vorwand für provozierende Sexualität nimmt." Und der Strafrechtssonderausschuss des Deutschen Bundestages definierte Pornografie einmal so: „Darstellungen, die zum Ausdruck bringen, dass sie ausschließlich oder überwiegend auf die Erregung eines sexuellen Reizes bei dem Betrachter abzielen, und dabei die im Einklang mit allgemeinen gesellschaftlichen Wertvorstellungen gezogenen Grenzen des sexuellen Anstandes eindeutig überschreiten."

Allein diese Definitionen lassen einen großen Spielraum für Interpretationen, z. B.: Was ist „aufreißerisch"? Was ist „unrealistisch"? Zielt die Darstellung auf die sexuelle Erregung ab? Wo sind die Grenzen für „gesellschaftliche Wertvorstellungen"? Hier bietet sich für Schüler ab Klasse 10 guter Diskussionsanlass, zumal die Meinung, was pornografisch ist, nicht nur bei Richtern, sondern auch bei allen anderen Menschen weit auseinander gehen. Was für den einen Kunst ist, bedeutet für den zweiten Erotik und für den dritten Pornografie.

Ih bewahre !? – Nackt ist nicht gleich nackt

Jahrgangsstufe: ab 10

Intention: Bewertung von Nackdarstellungen, Finden eines eigenen Standpunktes, andere Einstellungen kennen und akzeptieren lernen

Verschiedene Abbildungen werden nebeneinander an die Wand geheftet. Alle sind durchnummeriert. Jeder Schüler erhält eine Tabelle, auf der in der horizontalen Zeile die Bildnummern stehen und in der vertikalen Begriffe.

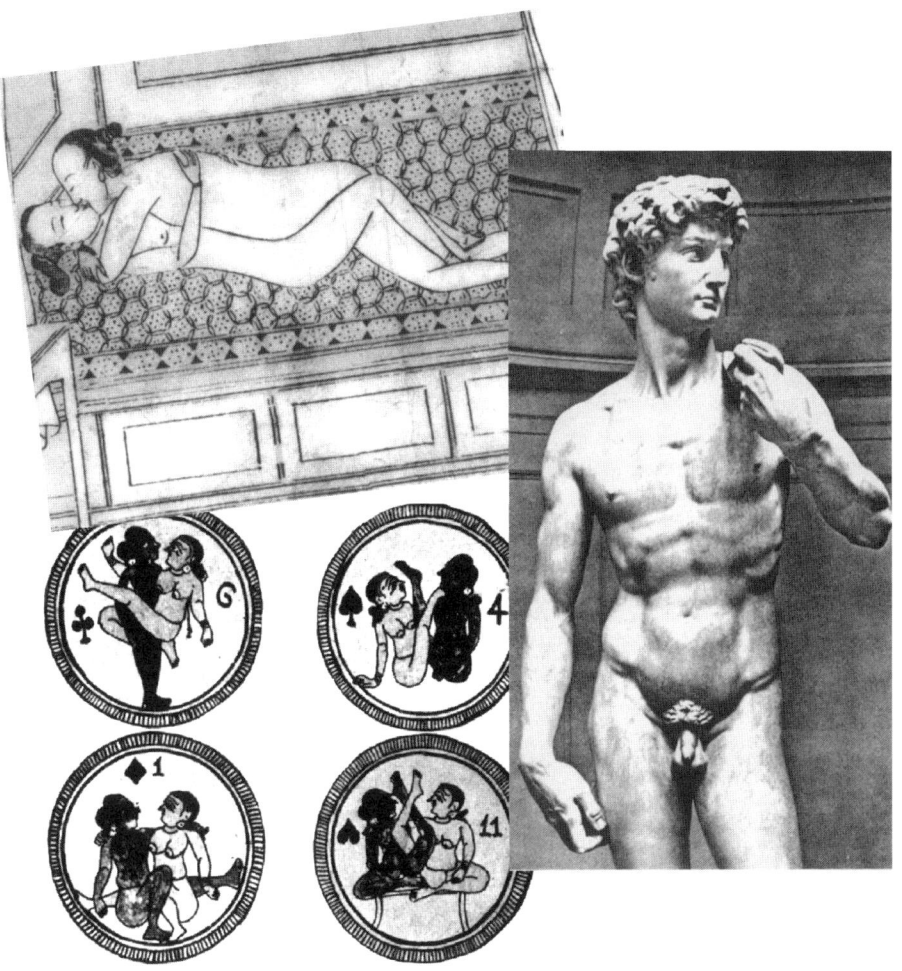

Diese Abbildung ist für mich …

Bild Nr.	1	2	3	4	5	6	7	8
pornografisch	☐	☐	☐	☐	☐	☐	☐	☐
geil	☐	☐	☐	☐	☐	☐	☐	☐
obszön	☐	☐	☐	☐	☐	☐	☐	☐
abstoßend	☐	☐	☐	☐	☐	☐	☐	☐
unanständig	☐	☐	☐	☐	☐	☐	☐	☐
ekelig	☐	☐	☐	☐	☐	☐	☐	☐
ansprechend	☐	☐	☐	☐	☐	☐	☐	☐
süß	☐	☐	☐	☐	☐	☐	☐	☐
erotisch	☐	☐	☐	☐	☐	☐	☐	☐
künstlerisch	☐	☐	☐	☐	☐	☐	☐	☐
erregend	☐	☐	☐	☐	☐	☐	☐	☐

Die Schüler sehen sich die Bilder der Reihe nach an, ohne miteinander zu sprechen. Anschließend kreuzen sie jeweils an, wie die Abbildungen auf sie wirken, was sie beim Betrachten empfinden.

Auswertung: In der als Folie projizierten Tabelle werden die Schülerergebnisse eingetragen und interpretiert. Für die anschließende Diskussion können die nachfolgenden Fragen als Gesprächsauslöser dienen:

- Warum fallen die Einschätzungen der Betrachter so unterschiedlich aus?
- Wo sind die Unterschiede zwischen Kunst, Erotik, Pornografie?
- Warum gibt es einen Markt für Pornografie?
- Warum ist Pornografie tabuisiert?

Pornografie – ja oder nein?

Jahrgangsstufe: ab 10

Intention: Die Pornografie soll aus der „Schmuddelecke" des Verbotenen in die öffentliche Meinung gerückt werden mit dem Ziel, eine eigene Meinung zu diesem Teilbereich der Sexualität zu entwickeln.

Material: Leserbrief, Courbet-Gemälde L'Origine du monde, 1866 (In der Suchmaschine Google findet sich unter den angegebenen Daten eine kopierfähige Darstellung in der Bilddatenbank.)

In Partner- oder Gruppenarbeit sollen die Schüler am Beispiel des Gemäldes „L'Origine du monde" von Gustave Courbet aus dem Jahr 1866, das im Musée d'Orsay, Centre Pompidou in Paris hängt, über den Begriff „Pornografie" diskutieren. Das Gemälde war in einem Bericht des Berliner „Tagesspiegel" über eine Courbet-Ausstellung abgebildet und löste eine Pornografie-Debatte bei den Lesern aus.

Als zusätzliches Arbeitsmaterial erhalten sie den Brief einer Leserin. Folgende Fragen sollen im Verlauf der Diskussion beantwortet und die Aussagen protokolliert werden:

1. Was bedeutet Pornografie strafrechtlich?
2. Was bedeutet Pornografie für jeden Einzelnen von euch?
3. Schließt ihr euch der Briefschreiberin an? Begründet eure Meinung!

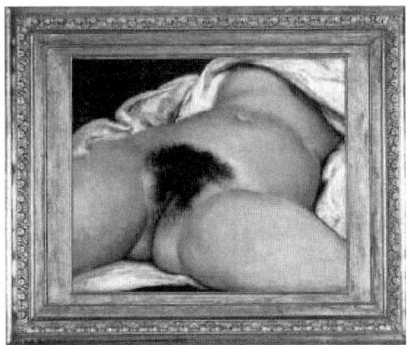

Pornografie
Ich bin langjährige Leserin Ihrer Zeitung, aber seit dem 29. Mai muss ich diese Entscheidung schon fast in Zweifel ziehen. Diese obzöne Seite in einer seriösen Zeitung, für die ich den Tagesspiegel gehalten habe, grenzte ja wohl an Pornografie. Ist es so wichtig für Sie, sich der Boulevard-Presse zu nähern? Ich dachte, dass Sie das nicht nötig hätten; die Berichte über die entsprechenden Themen hätten ja wohl auch gereicht.
WALTRAUD B.
Berlin-Tempelhof

Was Werbung verspricht und was sie verkauft

Jahrgangsstufe: ab 9

Intention: Die Schüler sollen erkennen, dass in vielen Werbeanzeigen sexuelle Botschaften versteckt sind, die den Betrachter anregen, das beworbene Produkt zu kaufen

Eine Reihe von Werbeanzeigen werden an die Wand geheftet. Alle sind durchnummeriert.

Jeder Schüler erhält eine Tabelle, auf der in der horizontalen Kopfzeile die Nummern der Anzeigen stehen. Die Antworten zu den nachfolgenden Fragen sollen unter die jeweilige Abbildungsnummer eingetragen werden:

1. Welche sexuelle Anspielung (Reizwörter, Geschlechtsmerkmale, andere Körperteile, Symbole) erkennst du in der Werbeanzeige?
2. Wie schätzt du die Wirksamkeit dieser Botschaft ein?

Bild Nr.	1	2	3	4	5	6	7
Art der sexuellen Anspielung							

Alternative: Bei jüngeren Schülern kann es hilfreich sein, ihnen eine Auswahl von Begriffen vorzugeben, die in Werbeanzeigen als sexuelle Anspielungen vorkommen können, z. B. Zärtlichkeit, Partnerschaft, Freundschaft, Zuneigung, Liebe, Freiheit, Attraktivität, Beine, Brüste, Männlichkeit, Orgasmus, Romantik, Verführung, Erfolg haben, Erregung, Stimulation.

Literatur

BZGA (HRSG.): Sexualität und Pornografie. Köln 1998

BUNDESVERFASSUNGSGERICHT: Kunst und Pornografie, in: BPS-Report 14/1001, S. 1, 3-12, 40

DWORKINS, A.: Pornografie – Männer beherrschen Frauen. Köln 1988

ESCHENBACH, J. U.A.: Fragen der Pornografie-Wirkung, in: BPS-Report 13/1990, S. 4, 3-6

LAUTMANN, R./SCHETSCHE, M.: Das pornografische Begehren. Frankfurt am Main 1990

13 Medien zur Sexualerziehung

Filme und Videos

Grundsätzlich gilt für den unterrichtlichen Einsatz von Medien, dass diese keine „Selbstläufer" sein sollen. Vielmehr sind sie in den unterrichtlichen Kontext einzubetten (vgl. zum Kontextmodell STAECK 1995). Darüber hinaus sollte der Lehrer vor dem Einsatz vor allem von Filmen für sich klären,

- Soll das Material zur anschließenden Diskussion anregen?
- Muss der ganze Film gezeigt werden oder genügt unter Umständen nur ein Ausschnitt?
- Ist es sinnvoll, den Film zwischendurch zu unterbrechen, um ein spontanes Gespräch auszulösen oder Zwischenfragen zu ermöglichen?
- Soll die Diskussion „frontal" erfolgen oder in Gruppen?
- Ist es sinnvoll, den Film nur geschlechtshomogenen Gruppen zu zeigen?

In jedem Fall sollen bei komplexen Medien, wie sie Filme sind, den Schülern vorab gezielte Arbeitsaufgaben bzw. Beobachtungsaufträge gegeben werden, die anschließend auch in einer Bearbeitungsphase in Einzel-, Partner- oder Gruppenarbeit schriftlich beantwortet werden.

Die folgenden Filme und Videos können kostenlos bei den Landesbildstellen und Landesfilmdiensten ausgeliehen werden.

AIDS geht uns alle an

Jahrgangsstufe: ab 9

Vor dem Hintergrund der AIDS-Bedrohung beschreibt dieser Film den Beginn einer Schülerfreundschaft. In eingeschobenen Trick- und Dokumentationsteilen werden das AIDS-Virus HIV, seine fatale Wirkung auf das Immunsystem und die Infektionsrisiken dargestellt. Im abschließenden Teil schildert ein junger Mann seine Situation als HIV-Positiver (mit Begleitheft, 25 Minuten, Hersteller: Bundeszentrale für gesundheitliche Aufklärung; zu beziehen über Landesbildstellen).

AIDS-Spots

Jahrgangsstufe: ab 9

Diese jeweils nur ca. eine Minute langen Spots sind in den letzten Jahren in Kinos und im Fernsehen gelaufen und liegen nun als Videos vor, und zwar

- „Intime Kommunikation", 7 Filmsequenzen;
- „Reise und Urlaub", 8 Filmsequenzen.

Bei beiden Reihen werden Situationen aufgegriffen, in denen sich die Partner über die Kondomverwendung verständigen. Nicht das Kondom ist das Problem, sondern unausgesprochene Unsicherheiten oder der Widerstreit zwischen Lust und Verantwortung (zu beziehen über die Bundeszentrale für gesundheitliche Aufklärung).

Ulis letzter Sommer

Jahrgangsstufe: ab 9

Ein HIV-infizierter Mann wird während seiner letzten Lebensmonate mit der Kamera begleitet. Uli zeigt einen bewundernswerten Lebenswillen (45 Min., VHS-Video, hergestellt von der Bundeszentrale für gesundheitliche Aufklärung; zu beziehen über Landesbildstellen).

Positives Leben – Patrick ist HIV-infiziert

Jahrgangsstufe: ab 8

Dieser VHS-Film, erstellt aus Ausschnitten einer ZDF-Serie, zeigt, wie Patrick lernt, mit seiner Infektion zu leben und wie seine Frau, Freunde und Arbeitskollegen darauf reagieren (30 Min., VHS-Video, hergestellt im Auftrag der Bundeszentrale für gesundheitliche Aufklärung; zu beziehen über Landesbildstellen).

Sechsmal Sex und mehr ...

Jahrgangsstufe: ab 9

Hierbei handelt es sich um eine sechsteilige Fernsehreihe der Medienoperative Berlin (Potsdamer Str. 96, 10 785 Berlin) mit den Folgen

1. Das erste Mal
2. Frauensache: Mädchen sein – Frauen werden
3. Halbe Hemden – ganze Kerle: Junge sein – Mann werden

4. Ich werde ich
5. Homo, Hetero, Bi oder was?
6. Liebe und so weiter: Beziehungs-Weisen
(jeweils etwa 25 bis 30 Min., Begleitmaterial mit dem gleichnamigen
Titel von F. HERRATH u. a., Weinheim/Basel 1994)

Der Liebe auf der Spur

Jahrgangsstufe: ab 7
Hierbei handelt es sich um eine Filmserie für das Fernsehen aus insgesamt
8 Folgen. Die Filme wollen keine Aufklärung betreiben, sondern den Jugendlichen mit Situationen konfrontieren, die mit Sexualität zusammenhängen und so Diskussionsanlässe bieten. Alle Filme haben Spielfilmcha-
rakter, wodurch sie die Schüler besonders ansprechen. Die zentrale
Hauptperson Ulla kommt in jeder Folge vor, trotzdem behandelt jeder Film
eine in sich abgeschlossene Episode:
1. „Ich kann mich gut leiden": In diesem Film wird ein positives Selbstbild
   entwickelt als Voraussetzung für eine Liebesbeziehung
2. „Hingeflogen – Herz verbogen": Ein Verliebtsein endet in Enttäuschung;
   auto- und heteroerotisches Verhalten bei beiden Geschlechtern
3. „Lass uns reden, hör mir zu": Wie gehen Jugendliche miteinander um,
   woran man Liebe erkennt
4. „Was mein Herz bewegt": Auseinandersetzung mit unterschiedlichen
   Rollenerwartungen beider Geschlechter
5. „Meinst du mich?": Erster Geschlechtsverkehr, Gestaltung einer guten
   Beziehung
6. „Ich dachte, wir sind alt genug": Verschiedene Beziehungsprobleme; ge-
   wollte und ungewollte Schwangerschaft
7. „...und wir fangen neu an": Liebe im Alter, Geburt, Hochzeit
8. „Etwas hat sich geändert": AIDS und die sozialen Folgen
(jeder Film ca. 33 Min., hergestellt im Auftrag der Bundeszentrale für
gesundheitliche Aufklärung; gleichnamiges Begleitbuch hrsg. V. NORBERT
KLUGE, Düsseldorf 1989; zu beziehen über Landesbildstellen)

Was ist mit mir los?

Jahrgangsstufe: ab 5

Dieser Zeichentrickfilm behandelt die körperlichen und seelischen Veränderungen in der Pubertät, z. B. Warum werde ich unsicher, wenn ich mit anderen Mädchen/Jungen rede oder zusammen bin? Warum habe ich so viele Pickel? Hilfe, ich bin verliebt! (30 Min., VHS-Video, Vertrieb: Pro Familia)

Dr. Mac Love

Jahrgangsstufe: ab 5

Hierbei handelt es sich um eine achtteilige Filmreihe zu den Themen

1. „Starke Mädchen: Über Lust und Frust, ein Mädchen zu sein"
2. „Junge, Junge: Über Lust und Frust, ein Junge zu sein"
3. „Schlanke Taille, breite Schultern? Von Schönheitsidealen, Pubertät und neuen Erfahrungen"
4. „Ich trau mich nicht! Übers Ja- und Neinsagen"
5. „Schritt für Schritt: Vom Küssen und dem ersten Mal"
6. „Pille, Kondom – und sonst noch was? Über Verhütungsmethoden"
7. „Liebe und Co: Über Freundschaften und Beziehungen"
8. „Ein bisschen schwanger gibt es nicht ! Über Schwangerschaft, Rat und Hilfe"

(je 18 bis 25 Min., hrsg. v. Bundeszentrale für gesundheitliche Aufklärung mit dem Begleitbuch „Dr. Mac Love. Das Handbuch"; zu beziehen über Landesbildstellen)

Sex, eine Gebrauchsanweisung für Jugendliche

Jahrgangsstufe: ab 7

Dieser Film bringt in einem ansprechenden Stil Themen wie Partnerschaft, Menstruation, Orgasmus, Verhütung, AIDS, wobei eine sehr offene, spaßige, zugleich aber auch informative Sprache verwendet wird, so dass keine Peinlichkeit aufkommt (ein Zeichentrickfilm als VHS-Video, der in Dänemark erstellt wurde, 18 Min.; zu beziehen über Landesbildstellen).

Liebe kann so schön sein. Lesbische, schwule und heterosexuelle Jugendliche

Jahrgangsstufe: ab 9
Ein Film, der Partnerschaften mit unterschiedlichen Ausgangsbedingungen behandelt und das „Outing" thematisiert (zu beziehen über Pro Familia)

Vom Grau zum Lila

Jahrgangsstufe: ab9
Ein Film, der auf lustige Weise über hetero- und homosexuelle Entwicklungen von Mädchen berichtet (zu beziehen über Lesbenberatung Berlin).

CD-ROMs

Achterbahn der Gefühle

Jahrgangsstufe: ab 7
Der Film thematisiert die Pubertät und stellt in einer Reihe von Spielszenen unterschiedliche Gefühlslagen und Probleme Jugendlicher dar (20 Min., Landesbildstellen).

Bitte nicht stören

Jahrgangsstufe: ab 7
Behandelt werden 36 verschiedenen Themen, die in der Pubertät wichtig sind, z. B.: Suche Wunschpartner (Aufgeben einer Annonce), Wie schreibt man einen Liebesbrief?, Cliquen, Regelkalender. (Landesbildstellen)

Love Line

Jahrgangsstufe: ab 5

Selma

Jahrgangsstufe: ab 5
Ein fiktives Gespräch mit Selma, die von ihrem Vater missbraucht wird. (Landesbildstellen)

Ein Mensch entsteht

Jahrgangsstufe: ab 5
Darstellung der biologischen Grundlagen von Schwangerschaft und Geburt
(Landesbildstellen)

Ton-Kassetten

Mit Wissen, Gummi & Gefühl – Stopp AIDS!

Jahrgangsstufe: ab 7
Interviews mit HIV-Infizierten und Schülern (26 Min., zu beziehen über den
Verlag an der Ruhr, Alexanderstr. 54, 45474 Mülheim)

AIDS mich nicht an!

Jahrgangsstufe: ab 7
Tonkassette zur gleichnamigen Unterrichtseinheit; vorgestellt wird ein
Theaterprojekt mit folgenden Themen: Beratungs-Rap, Kondome, Abwe-
senheit, Urlaub, AIDS sei dank, der AIDS-Fänger. (40 Min., zu beziehen beim
„Pad-Verlag", Dortmund)

AIDS ... tut das weh?

Jahrgangsstufe: ab 7
In dieser Tonkassette wird über Peter berichtet, der AIDS hat. Seine Schul-
kameraden möchten gern mehr über diese Krankheit wissen. (30 Min., zu
beziehen über die Landeszentrale für Gesundheitserziehung in Rheinland-
Pfalz, Karmeliterplatz 3, 55116 Mainz)

Spiele

Bislang wird das Spielen noch immer eher als Freizeitbeschäftigung von
Kindern und Jugendlichen gesehen denn als didaktisch sinnvolle Methode in
der Schule. Allerdings steigt zunehmend die Bereitschaft der Lehrer, alternative Lernformen und eben auch Spiele in ihren Unterricht aufzunehmen.

Beim Spielen findet das Lernen lust- und fantasievoll, oftmals auch unbemerkt und zudem höchst motiviert statt. Spielen ist ganzheitlich, d.h. Kopf, Herz und Hand machen mit, Spielen bedeutet Probehandeln, Spielen fördert die Selbstständigkeit. Für den Bereich des sozialen Lernens, wozu auch die Sexualerziehung gehört, ist genau diese Art des Lernens außerordentlich sinnvoll und zudem effektiv. Allerdings sollten auch für unterrichtliche Spielphasen didaktische Maßstäbe gelten, denn Spielen im Unterricht ist nicht zweckfrei, sondern zielgerichtet. Schließlich gilt zu beachten: Spielen ist ein Handeln in vorgestellten Situationen. Die Spieler tun so, „als ob etwas der Fall wäre". Sie erfinden, würfeln, pokern und konstruieren dabei auch Scheinwelten. Spielen ermöglicht damit eine handelnde Auseinandersetzung mit den Mitspielern oder dem Spielobjekt.

Für die Sexualerziehung sind vor allem Interaktions- und Gesellschaftsspiele interessant, wobei sich folgende Spieltypen unterscheiden lassen:

Präventionsspiele: Diese dienen der Vorbereitung auf Situationen, in denen sexuelle Handlungen und Verhaltensweisen einbezogen sind.

Kontaktspiele: Sie bauen die Angst vor Berührung ab; zudem wird auch der Wunsch nach körperlichen Kontakten befriedigt.

Diskussionsspiele: Sie ermöglichen, die Meinung anderer kennen zu lernen, zu respektieren und regen die Diskussionsfähigkeit an.

Lern- und Wissensspiele: Diese informieren sachlich und klären auf.

Durch den Dschungel der Verhütung und Sexualität

Jahrgangsstufe: ab 6

Das Spiel vermittelt Wissen über Sexualität, Freundschaft und Verhütung und bietet eine Möglichkeit, durch individuelles Nachdenken und Diskutieren die angesprochenen Inhalte zu vertiefen.

Bezugsadresse: Arbeiterwohlfahrt, Oppelner Straße 130, 53119 Bonn
E-Mail: awo.bujw@t-online.de

Ich bin ich! Du bist du!

Jahrgangsstufe: ab 7

Ein Rollenspiel mit 32 Situationen, die geschlechtsspezifisches Verhalten aufdecken und dazu anregen, Alternativen zu entwickeln. Es werden Alltagssituationen beschrieben, in denen sich Mädchen und Jungen in typi-

scher Weise verhalten. Die Jugendlichen lernen, ihre Wünsche und Gefühle gezielt auszudrücken und sich mit anderen auseinander zu setzen.
Bezugsadresse: Donna Vita, pädagogisch-therapeut. Fachhandel; Kaiserstr. 139–141, 53113 Bonn, Tel. 0 22 82/89 12 00; www.donnavita.de

Sexeck(e)

Jahrgangsstufe: ab 7
Das Spiel – mit einem sechseckigen Spielplan – ermöglicht eine Auseinandersetzung über Lust, Sinnlichkeit, Ängste, Bedürfnisse und Probleme in Sachen Liebe und Sexualität.
Bezugsadresse: Werner Lesemann/Carola Meineke, Universität Oldenburg, 26123 Oldenburg, Tel. 05 41/9 98 97 71; E-Mail: info@ppl-osnabrueck.de

Das Sexspiel

Jahrgangsstufe: ab 6
Dieses Brettspiel soll die Fähigkeit erhöhen, über Sexualität zu reden, Fragen zu stellen, Erfahrungen auszutauschen und Gefühle zu benennen.
Bezugsadresse: Pro Familia, Frankfurt am Main

Stück für Stück

Jahrgangsstufe: ab 6
Dieses Spiel soll das Reden über eigene und fremde Gefühle erleichtern. Ein weiterer Schwerpunkt ist die Prävention von sexuellem Missbrauch. Die Spieler lernen mögliche Gefahrensituationen zu erkennen und üben, damit umzugehen. Eigene Aktionen und Reaktionen auf hypothetische Situationen sind erwünscht.
Bezugsadresse: Donna Vita, pädagogisch-therapeut. Fachhandel; Kaiserstr. 139–141, 53113 Bonn, Tel. 0 22 82/89 12 00; www.donnavita.de

Sexopoly

Jahrgangsstufe: ab 7
Dieses Spiel soll einen Austausch sexueller Erfahrung und Meinung ermöglichen.

Quelle: Arbeitsbätter zur Sexualpädagogik, hrsg. v. U. BAER. Sammelband mit Beiträgen aus „Spiel päd", Ausgabe 1–12; Selbstverlag BAER GARBSEN 1981; Bezug: epa, Stellehaus, Rödingsmarkt 52, 20459 Hamburg

TaBuDu

Jahrgangsstufe: ab 9
Ein Würfelspiel zu Fragen rund um die Sexualität
Bezugsadresse: Pro Familia, Frankfurt am Main

Unterrichtsmaterialien

H. FEHRMANN/P. WEISMANN: … und plötzlich willste mehr. Die Geschichte von Pauls und Paulas erster Liebe. Carlsen Verlag 2002
Schulpaket für den Aufklärungsunterricht: Lehrermappe und Demonstrationsset und 15 Probiersets inkl. Broschüre und 15 Extra-Broschüren.; http://www.ob-online.de/beratung; Beratung, Johnson & Johnson GmbH, Postfach 104041, 40031 Düsseldorf; Tel. 01 80/3 03 04 53
Über den Umgang mit Liebe, Sexualität, Verhütung und Schwangerschaft. Kostenlose Broschüre der BzgA (72 Seiten)
Verhüten – aber wie?, kostenlose Broschüre, 56 Seiten, zweisprachig: polnisch/deutsch, russisch-deutsch, rumänisch-deutsch, *Bezugsadresse:* BZgA, 51101 Köln; E-Mail: order@bzga.de; www.bzga.de
„Love Line", multimediale Aufklärung über Liebe und Partnerschaft, Sexualität und Verhütung, CD-ROM mit Begleitmaterial, BZgA

AIDS-Aufklärung

AIDS von A bis Z – Fragen und Antworten zu AIDS, HIV und zum Text, Broschüre, BZgA
Leben mit HIV – Wenn der HIV-Test positiv ist, Broschüre, BZgA,
HIV-Übertragung und AIDS-Gefahr – Situationen, Risiken, Ratschläge, Broschüre in div. Sprachen, BZgA

14 Nützliche Anschriften und Tipps rund um die Sexualität

Die in diesem Werk angegebenen Internetadressen haben wir überprüft (Redaktionsschluss 17.6.2002). Dennoch können wir nicht ausschließen, dass unter einer Adresse inzwischen ein ganz anderer Inhalt angeboten wird.

Organisationen, die sexualpädagogische Materialien abgeben und Ansprechpartner vermitteln

Institut für Sexualpädagogik, Huckarder Str. 12, 44147 Dortmund, Tel.: 02 31/14 44 20; www.isp-dortmund.de

Pro Familia Bundesverband, Stresemannallee 3, 60596 Frankfurt am Main, Tel.: 0 69/63 90 02; www.profamilia.de

Bundeszentrale für gesundheitliche Aufklärung, Ostmerheimer Str. 200, 51109 Köln., Tel.: 02 21/8 99 21; www.bzga.de

Deutscher Kinderschutzbund e. V., Schiffgraben 29, 30159 Hannover, Tel.: 05 11/3 04 85-0; www.dksb.de

Donna Vita, Kaiserstraße 139–141, 53113 Bonn, Tel. 01 80/3 66 62 84; www.donnavita.de

Bundesministerium für Gesundheit, Mohrenstr. 62, 10117 Berlin, Tel. 0 30/20 64 00

Der paritätische Wohlfahrtsverband, Heinrich-Hoffmann-Str. 3, 60528 Frankfurt am Main, Tel.: 0 69/67 06-0; www.paritaet.de

Arbeiterwohlfahrt Bundesverband e. V., Oppelner Str. 130, 53119 Bonn, Tel.: 02 28/6 68 50; www.awo-org/pub

Arbeitsgemeinschaft für Jugendhilfe, Mühlendamm 3, 10178 Berlin, Tel. 0 30/40 040-200; www.agj.de

Deutscher Caritas-Verband e. V., Referat Familienhilfe, Karlstr. 40, 70104 Freiburg, Tel.: 07 61/20 04 18; www.caritas.de

Katholische Bundesarbeitsgemeinschaft für Beratung e. V., Kaiserstr. 163, 53113 Bonn, Tel.: 02 28/10 31

Evangelische Konferenz für Familien- und Lebensberatung, e. V., Schönhauser Allee 141, 10437 Berlin, Tel.: 0 30/4 47 51 17

Diakonisches Werk der evangelischen Kirche in Deutschland e. V., Stafflenberger Str. 76, 70184 Stuttgart, Tel.: 07 11/2 15 90; www.diakonie.de

Verband alleinstehender Mütter und Väter e. V., Bundesverband, Beethovenallee 7, 53173 Bonn, Tel.: 02 28/35 83 50; www.vamu-bundesverband.de

Berliner Referat für gleichgeschlechtliche Lebensweisen, Senatsverwaltung für Jugend und Sport, Beuthstraße 6–8, 10117 Berlin, Tel.: 0 30/90 26-56 06; http://141.90.2.11/homosexualitaet/referat/links.html

MAPA Blausiegel GmbH, Industriestr. 21–25, 27404 Zeven, Tel.: 0 42 81/73-0; www.mapa.de/mapa.html

London-Rubber-Company, Postfach 343, 41066 Mönchen-Gladbach, Tel.: 0 21 61/6 34 66

Patentex I. Passauer GmbH & Co. KG, Marschner Str. 10, 60318 Frankfurt am Main, Tel.: 0 69/1 50 35 60

Pro-Med-Arzneimittel GmbH, 25469 Halstenbek; www.promed.de

Informationszentrum für Sexualität und Gesundheit e. V.; Geschäftsstelle: Universitätsklinikum Freiburg, Hugstetter Str. 55, 79106 Freiburg (www.Isg-info.de); Info-Line vor allem für Hilfen bei sexuellen Funktionsstörungen, Tel.: 01 80/5 55 84 84

AG Kinder- und Jugendgynäkologie e. V., Postfach 101303, 40004 Düsseldorf, Tel.: 02 11/4 30 52 36 ; www.kindergynaekologie.de

Beratungsstellen

Arbeitskreis Teenager-Sprechstunde, Mühlenstr. 1a, 40 885 Ratingen, Tel.: 0 21 02/3 19 73

Bundeszentrale für gesundheitliche Aufklärung, Ostmerheimer Str. 200, 51109 Köln, Tel.: 02 21/8 99 21 sowie anonyme Telefonberatung: 02 21/ 89 20 31; www.bzga.de

Deutsche Gesellschaft für Geschlechtserziehung e. V., Bundesgeschäftsstelle: Olshausenstraße 75, 24106 Kiel, Tel.: 04 31/54 40 59; www.dgg-ev-bonn.de

Bundesverband Homosexualität e. V., Boxhagener Straße 76, 10245 Berlin, Tel.: 0 30/5 81 83 06

Lesben- und Schwulenverband in Deutschland e. V., Bundesgeschäftsstelle: Pipinstraße 7, 50667 Köln, Tel.: 02 21/9 25 96 10; www.lsvb.de

Demokratische Lesben- und Schwulen-Initiative, Oelkersallee 9, 22769 Hamburg, Tel.: 0 40/43 92 68

Intervention e.V.-Schwulenberatung, St. Georgs Kirchhof 26, 20099 Hamburg, Tel.: 0 40/24 04 02

SCHULZ Schwulen- und Lesben-Zentrum, Kartäuserwall 18, 50678 Köln, Tel.: 0 22 21/93 18 80 80; www.schulz-cologne.de

Lesbenberatung, Kulmer Str. 20 A, 10783 Berlin, Tel.: 0 30/2 15 20 00; www. lesbenberatung-berlin.de

Mann-O-Meter e. V., Berlins schwules Info- und Beratungszentrum, Bülowstraße 106, 10783 Berlin, Tel.: 030/2 16 80 08, www.mann-o-meter.de

Jugendnetzwerk Lambda e. V.; Schwulen- und Lesbenberatung, Bahnhofstraße 14, 45879 Gelsenkirchen, Tel.: 07 00/52 62 32 67; www.lambda-nrw.de

Wildwasser e. V., Arbeitsgemeinschaft gegen sexuellen Missbrauch, Mehringdamm 50, 10961 Berlin, Tel.: 0 30/7 86 50 17; www.aufrecht.net/ WildB.htm

Dolle Deerns e. V., Beratung sexuell missbrauchter Mädchen und Frauen, Juliusstr. 16, 22769 Hamburg, Tel.: 0 40/4 39 41 50

Zartbitter e. V., Kontakt- und Informationsstelle gegen sexuellen Missbrauch an Mädchen und Jungen, Sachsenring 2–4, 50677 Köln, Tel.: 02 21/31 20 55; www.zartbitter.de

o.b.-Beratung, Johnson & Johnson GmbH, Postfach 104041, 40031 Düsseldorf, Tel.: 01 80/3 03 04 53; www.ob-online.de

Deutscher Kinderschutzbund, Bundesgeschäftsstelle, Schiffgraben 29, 30159 Hannover, Tel.: 05 11/3 04 85-0; www.dksb.de

Initiative Durchblick, Tel.: 01 30/7 34 31 (Mo.–Fr. 15.00–17.00 Uhr)

Verleihstellen von Filmen

Bundeszentrale für gesundheitliche Aufklärung, Ostmerheimer Str. 200, 51109 Köln, Tel.: 02 21/8 99 21, www.bzga.de

Kinder- und Jugendfilmzentrum in Deutschland, Küppelstein 34, 52857 Remscheid, Tel.: 0 21 91/79 42 33; www.kjf.de

Jugendfilmclub Medienzentrum Köln, Hansaring 82–86, 50670 Köln, Tel.: 02 21/12 00 93; www.jfcmedienzentrum.de

Bundesministerium für Familie, Senioren, Frauen und Jugend, Postadresse: 11018 Berlin, Tel.: 0 30/2 06 55-0; www.bmfsj.de

Ein Verzeichnis aller Landesmedienzentren Deutschlands finden Sie unter: www.fwu.de

Internet-Adressen

www.aidshilfe.de	(Beratungsstelle zur AIDS-Prophylaxe und -therapie)
www.bildungsserver.de	(Liste von Materialien zu AIDS oder HIV)
www.bund.de	(Dienstleistungsportal des Bundes, Auskunft zu gleichgeschlechtlichen Partnerschaften)
www.bundesverein.de	(Bundesverband zur Prävention von sexuellem Missbrauch)
www.bzga.de	(Internetseite der Bundeszentrale für gesundheitliche Aufklärung mit einer großen Palette an Themen)
www.dksb.de	(Internetseite des Deutschen Kinderschutzbundes zu Fragen rund um die Sexualität)
www.donnavita.de	(Bücher und Materialien zum Schwerpunkt „sexueller Missbrauch")
www.google.de	(Die Suchmaschine lässt sich für Informationen zur Verhütung nutzen, z. B. als Suchbegriffe eingeben: Verhütung, Familienplanung oder das eigentliche Mittel)
www.jahoo.de	(dort als Suchbegriff eingeben Flirten, Kontakte, Partner, Liebe und Partnerschaft)
www.jawort.de	(Auskunft zu Homo-Ehen)
www.kindergynackologie.de	(Beratungsstelle für weibliche Jugendliche)
www.kuckucksei.de	(Internetseite der AIDS-Hilfe Düsseldorf für junge Schwule)
www.lambda-nrw.de	(Internetseite des Jugendnetzwerkes Lambda mit Informationen zur Sexualberatung)
www.loveline.de	(Internetseite der Bundeszentrale rund um die Fragen von Liebe, Sex und Verhütung)
www.lsvd.de	(Portal des Lesben- und Schwulenverbandes Deutschland)
www.natuerliche-familienplanung.de	(Informationen des Malteser Hilfsdienstes zur Empfängnisverhütung und Familienplanung)
www.ob-online.de	(Teenager-Beratung)

www.petibelle.de	(Internetseite der Fa. Jena Pharm, Beratungsstellen, Frauenärzte, Links zum Thema Verhütung)
www.pille.com	(Internetseite der Fa. Schering)
www.profamilia.de	(Filme, Sexualberatung, Ansprechpartner)
www.sensjs.berlin.de	(Internetseite der Berliner Senatsdienststelle für Jugend zu Modellprojekten der Sexualerziehung)
www.sex-extra.de	(eine Internetseite der Pro Familia mit den Seiten Love-SMS, intime Fragen, Sexperte, Anschriften usw.)
www.sexualaufklaerung.de	(Internetseite der Bundeszentrale für gesundheitliche Aufklärung; u.a. Bestellmöglichkeiten für Broschüren und Informationsmaterial)
www.wildwasser.de	(Beratung bei sexuellem Missbrauch)

Landeszentralen in Deutschland

Bund	Bundesvereinigung für Gesundheit e. V., Heilsbachstr. 30, 53123 Bonn, Tel.: 02 28/9 87 27-0; www.bvgesundheit.de
Bayern	Landeszentrale für Gesundheit in Bayern e. V., Landwehrstr. 60–62, 80336 München, Tel.: 0 89/54 40 73-0; www.lzg-bayern.de
Berlin	Gesundheit Berlin e. V., Landesarbeitsgemeinschaft für Gesundheitsförderung, Straßburger Straße 56, 10405 Berlin, Tel.: 0 30/4 43 19 06-0; www.gesundheitberlin.de
Hamburg	Hamburgische Arbeitsgemeinschaft für Gesundheitsförderung e. V., Fuhlsbüttler Straße 401, 22309 Hamburg, Tel.: 0 40/6 32 22 20; www.hag-gesundheit.de
Hessen	Hessische Arbeitsgemeinschaft für Gesundheitserziehung, Heinrich-Heine-Straße 44–46, 35039 Marburg, Tel.: 0 64 21/60 07-0; www.hage.de

Mecklenburg-Vorpommern	Landesvereinigung für Gesundheitsförderung Mecklenburg-Vorpommern e. V., Zum Bahnhof 20, 19053 Schwerin, Tel.: 03 85/7 58 98 94; lvg-mv@t-online.de
Niedersachsen	Landesvereinigung für Gesundheit Niedersachsen e. V., Fenskeweg 2, 30165 Hannover, Tel.: 05 11/3 50 00 52; www.gesundheit-nds.de
Nordrhein-Westfalen	Landesinstitut für den Öffentlichen Gesundheitsdienst NRW, Westerfeldstr. 35–37, 33611 Bielefeld, Tel.: 05 21/80 07-0; www.loegd.nrw.de
Rheinland-Pfalz	Landeszentrale für Gesundheitsförderung in Rheinland-Pfalz e. V., Karmeliterplatz 3, 55116 Mainz, Tel.: 0 61 31/20 69-0; www.lzg-rlp.de
Saarland	Landes-Arbeitsgemeinschaft für Gesundheitsförderung Saarland e. V., Feldmannstraße 110, 66119 Saarbrücken, Tel.: 06 81/5 84 70 93; www.lags.de
Sachsen	Sächsische Landesvereinigung für Gesundheitsförderung e. V., Helgolandstraße 19, 01097 Dresden, Tel.: 03 51/5 63 55 23; www.slfg.de
Sachsen-Anhalt	Landesvereinigung für Gesundheit Sachsen-Anhalt e. V., Bandwirkerstraße 12, 39114 Magdeburg, Tel.: 03 91/8 36 41 11; www.regiocom.net
Schleswig-Holstein	Landesvereinigung für Gesundheitsförderung Schleswig-Holstein e. V., Flämische Straße 6–10, 24103 Kiel, Tel.: 04 31/9 42 94; lv.gesundheit@t-online.de
Thüringen	Landesvereinigung für Gesundheitsförderung Thüringen e. V., Carl-August-Allee 1a, 99423 Weimar, Tel.: 0 36 43/5 92 23

Links und Adressen (Österreich)

www.bmsg.gv.at	Bundesministerium für soziale Sicherheit und Generationen
AIDS-Hilfe	www.aidshilfen.at/
Beratung	Beratungsstelle Wien West, Ameisbachzeile 154, A-1160 Wien, Tel.: 4 19 76 88 76
Kinderschutzzentren	www.die-moewe.at; unabhängiger Verein für physisch, psychisch oder sexuell misshandelte Kinder
	www.kinderschutz-wien.at; Kinderschutzzentrum Wien, Kandlgasse 37, A-1070 Wien, Tel. 01-5 26 18 20
	www.kinderhilfswerk.at
Sexualität/	www.firstlove.at
Sexualerziehung	www.schering.at
	www.die-pille.at
	www.verhuetung.at
	www.fgz.co.at; Frauengesundheitszentrum Graz, Brockmanngasse 48, A-8010 Graz, Tel.: 03 16/83 79 98
	www.youngworld.at

Links und Adressen (Schweiz)

AIDS-Hilfe	Aids Hilfe Schweiz, http://www.aids.ch
	Aids Info Docu Schweiz, http://www.hivnet.ch
Beratung	Sorgentelefon für Kinder und Jugendliche (Pro Juventute und Schlupfhaus), Tel. 147 (24 Stunden, 7 Tage die Woche)
Homosexualität	http://www.pinkcross.ch
	http://www.spot25.ch
	http://www.aids.ch
	(mit Möglichkeit Fragen an Dr. Gay zu stellen)
„Lesben-Telefon"	Lilaphon, Geissensteinring 14, Postfach 2309, 6002 Luzern, Tel. 041 360 3026
„Schwulen-Telefon"	Interaktives Telefon mit Infos und Beratung
Rainbow	Tel. 08 48 80 50 80

Sexuelle Ausbeutung Jungen	Verein Zürcher Sozialprojekte, Beratungsstelle für männliche Opfer von sexueller Gewalt, Hallwylstr. 78, 8004 Zürich ZH, Tel. 01 291 37 80
Sexueller Missbrauch Mädchen	http://www.frauenberatung.ch, Telefon für weibliche Jugendliche und betroffene Frauen; Tel. 01 364 49 49
Verhütung	Beratungsstellen für Mädchen und Nécessaire http://www.maedchen.ch/beratung.htm Präservativ; http://www.hot-rubber.com Vergleich von Verhütungsmethoden; http://www.organon.ch/g9/contra/ Mercilon Informationen (gilt auch für andere Mikropillen); http://www.organon.ch/g9/contra/mercilon Westschweizer Jugendseite; http://www.ciao.ch

Chat-Rooms

Hier kann man Kontakte knüpfen, reden, flirten, alle Fragen zu Liebe und Partnerschaft stellen, z. B. anklicken.

www.jahoo.de: Als Suchbegriff Flirten, Kontakte, Partner, Aufklärung, Liebe und Partnerschaft oder „Flirt-Chat" eingeben. Ähnlich kann man bei anderen Suchmaschinen wie Google vorgehen. Allerdings bekommt man in allen Fällen unter dem Stichwort „Flirt-Chat" Tausende von Adressen und Vorsicht: Es schleichen sich leicht kommerzielle Porno-Anbieter ein, die man nur schwer wieder los wird!

Wesentlich empfehlenswerter ist die Adresse www.sex-extra.de: eine Internetseite der Pro Familia zum Surfen und Chatten mit den Seiten Love-SMS, intime Fragen, Sexperte, Witze, Comics, Anschriften usw. Dieses Portal ist besonders gut für die Schule geeignet, da hier kaum die Gefahr besteht, zu Porno-Websites umgeleitet zu werden.

Register